策略思维

THINKING
STRATEGICALLY

商界、政界及
日常生活中的
策略竞争

The Competitive Edge in Business, Politics, and Everyday Life

阿维纳什·K.迪克西特
巴里·J.奈尔伯夫 ｜ 著

王尔山 ｜ 译

王则柯 ｜ 校

中国人民大学出版社
·北京·

从故事中掌握博弈之道

聂辉华 *

一

体育运动是拥有"粉丝"数量最多的活动,在欧美国家尤其如此。2020 年 11 月 25 日,阿根廷著名足球运动员迭戈·马拉多纳(Diego Maradona)不幸因病去世,享年 60 岁。马拉多纳被认为是 20 世纪最伟大的足球运动员之一,他的骤然离去引发了全世界的哀悼,也让很多中国粉丝伤心欲绝。在体育界,一直流传着一个"妙手传说":一些明星运动员,比如马拉多纳,在运动场上一朝命中之后,就能保持"百发百中"的不败纪录。运动场上真的有这种百发百中的常胜将军吗?

懂一点科学知识的人可能认为这纯属运气。比如,你拿出一枚硬币,其中一面有国徽。如果你往上抛硬币的次数足够多,就可能

* 聂辉华系中国人民大学经济学院教授、博士生导师,长期讲授博弈论、信息经济学和契约理论等课程。

出现连续多次都是国徽朝上的小概率事件。

科学家会如何看待这个问题呢？他们会利用数据来验证这个"假说"是否成立。比如，可以比较一下明星运动员命中一次之后再次命中的概率，以及第一次没有命中但第二次命中的概率。如果前者明显高于后者，那么"妙手传说"就成立，否则就不成立。有意思的是，有两位心理学家真的做了一个实验。他们分析了美国NBA费城76人队的比赛结果，发现一个篮球运动员在第一次投篮命中之后，再次命中的概率就很低，反而是上次没有命中再次命中的概率更高。这就证伪了"妙手传说"。

故事讲到这里似乎结束了，因为"真相"被揭穿了。但是，经济学家并没有止步于此。两位研究博弈论的美国经济学家阿维纳什·迪克西特（Avinash Dixit）和巴里·奈尔伯夫（Barry Nalebuff），在他们合著的《策略思维——商界、政界及日常生活中的策略竞争》一书中提出了一个新视角："妙手传说"之所以不成立，并非因为明星运动员本人不优秀；相反，恰恰是这些明星运动员太优秀了，引起了对手的高度关注和防御，才导致明星运动员本人的表现不佳，但是他们为整个团队带来了额外的正效应。例如，在1986年的世界杯足球决赛上，阿根廷队的马拉多纳被对手联邦德国队严防死守，以至于一个球都没进。但是，因为他拖住了对手的主力部队，为阿根廷赢得了两次射门得分的机会，从而最终夺得冠军。更有意思的是，当一个明星运动员预料到对手会对他本人严防死守时，他甚至可能发展出另一只妙手。例如，波士顿凯尔特人队的篮球明星拉里·伯德（Larry Bird），就练成了左右两手投篮的超级本领，让对手防不胜防。这样的比赛策略就是博弈论中的"混合策略"。

通过上面这个故事，你会发现，如果你懂得博弈论，那么你就能从一个策略互动的全新角度来分析问题。这不仅能让你的思维方式不落窠臼，而且能让你的解决方案别出心裁。一句话，博弈论能让你与众不同！

二

一位哈佛大学的经济学家曾经说过，现代经济学主要解决两类问题：第一类问题是，如何在信息不对称下实现激励效果？比如，当老板看不到员工工作的过程时，如何确保员工干活不偷懒、上班不"摸鱼"？第二类问题是，如何寻找数据背后的因果关系？经济学用于解决第一类问题的主要工具是博弈论，用于解决第二类问题的主要工具是微观计量经济学。因此，如果你问我，现代经济学在过去半个世纪中最重要的进展是什么？我会毫不犹豫地说，是博弈论和微观计量经济学。事实上，这也是我们多数经济学者分析问题的主要工具。

诺贝尔经济学奖通常被认为是经济学研究的"圣杯"。我做了一个简单的统计，发现自 1990 年以来，诺贝尔经济学奖至少有 9 次颁发给了博弈论及其应用领域，平均每三年一次。这样的获奖频率超过了所有其他经济学分支。例如，1994 年诺贝尔经济学奖颁发给了三位博弈论的开创者：约翰·纳什（John Nash）、约翰·海萨尼（John Harsanyi）和莱因哈德·泽尔腾（Reinhard Selten）；1996 年颁发给了博弈论的应用领域——信息经济学和拍卖理论的开创者，他们分别是詹姆斯·莫里斯（James Mirrlees）和威廉·维克里（William Vickrey）；2001 年颁发给了信息经济学的三位奠基人：迈克尔·斯彭斯（Michael Spence）、乔治·阿克洛夫（George Akerlof）和约瑟夫·斯蒂格利茨（Joseph Stiglitz）。

既然博弈论这么重要，又这么有用，那么作为一个博弈论的"门外汉"，应该怎么尽快地了解博弈论的基本知识，掌握博弈论的基本要领呢？我认为，对于绝大多数读者来说，迪克西特和奈尔伯夫合著的这本《策略思维——商界、政界及日常生活中的策略竞争》，就是最佳的入门读物。

为什么这么说呢？这本书有三大优势，使我有充分的理由向大家推荐。

第一，故事精彩，激发兴趣。兴趣是最好的老师。如果读者对一本书没有兴趣，那么内容再深刻、逻辑再严谨也很难让人学进去。在培养对博弈论的兴趣方面，以我看过十几本博弈论著作或教材的经验来看，这本书绝对能吊起读者的胃口。我在前面介绍的"妙手传说"故事，就是这本书开门见山使用的案例，是不是非常有趣？其实，你从本书的副标题"商界、政界及日常生活中的策略竞争"也能发现，本书作者精心选择了关于商业战略、公共政策和人间百态的上百个故事。不夸张地说，本书的每一章、每一节都有一个有趣的故事，其中很多故事来自著名的文学作品、电影以及媒体报道。例如，在讲到优势策略时，作者以电影《夺宝奇兵3：圣战奇兵》末尾的一个片段为例进行分析。当纳粹军人用枪打伤了主角印第安纳·琼斯（Indiana Jones）的父亲，从而要挟琼斯找到能起死回生的圣杯时，琼斯虽然侥幸找对了圣杯，但他实际上错过了最佳的优势策略。被对手要挟或者敲竹杠是博弈论中经常讨论的话题，但是能找到这么贴切、生动的案例，实在难得。

第二，循序渐进，由浅入深。几乎所有教材在介绍博弈论时，都是按照"完全信息静态博弈—完全信息动态博弈—不完全信息静态博弈—不完全信息动态博弈"的经典顺序来组织内容。但是，本书却是先介绍完全信息动态博弈，然后介绍完全信息静态博弈，之后是重复博弈，进一步扩展到多人情形的协调博弈，最后是博弈论的应用——激励理论。与传统方式相比，这样做的好处是，一开始就通过博弈树的方式把博弈论的精髓——"向前推理，向后归纳"提炼出来了。有一次，人大附中的一个高中生请我给他讲解博弈论。我先按照常规方式推荐了两本入门教材，但是他似乎不得要领。后来当面指导时，我直接介绍博弈树的概念，对方马上就明白了。看来，我们传统教科书的讲解顺序要改一改。

第三，抓住要点，提纲挈领。好的入门教科书就应该让读者在短时间内迅速掌握基本要领，然后举一反三。例如，哈佛大学格里高利·曼昆（Gregory Mankiw）的教科书《经济学原理》，开篇总结了"十大经济学原理"。本书也有这个优点。它每一部分都概括一些简明扼要的博弈法则。在第 1 部分，它总结了四条法则：第一，向前展望，倒后推理；第二，假如你有一个优势策略，请照办；……等等。除了提供简明扼要的博弈法则，本书还在每个部分后面提供了"深入阅读"的提示。如果读者仅仅想了解博弈论的基础知识，那么可以点到为止；如果读者想深入钻研，后面还有"加餐"索引。总之，本书老少咸宜，让各类读者喜闻乐见。

三

实际上，本书绝不仅是一本博弈论的启蒙读物，它可能对各行各业的人都有所启迪。即便你并不想了解博弈论，看完本书你也可能会有一种恍然大悟的感觉。

首先，企业管理者可以从中受益。这本书有大约三分之一的案例来自真实世界中的企业管理和市场竞争。例如，作为企业老板，你肯定想知道如何激励员工努力工作，如何与合作伙伴协同开展业务，以及如何设计有效的招标或拍卖方案。对于这些问题，本书的第 12 章"激励"提供了具体的思考方式和解决方案。再举一个现实的例子。企业在市场上竞争，难免要打价格战，但其实打价格战对谁都没有好处，这是一种典型的"囚徒困境"。为了避免价格战，多个企业可能会形成一个默契的价格联盟，即"卡特尔"。但是，由于很难察觉单个企业的作弊行为（例如偷偷降价），这种联盟通常会瓦解。本书提供了一种解决方案，就是通过激烈的市场竞争，让消费者充当自愿的卡特尔"执法侦探"。这种通过竞争来实现合谋的思路听上去有点出乎意料，但仔细一想又在情理之中。

其次，政府管理者和政策制定者可以从中受益。今天的世界格局很大程度上是大国博弈的结果。因此，从顶层设计上讲，大国的政治家和领导者必须深谙博弈之道。本书用了大概一半的篇幅介绍公共政策和国际关系中的博弈案例。我个人特别欣赏本书第 8 章"边缘政策"，甚至认为这是本书最精彩之处。1962 年发生了震惊世界的古巴导弹危机。在这场危机中，作为博弈参与人的美国和苏联是两个拥有核武器的超级大国。因此，在博弈过程中，任何一方被激怒都有可能引发核战争，从而出现灾难性后果。当时的美国总统肯尼迪（Kennedy）果断地对苏联采取了反制措施——对古巴进行海上封锁，将苏联逼到一个危险的境地，迫使苏联考虑到美苏冲突的严重后果，并且最终避免了正面冲突。作者将这种将对方逼到悬崖边上，但又不把对方推下悬崖的策略称为"边缘政策"。边缘政策实际上是博弈论中的承诺问题，这是一个非常复杂、操作难度很大的问题。本书作者借助核威慑策略，将这一问题阐释得跌宕起伏而又入情入理，不愧是博弈论的顶级高手！一位经济学前辈曾经建议，外交人员应该懂点博弈论，可谓用心良苦。

再次，普通居民可以从中受益。每个居民都希望住在一个房价不断上涨的社区，这样自己的财富可以不断增值。通常来说，一个社区高素质的居民越多，房价会越高。假如某一天一户高素质家庭搬离了这个社区，从而导致他的邻居也跟着搬离，最后甚至会导致整个社区居民素质的剧烈下降以及伴随而来的房价暴跌。在一个社会网络中，个体的偶然变动可能会导致整个网络的颠覆。2005年诺贝尔经济学奖得主托马斯·谢林（Thomas Schelling）曾经用白人和黑人混居的案例生动地证明了这一点。本书第9章就阐述了这样的协调博弈。博弈论告诉我们每个人，不要孤立地看待问题，要关注个体变动对群体的影响。2020年新冠肺炎的群防群控措施，某种程度上就是这类群体博弈的映射。

最后，即便是专业的博弈论学者也可以从中受益。我在中国人民大学讲授了十几年博弈论课程，用过很多教材，但是本书仍然让我开卷有益。一是本书作者在介绍经典模型时，时不时幽默一把，令人莞尔一笑；二是它能用基本模型解释很多我此前没有想到的应用场景，例如它用逆向归纳法解释了，为什么小国能够在大国的夹击下生存下来；三是它能告诉我一些正统教科书没有的知识，例如边缘政策。

一本书有这么多好处，你还有什么理由不阅读呢？

中文版前言

现在距离我们完成《策略思维》之日已有十几年时间。在这段时间里，博弈论达到全盛时期。当初我们动笔的时候，知道博弈论的人还寥寥无几，懂得将博弈论用于实践者更是屈指可数；有关博弈论的著作充满数学公式，令人望而生畏，其应用也仅限于"奇爱博士"(Dr. Strangelove，同名电影主角) 这样的防务分析员。不过，从那时起，博弈论的贡献渐渐获得世人承认，先是约翰·纳什获得诺贝尔奖，然后有了一部获得奥斯卡奖的电影。如今，在绝大多数大学，博弈论成为热门课程，在不少商学院甚至被规定为一门必修课。博弈论在实践中也得到了广泛的应用。从拍卖金额高达几十亿美元的用于承载手机信号的电波波段，到为麦肯锡这样的顶尖咨询公司提供策略咨询服务，再到预测谁会在真人秀《幸存者》中被淘汰出局，博弈论可以说无处不在。

策略思维在中国有着很深的渊源。人人都知道孙武和他的《孙子兵法》*，其实在中国还有很多不那么知名的策略作者和思想家。

---

*　英译名为《战争的艺术》。——译者注

译者王尔山在翻译本书的时候，就想到了中国历史和传说中的几个故事，意识到这些故事包含博弈论的基本要素，可以用于解释这个理论。现在，她正在考虑撰写一部以这些历史故事为基础阐述博弈论的著作；我们期待早日看到这部作品。

我们希望各位可以从本书得到一些收获。一是改变观点。我们希望你可以从别人的角度观察这个世界。正确做到这一点对于确定你自己的最佳策略是必不可少的。不过，从别人的角度观察这个世界做起来并不容易。我们总喜欢把别人看做是和我们一样的人，而不是完全不同的类型。博弈论要求你设身处地，仔细分析自己若处于对方的境地，思路会有什么变化，哪怕你完全不能同意他们的见解。说不定，在你读完本书的时候，你会发现自己对美国人的见解有了进一步的认识。

二是向前展望，倒后推理。这里说的是做出一系列行动和反行动，预计沿着你现在前进的道路走下去，最后你会到达哪里。我们听说，有一句成语的大致意思是"如果你留在目前的道路上，这就是你最后的归宿"。"向前展望，倒后推理"的法则却告诉你，应该首先确定自己最后希望达到什么目标，然后从这个结果倒后研究，直到找出自己现在应该选择哪条道路，这样才能保证以后可以达到那个目标。

记住，博弈论说的并不仅仅限于击败对方。这个理论同时解释了建立合作与共赢等方面的策略。也许这意味着我们应该将孙武和托尔斯泰结合起来，变成《战争与和平的艺术》。

最后，我们希望各位可以从阅读本书的过程中得到许多乐趣。我们在写作本书时，感到很有乐趣。

前　言

　　策略思维是关于了解对手打算如何战胜你，然后战而胜之的艺术。我们每个人都会在工作中和日常生活中用到策略思维。生意人和企业必须借助有效的竞争策略才能生存下去；政治家必须设计竞选策略，使自己得以当选，还要构思立法策略，使自己的主张得以贯彻；橄榄球教练必须制定策略，由球员在场上实施；父母若想教会孩子良好的行为举止，自己至少应该变成业余的策略家（而孩子是职业选手）；40 年来，超级大国的核策略一直主宰着人类的生死。

　　范畴如此广泛的好的策略思维一直是一门艺术。不过，它的基础是由一些简单的基本原理组成的。这是一门新兴的策略科学。我们写作本书的信念在于，假如来自不同背景和行业的读者了解了这些原理，他们就会变成更出色的策略家。

　　关于策略思维的科学称为博弈论。这是一门相对年轻的科学，历史尚不足 50 年。博弈论已经为现实生活当中的策略家们提供了许多有用的启迪。不过，就像其他学科一样，博弈论也渐渐陷入了行话术语和数学符号之中。虽然这些都是必不可少的研究工具，但结果却将理解其基本想法变成少数专业人士的特权。我们试图将其中许多重要思想翻译过来，使聪明的普通读者也能读懂。我们用描述性的例子和案例分析取代了理论证明。我们去掉了全部数学以及大部分术语。对于一切愿意思考一点算术、表格和图表的读者，读懂本书应该不会有什么困难。

许多书籍已经尝试过为特定目的找出策略思维的方法。汤姆·谢林（Tom Schelling）关于核策略的著作，尤其是《冲突策略》（*Strategy of Conflict*）和《军备与影响》（*Arms and Influence*），都颇负盛名。实际上，谢林还是将博弈论大量应用到核冲突领域的先行者。迈克尔·波特（Michael Porter）的《竞争战略》（*Competitive Strategy*）描绘了商业策略当中的博弈论教训，也同样有名。史蒂文·布拉姆斯（Steven Brams）也写过几本书，最有名的当数《博弈论与政治》（*Game Theory and Politics*）。

我们在本书中并未将整个博弈思想局限于任何一个特定场景；相反，我们用了许多不同的例子说明每一个基本原理。这么一来，具有不同背景的读者总能从中看到一些令人感到亲切的案例。他们还会看到同样的原理是如何适用于相对陌生的情况的；我们希望这样做能使他们用一种新的眼光看待许多新闻或者历史事件。我们还从大多数美国读者共有的经验当中提取例子，比如来自文学、电影和体育的生动案例。严肃的科学家可能觉得这会使策略学问变得琐碎，不过，我们相信，来自电影和体育的熟悉的例子是一个非常有效的工具，有助于传达重要的博弈概念。

就像托尔金（Tolkien）的《指环王》（*Lord of the Rings*）一样，我们这本书也是以讲故事取胜的。它的"古代起源"是阿维纳什·迪克西特在普林斯顿大学伍德罗·威尔逊公共与国际事务学院开设和讲授的一门关于策略博弈的课程。巴里·奈尔伯夫后来也在耶鲁大学政治科学系以及耶鲁大学组织与管理学院（简称 SOM）教过这门课程和另一门类似的课程。有许多学生对这些课程表现出很大的热情，贡献了许多想法，我们深表谢意。尤其需要提到的名字包括安妮·凯斯（Anne Case）、乔纳森·弗莱明（Jonathan Flemming）、希瑟·哈泽德（Heather Hazard）、丹尼·罗德里克（Dani Rodrik）和乔纳森·希姆索尼（Jonathan Shimshoni）。和野崇（Takashi Kanno）与岛津泳一（Yuichi Shimazu）承担了将我们的论述和概念译为日语的工作，而在这个翻译过程中，他们也使英文版本变得更完善。

写作一本更接近大众阅读层面而非教科书的想法来自密歇根大学的哈尔·范里安（Hal Varian）。他还在初稿阶段就给我们提供了许多有用的想法和评价。W.W. 诺顿公司的德雷克·麦克菲利（Drake McFeely）是一个严格细致的编辑，非常了不起，很有眼光。正是他做了非同寻常的工作，才使我们的学术论文成为生动有趣的故事。假如本书现在仍然留有教案的痕迹，那一定是因为我们没有全盘接受他的建议。

许多同事和朋友都认真阅读了本书早期的草稿，向我们提出了大量详细而出色的改进建议。特别感谢戴维·奥斯汀 - 史密斯（David Austen-Smith，罗切斯特大学）、艾伦·布林德（Alan Blinder，普林斯顿大学）、塞思·马斯特斯（Seth Masters，S.Bernstein 公司）、卡尔·夏皮罗（Carl Shapiro，普林斯顿大学）、路易斯·泰勒（Louis Taylor，MITRE 公司）、托马斯·特伦戴尔（Thomas Trendell，ATT-Paradyne 公司）、特里·沃恩（Terry Vaughn，麻省理工学院出版社）以及罗伯特·威利希（Robert Willig，普林斯顿大学）。斯泰西·曼德尔鲍姆（Stacey Mandelbaum）和劳拉·康·沃德（Laura Kang

Ward）作为手稿编辑，对我们的错漏之处非常宽容。各位每次阅读的时候，假如找不出一个错误，就是她们的功劳。

还要感谢那些帮助我们确定本书书名的人。哈尔·范里安从一开始就建议我们用"策略思维"的书名。耶鲁商学院的学生们给我们提供了更多选择。我们比较中意的书名包括德博拉·哈尔彭（Deborah Halpern）的"超越球场"以及威廉·巴恩斯（William Barnes）主笔的广告语：

"策略思维——上阵时千万别忘了它"。[①]

---

① 当然还有其他一些相当有意思的提议，比如"策略与你"。

序 言
什么是策略行为?

人们在社会当中应该怎样举止行事?

我们将要给出的答案与道德或礼节无关。我们也不打算与哲学家、传道者或埃米莉·波斯特 *（Emily Post）一争高下。我们将要讨论的主题虽然没有道德或礼仪那么宏大，却同样反映我们每一个人的生活。本书是讲述策略行为的。不管是否乐意，我们每一个人其实都是策略家。既然这样，当一个出色的策略家总比当一个蹩脚的策略家更好一点吧。本书的目的就是帮助你改善在开发和运用行之有效的策略方面的技巧。

工作，即便只是社交生活，也可以看做是一个永无止息的决策过程。从事什么样的工作，怎样打理一宗生意，该和谁结婚，怎样将孩子抚养成人，要不要竞争总裁的位置，等等，这些都只不过是重大决策的几个例子。上述情况存在一个共同的条件，即你不是在

---

* 埃米莉·波斯特（1873—1960），美国礼仪风尚专家，她 1922 年出版的《礼节》一书奠定了其权威地位，至今仍畅销不衰。——译者注

一个毫无干扰的真空世界里做决定。相反，你的身边全是和你一样主动的决策制定者，他们的选择与你的选择相互作用。这种互动关系将对你的思维和行动产生重要的影响。

为了解释这一点，我们不妨设想一个伐木工人的决策和一个将军的决策会有什么区别。当伐木工人考虑怎样砍伐树木的时候，他不必担心木头可能跳起来进行反击。他的工作环境是中立的，没有对抗。不过，当一个将军打算消灭敌方军队的时候，他的每一步计划都会引来抵抗，他必须设法克服这种抵抗。和这个将军一样，你必须意识到，你的商业对手、未来伴侣乃至你的孩子都是聪明而有主见的人。虽然他们的目标常常与你的目标发生冲突，但他们当中同样包含你潜在的同盟者。在你做决定的时候，必须将冲突考虑在内，同时注意发挥合作的效力。类似的互动决定就具有策略性，与之相适应的行动计划称为一个策略。本书将帮助你策略地思考，然后将这些想法付诸实践。

在社会科学当中，研究策略性决策制定过程的分支称为博弈论，原意为游戏理论。这一理论涉及的"游戏"范围很广，从象棋到孩子抚养，从网球到企业兼并，从广告到军备控制，几乎无所不包。正如匈牙利幽默大师乔治·米凯什（George Mikes）描述的那样，"许多欧洲人认为生活是一场游戏；英国人认为板球才是一场游戏"。我们则认为双方说得都不错。

玩这些游戏需要用到许多不同类型的技巧。其中一种是基本技巧，比如打篮球不能缺少的投篮能力，在法律界工作不能缺少的判例知识，乃至打扑克不能缺少的一副不动声色的面孔。策略思维则是另外一种技巧。策略思维从你的基本技巧开始，考虑的是怎样将这些基本技巧最大限度地加以发挥。比如，你了解法律，就要确定为自己的委托人辩护的策略；你了解你的橄榄球队传球或带球突破的本事有多大，而对手防御的能力又有多好，那么，你作为一个教练，就要决定本队到底是应该传球还是带球突破。有些时候，比如几个超级大国处心积虑构想一个大胆的计划，其中包含触发一场核战争的危险，那么，策略思维还意味着懂得适可而止。

我们的目标在于提高你的策略 IQ。不过，我们并不打算提供一本策略大全。我们建立了策略思维的概念和原理，假如你想将它们运用于自己面临的某一个具体情况，并且想找出正确的选择，那么你还得再做一些工作。这是因为，在一些关键方面，各种情况的具体条件都不尽相同，我们即便开出用于指导行动的通用处方，到头来很可能只是误导了你，弄巧成拙。无论遇到什么情况，你都要将我们讨论过的好的策略的原理以及其他方面结合起来，一并进行考虑。你必须综合考虑这些因素，而且，假如这些因素相互冲突，还要权衡各种不同因素的分量。我们并不能承诺我们可以解决你遇到的一切问题。实际上，博弈论这门科学远未达到完美佳境，而策略思维在某些方面看来仍然属于一门艺术。

我们倒是可以提供一些指导，帮助你将想法变成行动。第 1 章举了几个例子，解释了在一系列不同的决定下策略问题是怎样出现的。我们指出了一些行之有效的策略以及一些不那么行之有效的策略，甚至提到了一些完全错误的策略。接下来的章节则把这些例子变成一个思考体系或一个思考框架。而在最后几章，我们阐述了几个涉及范围更加广泛的策略的情况，比如边缘政策、投票选举、激励机制以及讨价还价，你将看到有关原理是怎样发挥作用的。

本书运用的例子既有人们熟悉的、琐碎的或有趣的类型——通常取材于文学作品、体育比赛或者电影，也有令人畏惧的类型，比

3

如核对峙。前者只是一个用来阐述博弈论概念的赏心悦目的工具；至于后者，有些读者一度可能觉得核战争这个话题实在太吓人，不会有理性分析的空间。不过，随着冷战的阴云渐渐消散，大家都相信世界会进入一种更加安定的局面。我们希望，在排除军备竞赛以及古巴导弹危机中的情绪化内容干扰之后，我们可以重新检讨其中的博弈层面包含的策略逻辑。

这些章节以实例作为重要内容，不过，这些例子主要用于建立或描述正在讨论的某个特定原理，至于具体用到的这个例子，其在现实当中的许多细节都会忽略不计。在每章结尾，我们都提供了一个"案例分析"，这就跟你在商学院上课时可能遇到的情形差不多。每个案例都具备一系列特定条件，由你负责运用该章讨论的原理，确定这一情况下应该采取的正确策略。有些案例没有标准答案，不过，这也正是人生的一大特点。许多时候，并不存在完全正确的解决方案，只能用并不完美的方法去处理遇到的问题。在研究我们的讨论之前，请仔细思考每一个案例，这将比简单地读无数遍课文更有助于理解其中的观点和思路。为了给大家提供更多的练习机会，我们在最后一章收录了 23 个案例，大致按照越往后就越难的顺序排列。

读完本书，我们希望你能成为一位更精明的经理人、谈判者、运动员、政治家或更高明的父母。我们提醒你，一些有助于达成上述目标的好策略，不一定会为你赢得被你击败的对手的敬意。假如你想公平竞争，那就告诉他们，你有这么一本书。

目　录

第1部分

THINKING STRATEGICALLY

第 1 章

10 个策略故事

我们从 10 个来自生活不同方面的策略故事开始，提供一些怎样   7
才能发挥最佳水准的初步概念。许多读者一定在日常生活中遇到过
类似情况，而且，通过一些思考或尝试，犯过一些错误后，也找出
了正确的解决方法。对于其他读者，这里的一些答案可能出人意料，
不过，让读者感到惊讶不是我们提出这些例子的根本目的。我们的
目的是要指出，类似这样的情形普遍存在，而且形成一系列相互关
联的问题，系统地思考这些问题可能会让你收到事半功倍的效果。
请把这些故事当做主菜之前的开胃菜，它们的作用是增进你的食欲，
而不是马上把你撑饱。

妙手传说

运动员究竟有没有一朝命中、百发百中的"妙手"这一说？有

3

时候，乍看上去，篮球明星拉里·伯德、冰球明星韦恩·格雷茨基（Wayne Gretzky）或是足球明星迭戈·马拉多纳真的是百发百中，永不落空。体育比赛解说员们看到这种长期存在、永不落空的成功事迹，就会宣称这名运动员具有出神入化的妙手。不过，按照心理学教授托马斯·吉洛维奇（Thomas Gilovich）、罗伯特·瓦洛内（Robert Vallone）和阿莫斯·特维斯基（Amos Tversky）的说法，这其实是对真实情况的一种误解。[1] 他们指出，假如你抛硬币抛上足够长的时间，你也会遇到在很长一段时间里全是抛出同一面的情况。这几位心理学家怀疑体育解说员们其实是找不到更有意思的话题，只好从一个漫长的赛季中寻找某种模式，而这些模式跟长时间抛硬币得出的结果其实没有什么两样。因此，他们提出了一个更加严格的测试。比如，在篮球比赛中，他们只看一个运动员投篮命中的数据，据此考察这名运动员下一次出手仍然命中的概率究竟有多大。他们也用同样的方法研究这名运动员在这次出手没有命中却在下一次出手命中的情形。比较命中一次之后再次出手仍然命中的概率与这次没有命中而再次出手命中的概率，假如前者高于后者，那就表明妙手一说不无道理。

他们选择美国 NBA 费城 76 人队（Philadelphia 76ers）进行测试，结果与妙手一说发生了矛盾：一名运动员投篮命中之后，下一次出手就不大可能命中了；假如他在上一次出手没有命中，再出手时反倒更可能命中。就连拥有"得分机器"称号的安德鲁·托尼（Andrew Toney）也不例外。这是否意味着，我们谈论的其实是"射频观测器之手"，因为运动员的水准有起有伏，就跟射频观测器的灯光忽明忽暗一样？

博弈论提出了一个不同的解释。尽管统计数据否定了一朝命中、百发百中之说，却没有驳倒一个"鸿运当头"的运动员很可能在比赛当中通过其他方式热身，渐入佳境。"得分机器"之所以会不同于"妙手"，原因在于攻方和守方的策略会相互影响。比如，假设安德鲁·托尼真有那么一只妙手，对手们一定会对他实施围追堵截，从而降低他的投篮命中率。

事实还不仅如此。当防守一方集中力量对付托尼的时候，他的某个队友就无人看管，更有机会投篮得分。换句话说，托尼的妙手大大改善了76人队的团队表现，尽管托尼自己的个人表现可能有所下降。因此，我们也许应该通过考察团队合作连续得分的数据来测试妙手一说。

许多其他团队项目也有类似情况。比如在一支橄榄球队里，一个出色的助攻后卫将大大改善全队的传球质量，而一个拥有优异的接球才能的运动员则有助于提高全队的攻击力，因为对方被迫将大部分防守资源用于看管这些明星。在1986年的世界杯足球决赛上，阿根廷队的超级明星迭戈·马拉多纳自己一个球也没有进，不过，全靠他从一群联邦德国后卫当中把球传出来，阿根廷队两次射门得分。明星的价值不能单凭他的得分表现来衡量；他对其他队友的贡献更为至关重要，而助攻数据有助于衡量这种贡献的大小。冰球项目排列个人表现名次的时候，助攻次数和射门得分次数占有同等分量。

一个运动员甚至可能通过一只妙手带动另一只手热身，进而变成妙手，帮助他自己提高个人表现水准。比如波士顿凯尔特人队（Boston Celtics）的明星拉里·伯德，他喜欢用右手投篮，虽然他的左手投篮技术同样远在大多数人之上。防守一方知道伯德通常用右手投篮，自然会不惜集中一切兵力防他的右手。不过，他们的这一计划不能完全奏效，因为伯德的左手投篮技术亦实在了得，他们不

9

敢大意，非得同样派人看守不可。

假如伯德在两个赛季之间苦练左手投篮技术，又会怎样呢？防守一方的反应就是增派兵力阻止他用左手投篮，结果却让他更容易用右手投篮得分。左手投篮得分提高了，右手投篮得分也会提高。在这个案例当中，左手不仅知道右手在做什么，而且帮了大忙。

再进一步，我们会在第7章说明左手越厉害，用到的机会反而可能越少。许多读者大约在打网球的时候已经遇到过类似的情况。假如你的反手不如正手，你的对手渐渐就会看出这一点，进而专攻你的反手。最后，多亏了这样频繁的反手练习，你的反手技术大有改善。等到你的正反手技术几乎不分上下，你的对手再也不能靠攻击你的弱势反手占便宜时，他们攻击你的正手和反手的机会渐渐持平，而这可能就是你通过改善自己的反手技术得到的真正好处。

领先还是不领先

10   1983年美洲杯帆船赛决赛前4轮结束之后，丹尼斯·康纳（Dennis Conner）的"自由号"在这项共有7轮比赛的重要赛事当中暂时以3胜1负的成绩排在首位。那天早上，第5轮比赛即将开始，"整箱整箱的香槟送到'自由号'的甲板。而在他们的观礼船上，船员们的妻子全都穿着美国国旗红、白、蓝三色的背心和短裤，迫不及待要在她们的丈夫夺取美国人失落132年之久的奖杯之后合影。"[2]可惜事与愿违。

比赛一开始，由于"澳大利亚二号"抢在发令枪响之前起步，不得不退回到起点线后再次起步，这使"自由号"获得了37秒的优势。澳大利亚队的船长约翰·伯特兰（John Bertrand）打算转到赛道左边，满心希望风向发生变化，可以帮助他们赶上去。丹尼斯·康纳则决定将"自由号"留在赛道右边。这一回，伯特兰大胆押宝押对了，因为风向果然按照澳大利亚人的心愿偏转了5â，"澳大利亚二号"以1分47秒的巨大优势赢得这轮比赛。人们纷纷批评康纳，说他策略失败，没能跟随澳大利亚队调整航向。再赛两轮之后，"澳大利亚二号"赢得了决赛桂冠。

帆船比赛给我们提供了一个很好的机会来观察"跟随领头羊"策略的一个很有意思的反例。成绩领先的帆船通常都会照搬尾随船只的策略。一旦遇到尾随的船只改变航向，那么成绩领先的船只也会照做不误。实际上，即便成绩尾随的船只采用一种显然非常低劣的策略时，成绩领先的船只也会照样模仿。为什么？因为帆船比赛与在舞厅里跳舞不同，在这里，成绩接近是没有用的，只有最后胜出才有意义。假如你成绩领先了，那么，维持领先地位的最可靠的办法就是看见别人怎么做，你就跟着怎么做。[①]

股市分析员和经济预测员也会受这种模仿策略的感染。一方面，业绩领先的预测员总是想方设法随大流，制造出一个跟其他人差不多的预测结果。这么一来，大家就不容易改变对这些预测员的能力的看法。另一方面，初出茅庐者则会采取一种冒险的策略：他们喜欢预言市场会出现繁荣或崩溃。通常他们都会说错，以后再也没人听信他们，不过，偶尔也会有人做出正确的预测，一夜成名，跻身名家行列。

产业和技术竞争提供了进一步的证据。在个人电脑市场，IBM

---

① 这一策略在竞争者超过两个之后就不再适用了。即便只有三条船只，假如一条船偏向右边，一条船偏向左边，成绩领先者就得择其一，确定自己要跟哪一条船。

的创新能力远不如它将标准化的技术批量生产、推向大众市场的本事那么闻名。新概念更多是来自苹果电脑、太阳电脑和其他新近创立的公司。冒险性的创新是这些公司脱颖而出夺取市场份额的最佳策略，大约也是唯一途径。这一点不仅在高科技产品领域成立。宝洁（Proctor and Gamble）作为尿布行业的 IBM，也会模仿金佰利（Kimberly Clark）发明的可再贴尿布粘合带，以再度夺回市场统治地位。

跟在别人后面第二个出手有两种办法。一是一旦看出别人的策略，你立即模仿，好比帆船比赛的情形；二是再等一等，直到这个策略被证明成功或者失败之后再说，好比电脑产业的情形。而在商界，等得越久越有利，这是因为，商界与体育比赛不同，这里的竞争通常不会出现赢者通吃的局面。结果是，市场上的领头羊们，只有当它们对新生企业选择的航向同样充满信心时，才会跟随这些企业的步伐。

直奔牢房

有这么一个笑话，说的是在斯大林（Stanlin）时期的苏联，有一位乐队指挥坐火车前往下一个演出地点，正在车上翻看当晚将要指挥演奏的作品的乐谱。两名克格勃(KGB)军官看见他在读着什么，错把乐谱当成某种密码，立即将他作为间谍逮捕了。他争辩说那只是柴可夫斯基的小提琴协奏曲，却无济于事。在他被投入牢房的第二天，审问者自鸣得意地走进来，说："我看你最好还是老实招了吧。我们已经抓住你的朋友柴可夫斯基了，他这会儿正向我们招供呢。"

这个笑话成为介绍囚徒困境的开场白，而囚徒困境可能是最广为人知的博弈。现在我们就来看看它如何导出符合逻辑的结果：假设克格勃真的逮捕了某人，而此人的唯一罪名就是取了"柴可夫斯基"这么一个名字，而且克格勃将乐队指挥和他分开进行审问。如果这两名无辜者否认克格勃指控的罪名，那么，他们将分别被判处3 年徒刑。[①] 如果乐队指挥昧着良心承认罪名，其中还牵涉到那位素不相识的所谓"同谋"，柴可夫斯基却仍然否认罪名，那么，乐队指挥可以在 1 年之后获得自由（以及克格勃的赞赏之情），而柴可夫斯基则会因拒不认罪而遭到严厉惩罚，被判处 25 年徒刑。当然，假如乐队指挥与柴可夫斯基调换一下，乐队指挥拒不认罪，柴可夫斯基不但屈从认罪，还把他供了出来，那么，两人的下场也会发生相应的变化。假如两人同时认罪，那么，他们都将被判处这一罪名的标准刑罚——10 年徒刑。[②]

现在设想乐队指挥的思路。他知道柴可夫斯基要么招供，要么拒不认罪。假如柴可夫斯基招供，乐队指挥若是拒不认罪或招供，与之对应，他会被判处 25 年或 10 年徒刑，相比之下，对他来说招供的下场显然略胜一筹。假如柴可夫斯基拒不认罪，乐队指挥若是同样拒不认罪或招供，与之对应，他会被判处 3 年或 1 年徒刑，相比之下，对他来说招供的下场仍然略胜一筹。由此可见，招供显然是乐队指挥的最佳做法。

而在捷尔任斯基广场（Dzerzhinsky Square）另一个单人牢房里，   13
柴可夫斯基也在做同样的盘算，得出了同样的结论。当然，结果是

---

① 还有一个笑话讲的是古拉格(Gulag)的老囚犯问新来的囚犯："你的刑期有多长？"回答是"10 年。""你究竟做了什么？""什么也没做。""不可能，一定搞错了。什么也没做的刑期只有 3 年而已。"

② 实际刑期是 3 653 天，因为"额外的 3 天是闰年多出来的时间"（A. Solzhenitsyn, *One Day in the Life of Ivan Denisovitch*, 1962）。

两个人同时招供。之后，当他们在古拉格群岛（Gulag Archipelago）流放地见面，说出各自的经历后，比较一番，就会发现，他们其实吃亏了。因为，假如他们两人都拒不认罪，他们两人的刑期都会大大缩短，早日重获自由。

假如他们在接受审问之前有机会见面好好谈清楚，那该有多好，他们一定会同意拒不认罪。不过，接下来他们很快就会意识到，无论如何，那样一个协定也不见得管用。一旦他们被分开，审问开始，每个人内心深处那种企图通过出卖别人而换取一个更好判决的想法就会变得非常强烈。这么一来，他们还是逃脱不了最终在古拉格相遇的命运，大概还会在那里好好算一账，看看谁欠谁更多。这两个人究竟有没有可能取得足够的相互信任，从而达成双方都希望看到的结果呢？

许多人、许多企业，乃至许多国家，都曾经吃过囚徒困境之苦。看看生死攸关的核军备控制问题吧。每个超级大国最希望看到的结果都是另一个超级大国销毁核武器，而它自己则继续保留核武器，以防万一。最糟糕的结果莫过于自己销毁核武器，而别人却依旧全副武装。因此，无论另一方怎么做，自己一方仍然倾向于保留核武器。不过，它们双方也有可能一致认为，双方同时销毁核武器的结果会比一方销毁而另一方不销毁的结果更好。现在的问题在于决策之间的相互依赖性：双方一致希望看到的结果出现在各方都选择各自比较糟糕的策略的时候。假如各方都有很明确的想法，打算突破有关协定，私底下发展自己的核武器，还有没有可能达成各方一致希望看到的结果呢？在这种情况下，只有其中一方来一个思维方式的根本改变，才能推动世界回到裁减核军备的轨道上去。

本着为自己的舒适生活、安全乃至生命着想，我们都有必要了解如何走出囚徒困境。在第4章，我们还会探讨一些类似的方法，看看这些方法什么时候可能有效，又是怎样发挥作用的。

囚徒困境的故事还体现了一个普遍的现象：大多数经济的、政治 14 的或社会的博弈游戏都跟类似橄榄球或扑克这样的博弈游戏不同。橄榄球和扑克是零和博弈：一个人的得就是另一个人的失。但在囚徒困境里，有可能出现共同利益，也有可能出现利益冲突；不招供的结果对两个囚徒都是有利的，而不是相反。与此相仿，在劳资双方的讨价还价中，虽然存在利益冲突，一方希望降低工资，而另一方要求提高工资，不过，大家都知道，假如谈判破裂而导致罢工，双方都将遭受更大的损失。任何一个关于博弈的有用的分析都应该考虑到怎样处理冲突与利益同时存在的情形。我们通常将博弈游戏的参加者称为"对立者"，不过，你也要记住，有时候，策略可能将原本毫不相干的人变成一条绳上相互依存的两只蚂蚱。

我将坚持到底

天主教会要求马丁·路德（Martin Luther）公开悔过，收回他抨击教皇及其顾问班子的主张。他拒绝公开认错："我不会收回任何一点主张，因为违背良心做事既不正确，也不安全。"而且他也不打算寻求妥协："我将坚持到底，我不能屈服。"[3] 路德拒不让步的态度是以他自己的立场的神学性为基础的。在确定什么才是正确的问题上，根本没有妥协的余地。长期来看，他的坚定立场产生了深远的影响；他的抨击最后引发了新教改革运动，从根本上改变了中世纪的天主教会。①

15　　　　与此相仿，查尔斯·戴高乐（Charles de Gaulle）也借助拒不妥协的力量，在国际关系竞技场上成为一个强有力的参与者。正如他的传记作者唐·库克（Don Cook）描述的那样，"（戴高乐）单凭自己的正直、智慧、人格和使命感就能创造力量"[4]。不过，说到底，他的力量是"拒不妥协的力量"。第二次世界大战期间，他作为从一个战败且被占领的国家逃亡出来的自封的领导人，在与罗斯福（Roosevelt）和丘吉尔（Churchill）的谈判中仍然坚守着自己的立场。20世纪60年代，他作为总统说出的"不！"迫使欧洲经济共同体多次按照法国的意愿修改决策。

　　在讨价还价当中，他的拒不妥协态度究竟是怎样赋予他力量的呢？一旦戴高乐下定决心坚守一个立场，其他各方只有两个选择：要么接受，要么放弃。比如，他曾经单方面宣布要将英国拒于欧共体之外，一次是1963年，一次是1968年；其他国家不得不从接受戴高乐的否决票和分裂欧共体两条出路当中做出选择。当然，戴高乐非常谨慎地衡量过自己的立场，以确保这一立场会被接受。不过，他这么做往往使法国独占了大部分战利品，很不公平。戴高乐的拒不妥协剥夺了另一方重新考虑整个局面、提出一个可被接受的相反建议的机会。

　　在实践中，"坚持到底，拒不妥协"说起来容易做起来难，理由有二。第一个理由在于，讨价还价通常会将今天谈判桌上的议题以外的事项牵扯进来。大家知道你一直以来都是贪得无厌的，因此以

---

　　① 路德的声望远远超出了教会的范畴，还延伸到"铁幕"的另一边。比如，民主德国自己生产的小汽车瓦特伯格（Wartburg）就被开玩笑似地称为"路德"；很显然，意思是说这种小汽车会变得跟路德一样死硬，拒不动弹。

后不大愿意跟你进行谈判。又或者，下一次他们可能采取一种更加坚定的态度，力求挽回他们认为自己将要输掉的东西。在个人层面上，一次不公平的胜利很可能破坏商业关系，甚至破坏人际关系。实际上，传记作者戴维·舍恩布伦（David Schoenbrun）这样批评戴高乐的盲目的爱国主义："在人际关系当中，不愿给予爱的人不会得到爱；不愿做别人朋友的人到头来会一个朋友也没有。戴高乐拒绝建立友谊，最后受伤的还是法国。"[5] 一个短期妥协可能从长期来看会是一个更好的策略。

第二个理由在于达到必要程度的拒不妥协并不容易。路德和戴高乐通过他们的个性做到了这一点。不过这样做是要付出代价的。一种顽固死硬的个性可不是你想有就有，想改变就能改变的。尽管有些时候顽固死硬的个性可能拖垮一个对立者，迫使他做出让步，但同样可能使小损失变成大灾难。

费迪南德·德·雷赛布（Ferdinand de Lesseps）是一个能力中等的工程师，具有非同寻常的远见和决心。他由于在外人看来几乎不可能的情况下建成了苏伊士运河而名噪一时。他并不认同不可能的说法，因此完成了这一伟业。后来，他照搬同样的思路，试图建设巴拿马运河，结果演变成一场大灾难。① 尽管尼罗河的沙子让他备感得心应手，热带瘴气却打了他一个措手不及。德·雷赛布的问题在于他顽固死硬的个性不允许他承认失败，哪怕战役早已输掉。

我们怎样才能做到有选择的顽固死硬呢？虽然我们没有一个理想的解决方案，却有几个办法可以帮助达成约定，并且维持下去；

---

① 苏伊士运河是一条位于海平面的通道。由于海拔本来已经较低，又是沙漠，挖掘起来相对容易许多。巴拿马的海拔要高得多，沿途分布着许多湖泊和茂密的原始森林。德·雷赛布打算一直挖到海平面高度的计划落空了。又过了很久，美国陆军工程兵采取一种完全不同的思路，建起一系列船闸，充分利用沿途的湖泊，最终取得了成功。

这是第 6 章将要谈到的内容。

给猫拴个铃铛

　　童话故事里有一个给猫拴铃铛的故事，大意是这样：老鼠们意识到，假如可以在猫脖子上拴一个铃铛，那么，它们的小命就会大有保障。问题在于，谁会愿意冒赔掉小命的风险给猫拴上铃铛呢？

17　　这个问题同样摆在老鼠和人类面前。占据支配地位的党派或独裁暴君怎样才能通过规模相对较小的军队长期控制数目很大的一个人群呢？整架飞机的众多乘客为什么只要出现一个持枪劫机者就会显得无计可施，束手就擒？在这两个例子里，只要大多数人同时采取行动，就很容易取得成功。不过，统一行动少不了沟通与合作，偏偏沟通与合作在这个时候变得非常困难，而压迫者由于深知群众的力量有多大，还会采取特殊的措施，阻挠他们进行沟通与合作。一旦人们不得不单独行动，希望聚沙成塔、集腋成裘，问题就出来了："谁该第一个采取行动？"担当这个任务的领头人意味着要付出重大代价，甚至可能付出生命。他得到的回报则会是死后的光荣或受人感激。确实有人在想到责任或荣誉的时候会感到热血沸腾，挺身而出，但大多数人还是认为这么做的代价超出了得益。

　　在苏共第二十次代表大会上，赫鲁晓夫（Khrushchev）首次谴责斯大林的大清洗运动。他那充满戏剧性的讲话刚刚结束，听众里就有人大叫起来，质问赫鲁晓夫自己那个时候又在做什么。赫鲁晓夫的反应是请提问者站起来，报出自己的姓名。听众一片沉默。赫鲁晓夫答道："当时我也是这么做的。"

从某种意义上讲，我们以前都见过这样的例子。这只不过是涉及超过两个人的囚徒困境；你也可以把它称为"人质困境"。现在我们要用这个困境阐述一个不同的观点，确切地说，就是惩罚经常压倒回报而处于上风。独裁者可以通过向大众提供物质乃至精神安慰保持局势稳定，不过，这个做法可能需要付出高昂代价。建立在人质困境之上的压迫和恐吓可能是一种代价小得多的替代选择。

这一原理有很多例子。在一个大型出租车队里，汽车经常是由调度员派给司机的。车队里既有好车，也有年久失修的老爷车。调度员可以利用他的调度权向每个司机收取一点贿赂。谁若是拒绝行贿，就一定会得到一部老爷车，而那些愿意合作的司机就会"抽到"上上好签。[①] 这么一来，调度员是发达了，但司机们作为一个群体，面对的还是他们就算不贿赂调度员也能得到的同样一些汽车。假如司机们联合起来，也许可以结束这种被迫行贿的日子，问题在于怎样才能组织起来采取行动。问题的关键不是调度员能从行贿者那里得到多少好处，而是他可以严厉惩罚那些不肯行贿的人。

将租户从实行房租控制的公寓中赶出去是另外一个类似的例子。假如某人在纽约买了这么一幢房子，他有权赶走一个租户，这样自己就能住进去。不过，这个规定最后却变成了赶走全部租户的权利。一个新房东可以对住在 1A 房间的租户说："我有权住在自己的房子里。因此，我打算把你赶走，搬进你的房间。不过，假如你肯合作，自愿离开，我会给你 5 000 美元作为报答。"对于一幢实行房租控制的房子的价格而言，这个数目只是九牛一毛（虽然这笔钱确实可以

---

① 哪怕大家都交钱，一些司机最后还是会分配到一辆老爷车。不过，假如老爷车是随机分配的，也就不会出现哪个司机比较容易得到老爷车的情况。相反，带头拒绝交钱的司机通常都会得到老爷车。

在纽约买一堆地铁票）。租户面临两个选择，一是拿着 5 000 美元走人，二是什么也得不到，还是要走人，当然他会选择前者。接下来，新房东向 1B 的租户说同样的话，直到所有租户都搬家走人。

汽车制造业工人工会在跟汽车制造商一个接一个进行谈判的时候也占有类似的优势。单是一场针对福特汽车公司（Ford）的罢工就会使福特处于非常不利的地位，因为通用汽车公司（General Motors）和克莱斯勒公司（Chrysler）继续对工会采取合作态度，因此，福特很有可能迅速采纳对工会有利的条件，达成和解。这么一场罢工在工会这边看来代价也是较小的，毕竟只有 1/3 的工会成员失去工作。赢得福特一役之后，工会转而会跟通用谈判，接着是克莱斯勒，引用前面各次战役的胜利作为先例，进一步壮大自己的声威。日本工会则另有一套做法，因为日本工会是由公司组织的，在公司里占有很大的利润份额。假如丰田（Toyota）的工会罢工，其成员的薪水就会随着丰田的利润下跌而下跌，他们以前的努力什么也得不到。

我们倒不是说上述任何一个或所有例子都是好的结局或理想的政策。在某些情况下，可能引起强烈的争议，要求避免我们所描述的那种结果。不过，要想使我们所做的努力奏效，我们必须看清问题产生的机制，即"手风琴效应"，每一个折叠都会推动或拉动邻近一个折叠。这一现象虽然一再发生，其实又是可以克服的，我们将在第 9 章告诉各位可以怎样做到这一点。

楔子的尖端

许多国家运用关税配额，以及其他方法限制进口，保护本土产业。这样的政策会抬高价格，损害国内所有使用受保护产品的消费者的利益。经济学家估计，假如美国运用进口配额保护钢铁、纺织或制糖产业，导致大家不得不购买价格更高的产品，换算过来，相当于每保住这些产业一个职位，美国国内其他人就要付出 10 万美元的代价。[6] 为什么会这样，极少数人的得益怎么总是会压倒更大多数人的损失而得到优先考虑呢？

　　秘诀在于一次提出一件事情。首先，美国制鞋产业的 1 万个职位面临着威胁。要想挽救这些职位，国内其他人就得付出 10 亿美元，或人均付出 4 美元。谁不愿意付出 4 美元保住 1 万个职位呢？即便素昧平生的陌生人也会愿意的吧，尤其是在可以把所谓不择手段的外国人当做现成的诅咒目标之际。接着就轮到服装产业、钢铁产业、汽车产业，等等。没等我们明白过来，我们已经点头同意付出 500 多亿美元，相当于人均付出 200 多美元，或每个家庭付出 1 000 多美元。假如我们事前可以看穿整个过程，我们大概会想，这个代价是不是太高了，继而坚持要让上述各个产业的工人自己承担国际贸易带来的风险，就像他们承担任何其他经济风险一样。就个案逐项进行决策可能导致全部结果都与我们的意愿南辕北辙。实际上，一项决定即便获得多数人投票赞成，仍然有可能导致一个在每个人看来都比现状更糟的结果。

　　1985—1986 年间的所得税改革之所以几乎走向崩溃，原因就在于参议院一开始采取的是对提案逐个解决的思路。在财政委员会第一轮条款讨论会上，财政部提案已被修改到带有太多特别利益条款而变得不堪重负，最后不得不宣告无效。参议员们意识到，他们面对有组织的院外集团的游说活动时简直是"软弱无力"，根本不可能阻止这些游说者谋求特殊待遇。要命的是，这些游说者若是联合起来，最终很可能毁灭这个法案，比干脆不推出任何法案更糟糕。于是，委员会主席、参议员帕克伍德（Packwood）进行了他自己的游说活动：他劝说委员会大多数成员投票反对任何一个针对所得税法案的修正案，哪怕这个修正案特别有利于他们的选民也在所不惜。本次改革终于得以立法通过。不过，已经有人发起了要求增加特殊条款的反击，每次提出一两条要求修正。

按照同样的思路，逐项否决权使总统可以有选择地否决法案。假如一个法案授权拨款资助学校提供午餐和建造一架新的航天飞机，总统本可以选择两个都否定、只批准其中一个或两个都批准，但是目前却只有两个选择，即两个都否定或者两个都批准。虽然第一反应可能是这将赋予总统更大的权力，控制立法过程，但若是反过来，结果可能是国会将更有选择性地看待有待它通过的法案。[①] 逐项否决权虽然一般被认为违反宪法，不过究竟是否如此，还是留给高等法院裁决为好。

之所以出现这些问题，是因为短视的决策者没能看远一点，他们看不到全局。在所得税改革的例子里，参议院勉强来得及恢复自己的远见；但在保护主义的老问题上，依旧未能取得突破。第 2 章将会建立一个体系，有助于改善长期策略远见。

三思而后行

人们陷入某种境地而发现从此难以脱身的情况实在是太普遍了。

---

① 哥伦比亚大学教授道格拉斯·霍尔茨－埃金（Douglas Holtz-Eakin）研究过州一级逐项否决权的影响。他的结论是：看不出在具有逐项否决权的地方，财政支出会有什么区别。我们将在讨论投票策略的第 10 章对这个问题进行更详细的案例分析。

比如，一旦你在某个城市找到一份工作，那么，换一个地方重新安置下来的代价就会变得很高；一旦你买了一台电脑，学会了怎样使用其操作系统，那么，学会另一种操作系统，改写你的全部程序，其代价就会变得很高。同样，参加了一家航空公司的里程积分计划的旅行者若想搭乘另一家航空公司的飞机，付出的代价也会更高。还有，当然了，从婚姻围城中逃脱的代价也很高。

问题在于，一旦你做出了类似的承诺，比如接受了工作或结了婚，你的讨价还价地位就会被削弱。公司大可以利用其职员预期的搬家成本高，向他们支付较低的薪水或降低加薪幅度。电脑公司可以给新出的可兼容的外围设备标出更高的价码，因为它们知道，它们的消费者不会轻易转向同样是新出的却不兼容的技术。至于航空公司，一旦找到数目庞大的里程积分计划参加者，就不大愿意参与价格战了。夫妻签订的平均分担家务的协议一旦遇到小孩出生，就不得不重新谈判一番。

能够预见到上述后果的策略家会赶在他们的讨价还价能力仍然存在的时候充分利用，换句话说就是在他们订下契约之前。一般情况是采取预先支付酬劳再签约的形式。潜在的利益谋取者相互竞争会导致同样的结果。比如，公司不得不提供更具吸引力的起薪；电脑制造商不得不为它们生产的中央处理器（CPU）标出足够低的价格；而航空公司的里程积分计划也不得不为登记参加者提供更多的积分奖励以吸引他们。至于结了婚的夫妇，其对各自利益的谋取可能会变成一场两个人玩的博弈游戏。

同样的深谋远虑也使许多好奇却又理智的人不至于亲身尝试会上瘾的毒品，比如海洛因。汤姆·莱勒（Tom Lehrer）写的一首歌这样描述毒品贩子的策略：

22

> 他给孩子赠送免费样品，
>
> 因为他实在太了解，
>
> 今天仍然天真无邪的面孔，
>
> 明天就会变成他的新客户。

聪明的孩子也了解这一点，所以拒绝了那些免费样品。

多管齐下

现在让我们回到体育世界。在橄榄球比赛里，每一次贴身争抢之前，攻方都会在传球或带球突破之中择其一，而守方则会把赌注押在其中一个选择上，做好准备进行反击。在网球比赛里，发球一方可能选择接球一方的正手或反手，而接球一方则准备在回击的时候选择打对角线或直线。在这两个例子里，每一方都对自己的优点和对方的弱点有所了解。假如他们的选择可以同时考虑到怎样利用对方所有的弱点，而不是仅仅瞄准其中一个弱点，那么，这个选择应该算是上上之策。球员和球迷一样都很明白，必须多管齐下，来些出其不意的奇袭。理由在于，假如你每次都做同样的事情，对方就能集中全部力量最大限度地还击你的单一策略，还击效果也会更好。

23　　多管齐下并不等于说要按照一个可以预见的模式交替使用你的策略。若是那样的话，你的对手就会通过观察得出一个模式，从而最大限度地利用这个模式还击，其效果几乎跟你使用单一策略一样好。实施多管齐下策略，诀窍在于**不可预见性**。

设想一下，假如存在一些人人都知道的公式，用来确定谁将受到美国国税局（IRS）的审计，在你填写报税单的时候，你就会套用这些公式看看自己会不会受到审计。假如预计到你会受到审计，而你又找到了一个办法"修改"你的报税单，使其不再符合那些公式以避免被审计，很可能你已经动手这样做了。假如被审计已经无法避免，你大概会选择如实相告。国税局的审计行动若是具有完全可预见性，结果将会把审计目标确定在错误的人群身上。所有那些被审计的人早就预见到自己的命运，早就选择了如实相告，而对于那些逃过审计的人，能够看管他们的就只有他们自己的良心了。假如国税局的审计公式在一定程度上是模糊而笼统的，大家都有那么一点面临审计的风险，人们也就会更加倾向于选择诚实。

商界也有类似的现象。设想一下剃须刀市场的竞争情况。假设吉列（Gillette）定期举行购物券优惠活动，比如每隔一个月的第一个星期天进行，那么毕克（Bic）可以通过提前一个星期举行购物券优惠活动的方式予以反击。当然，这么一来毕克的路数就会变得具有可预见性，吉列可以照搬毕克的策略，相应将自己的优惠活动提前到毕克前面去。这种做法最终导致刺刀见红的残酷竞争，双方的利润都会下跌。不过，假如双方都采用一种难以预见或者多管齐下的混合策略，那么很可能会一起降低竞争的惨烈程度。

随机策略的重要性是博弈论早期提出的一个深谋远虑的观点。这个观点本身既简单，又直观，不过，要想在实践当中发挥作用，我们还得做一些细致的设计。比如，对于网球运动员，仅知道应该多管齐下，时而攻击对方的正手，时而攻击对方的反手，这还不够。他还必须知道他应该将30%的时间还是64%的时间用于攻击对方的正手，以及应该怎样根据双方的力量对比做出选择。在第7章我们会介绍一些可以解答上述问题的方法。

别跟笨蛋对等打赌

24　　在《红男绿女》（*Guys and Dolls*）一片中，赌棍斯凯·马斯特森（Sky Masterson）想起他父亲给他提的这个很有价值的建议：

> 孩子，在你的旅途中，总有一天会遇到有一个家伙走上前来，在你面前拿出一副漂亮的新扑克，连塑料包装纸都没有拆掉的那种；这个家伙打算跟你打一个赌，赌他有办法让梅花 J 从扑克牌里跳出来，并把苹果汁溅到你的耳朵里。不过，孩子，千万别跟这个家伙打赌，因为就跟你确确实实站在那里一样，最后你确确实实会落得苹果汁溅到耳朵里的下场。

这个故事的背景是，内森·底特律（Nathan Detroit）要跟斯凯·马斯特森打赌，看看明迪糕饼店的苹果酥和奶酪蛋糕哪一样卖得比较好。正好，内森刚刚发现了答案（苹果酥！）。他当然愿意打赌，只要斯凯把赌注压在奶酪蛋糕上。

这个例子听上去也许有些极端。当然没有人会打这么一个愚蠢的赌。不过，仔细看看芝加哥交易所的期货合同市场吧。假如一个交易者提出要卖给你一份期货合同，那他只会在你损失的情况下得益。这个交易是一宗零和博弈，就跟体育比赛一样，一方的胜利意味着另一方的失败。因此，假如有人愿意卖给你一份期货合同，你绝对不应该买下来。反过来也是如此。

其中的策略意义在于，**其他人的行动向我们提示了他们究竟知道什么，我们应该利用这些信息指导我们自己的行动**。当然，我们应该将这些信息连同我们自己有关这个问题的信息综合起来加以利用，运用全部策略机制，尽可能从其他人那里获取整个事情的真相。

在前面提到的《红男绿女》的例子里，存在这一类型的一个简单机制。斯凯应该问一下内森，看他在什么情况下愿意把赌注压在奶酪蛋糕上。假如回答是"无论什么情况都不会"，那么斯凯就能推断答案一定是苹果酥。假如内森回答说他下注在苹果酥和奶酪蛋糕上的可能性一样大，他显然是在隐瞒自己知道的信息，甘愿冒让斯凯在赌博中可能猜中的风险。

在股票市场、外汇市场和其他金融市场，人们可以像这个例子所描述的那样自行决定应该把赌注压在哪一边。实际上，在一些有组织的交易市场，包括伦敦股票市场，只要你询问一只股票的价格，按照规定，券商必须在他知道你打算买入还是卖出之前同时告诉你买入价和卖出价。假如缺少这么一个监察机制，券商就有可能单凭自己掌握的信息赚上一笔，而由于外面的投资者担心受骗上当，很可能最终导致整个市场崩盘。买入价和卖出价并不完全一致；两者之间存在一个价差（bid-ask spread）。一方面，在流动资金市场，这个差额非常小，意味着无论哪一份买入或卖出的订单，其中包含的信息都是微乎其微的。另一方面，内森·底特律愿意不惜一切代价把赌注压在苹果酥上，坚决不要奶酪蛋糕，他的价差则是无限大。千万当心这样的券商。

在这里我们应该补充一点：斯凯没有认真听取他父亲的教诲。一分钟后他就跟内森打赌说内森不知道他的蝴蝶领结是什么颜色。斯凯无论如何都赢不了：假如内森知道是什么颜色，他一定愿意打赌，并且取胜；假如他不知道，他一定不愿意打赌，也就不会输。

博弈论可能危害你的健康

一天深夜，耶路撒冷举行的一个会议结束之后，两名美国经济学家找了一辆有牌照的出租车，告诉司机应该怎么去他们的酒店。司机几乎立即认出他们是美国观光客，因此拒绝打表，并声称自己热爱美国，许诺会给他们一个低于打表数目的更好的价钱。自然，两人对这样的许诺颇有点将信将疑。在他们表示愿意按照打表数目付钱的前提下，这个陌生的司机为什么还要提出这么一个奇怪的少收一点的许诺呢？他们怎么才能知道自己有没有多付车钱呢？[①]

26　　另外，此前他们除了答应按照打表数目付钱之外，并没有许诺再向司机支付其他报酬。假如他们打算跟司机讨价还价，而这场谈判又破裂了，那么他们就得另找一辆出租车。他们的思路是：一旦他们到达酒店，他们的讨价还价地位将会大大改善。何况，此时此刻再找一辆出租车实在很不容易。

于是他们坐车出发，顺利到达酒店。司机要求他们支付以色列币 2 500 谢克尔（相当于 2.75 美元）。谁知道什么样的价钱才是合理的呢？因为在以色列，讨价还价非常普遍，所以他们还价 2 200 谢克尔。司机生气了。他嚷嚷着说从会议场所到酒店，这点钱根本不够。他不等对方说话就用自动装置锁死了全部车门，按照原路没

---

① 假如这个司机想要证明他确实打算少收车钱，他完全可以按乘客的要求打表，等到了目的地之后再按打表数字收取 80% 的车钱。但他没有按乘客的要求打表，这其实已经扭曲了他的真实动机。参见前面提到的斯凯·马斯特森的故事。

命地开车往回走，一路上完全没把交通灯和行人放在心上。两位经济学家是不是被绑架到贝鲁特去了？不是。司机开车回到出发点，非常粗暴地把他们扔出车外，一边大叫："现在你们自己去看看你们那2 200谢克尔能走多远吧！"

他们又找了一辆出租车。这名司机开始打表，当计价表跳到2 200谢克尔的时候，他们也回到了酒店。

毫无疑问，花这么多时间折腾对于两位经济学家来说还值不到300谢克尔。但这个故事却很有价值。它描述了跟那些没有读过我们这本书的人讨价还价可能存在什么样的危险。更普遍的情况是，我们不能忽略自尊和失去理性这两种要素。有时候，假如总共只不过要多花20美分，更明智的选择可能是到达目的地之后乖乖付钱。①

这个故事还有第二个教训。设想一下，假如两位经济学家是在下车之后再来讨论价钱问题，他们的讨价还价地位该会有多大的改善。（当然了，若是打一辆出租车，思路应该与此完全相反。假如你在上车之前告诉司机你要到哪里去，那么，你很有可能眼巴巴看着出租车弃你而去，另找更好的主顾。记住，你最好先上车，然后告诉司机你要到哪里去。）

未来的模样

前面的例子让我们初步领略了指导策略决策的原理。我们可以借助这些故事的寓意将这些原理进行归纳。

---

① 两位亲身参与了这一幕惊险闹剧，并且侥幸活着回来讲这个故事的经济学家分别是耶鲁大学的约翰·吉纳科普洛斯（John Geanakoplos）以及本书作者之一巴里·奈尔伯夫。

妙手传说告诉我们，在策略里，就跟在物理学当中一样，"我们所采取的每一个行动都会引发一个反行动"。我们并非生活在一个真空世界，也不是在一个真空世界里举止行事。因此，我们不可以假定说，虽然我们改变了自己的行为，其他事情还是会保持原样。

戴高乐在谈判桌上获得成功，这表明"只有卡住的轮子才能得到润滑油"[①]。不过，坚持顽固强硬并非总是轻而易举，尤其在你遇到一个同样顽固强硬的对手而不得不表现得比对方更加顽固强硬的时候更难做到。

古拉格的笑话以及给猫拴铃铛的故事刻画了需要协调和个人牺牲才能有所收获的事情做起来可能具有的难度。贸易政策的故事则强调了逐个解决问题的危险性。在技术竞赛当中，就跟在帆船比赛中差不多，追踪而来的新公司总是倾向于采用更加具有创新性的策略，而龙头老大们则愿意模仿跟在自己后面的公司。

网球和税务审计的故事指出，策略的优势在于不可预见性。不可预见的行为可能还有一个好处，就是使人生变得更加有趣了。

我们当然可以再讲几个故事，借助这些故事再讲一些道理，不过，这不是系统思考策略博弈的最佳方法。从一个不同角度研究同一个主题会更见效。我们每次讲一个原理，比如承诺、合作和多管齐下。在每一章，我们还会介绍一些以这个主题为核心的故事，直到说清整个原理为止。然后，读者可以在每章后面所附的"案例分析"中运用这个原理。

28

---

① 有些读者可能还听过这个成语的另一个版本，说的是"咯吱作响的车轮才能得到润滑油"，意思是一样的，因为卡住的轮子需要更多的润滑油。当然，有时候它会被换掉。

案例分析之一：红色算我赢，黑色算你输

虽然我们两位作者也许永远没有机会担当美洲杯帆船赛的船长，但其中一位却遇到了一个非常类似的情形。巴里毕业的时候，为了庆祝一番，参加了剑桥大学的五月舞会（这是英国版本的大学正式舞会）。庆祝活动的一部分包括在一个赌场下注。每人都得到相当于 20 美元的筹码，截至舞会结束之时，收获最大的一位将免费获得下一年度舞会的入场券。到了准备最后一轮轮盘赌的时候，纯粹是出于一个令人愉快的巧合，巴里手里已经有了相当于 700 美元的筹码，独占鳌头，第二位是一名拥有 300 美元筹码的英国女子。其他参加者实际上已经被淘汰出局。就在最后一次下注之前，那个女子提出分享下一年舞会的入场券，但是巴里拒绝了。他占有那么大的优势，怎么可能满足于得到一半的奖赏呢？

为了帮助大家更好地理解接下去的策略行动，我们先来简单介绍一下轮盘赌的规则。轮盘赌的输赢取决于轮盘停止转动时小球落在什么地方。典型情况是，轮盘上刻有从 0 到 36 的 37 个格子。假如小球落在 0 处，就算庄家赢了。玩轮盘赌最可靠的玩法就是赌小球落在偶数还是奇数格子（分别用黑色和红色表示）。这种玩法的赔率是一赔一，比如一美元赌注变成两美元，不过取胜的机会只有 18/37。在这种情况下，即便那名英国女子把全部筹码押上，也不可能稳操胜券；因此，她被迫选择一种风险更大的玩法。她把全部筹码押在小球落在 3 的倍数上。这种玩法的赔率是二赔一（假如她赢了，她的 300 美元就会变成 900 美元），但取胜的机会只有 12/37。现在，那名女子把她的筹码摆上桌面，表示她已经下注，不能反悔。那么，巴里应该怎么办？

案例讨论

巴里应该模仿那名女子的做法，同样把 300 美元筹码押在小球落在 3 的倍数上。这么做可以确保他领先对方 400 美元，最终赢得那张入场券：假如他们都输了这一轮，巴里将以 400：0 取胜；假如他们都赢了，巴里将以 1 300：900 取胜。那名女子根本没有其他选择。即使她不赌这一轮，她还是会输，因为巴里会和她一样退出这一轮，照样取胜。①

她的唯一希望在于巴里先赌。假如巴里先在黑色下注 200 美元，她应该怎么做？她应该把她的 300 美元押在红色。把她的筹码押在黑色对她没有半点好处，因为只有巴里取胜，她才能取胜（而她将是亚军，只有 600 美元，排在巴里的 900 美元后面）。自己取胜而巴里失败就是她唯一的反败为胜的希望所在，这就意味着她应该在红色下注。

这个故事的策略寓意与马丁·路德和戴高乐的故事恰恰相反。在这个关于轮盘赌的故事里，先行者处于不利地位。由于那名女子先下注，巴里可以选择一个确保胜利的策略。假如巴里先下注，那名女子就可以选择一个具有同样取胜机会的赌注。这里需要说明的是，在博弈游戏里，抢占先机、率先出手并不总是好事。因为这么做会暴露你的行动，其他参与者可以利用这一点占你的便宜。第二个出手可能使你处于更有利的策略地位。

30

---

① 如果一定要说实话，这是巴里事后懊悔自己没有采取的策略。当时是凌晨 3 点，他已经喝了太多香槟，再也没有办法保持头脑清醒了。结果，他把 200 美元押在偶数上，心里嘀咕他输掉冠军宝座的唯一可能性就是这一轮他输并且她赢，而这种可能性的发生概率只有 1：5，所以形势对他非常有利。当然，概率为 1：5 的事情有时也会发生，这里讲的就是其中的一个例子：她赢了。

第 2 章
准备接招

轮到你了，查理·布朗

连环漫画《花生》里有一个反复出现的主题,说的是露西(Lucy)将一个橄榄球按住，竖在地上，招呼查理·布朗(Charlie Brown)过去踢那个球。不过，每次到了最后一刻，露西总要拿走橄榄球，查理·布朗因为一脚踢空，仰天跌一跤，心怀不轨的露西就会高兴得不得了（如图 2-1 所示）。

任何人都会劝告查理·布朗不要上露西的当。即便露西去年（以及前年和再前一年）没有在他身上玩过这个花招，他也应该从其他事情了解她的性格，完全有可能预见她会采取什么行动。

就在查理盘算要不要接受露西的邀请跑去踢球的时候，她的行动还没有发生。不过，单凭她的行动还没有发生这一点，并不意味着查理就应该把这个行动看做是不确定性的。他应该知道，在两种可能的结果——让他踢中那个球以及让他仰天跌一跤——当中，露

图 2-1

西倾向于后者。因此，他应该预见到，一旦时机到了，她就会拿走橄榄球。从逻辑推理得出的露西会让他踢中那个球的可能性实际上已经毫无影响。对这么一种可能性仍然抱有信心，套用约翰逊

（Johnson）博士描述的再婚的特征，是希望压倒经验的胜利。查理不应该那样想，而应预见到接受露西的邀请最终会让自己仰天跌一跤。他应该拒绝露西的邀请。

两种策略互动

策略博弈的精髓在于参与者的决策相互依存。这种相互影响或互动通过两种方式体现出来。第一种方式是相继发生，比如查理·布朗的故事。参与者轮流出招。每个参与者在轮到自己的时候，必须展望一下他的这一步行动将会给其他人以后的行动造成什么影响，反过来又会对自己以后的行动造成什么影响。

第二种互动方式是同时发生，比如第 1 章囚徒困境故事的情节。参与者同时出招，完全不理会其他人刚刚走了哪一步。不过，每个人必须心中有数，知道这个博弈游戏存在其他参与者，而这些人反过来也非常清楚这一点，依此类推。因此，每个人必须设想一下若是自己处在其他人的位置，会做出什么反应，从而预计自己这一步会带来什么结果。他选择的最佳策略也是这一全盘考虑的一个组成部分。

一旦你发现自己正在玩一个策略博弈，你必须确定其中的互动究竟是相继发生的还是同时发生的。有些博弈，比如橄榄球，同时具备上述两种互动元素。这时候你必须确保自己的策略符合整个环境的要求。在这一章，我们将粗略介绍一些有助于你玩相继发生的互动的博弈的概念和规则；而同时发生的互动的博弈将是第 3 章的

33

主题。我们从非常简单、有时候是设计出来的例子开始，比如查理·布朗的故事。我们有意这么做，毕竟，这些故事本身并不十分重要，而正确的策略通常也是通过简单的直觉就能发现的，这么一来，可以更加清晰地凸显其中蕴含的概念。我们用到的例子会在案例分析以及以后的章节里变得越来越接近现实生活，也越来越复杂。

策略的第一法则

相继出招的博弈有一个总的原则，就是每一个参与者必须预计其他参与者接下来会有什么反应，据此盘算自己的最佳招数。这一点非常重要，值得确立为策略行为的一个基本法则。

法则 1：向前展望，倒后推理。

展望你的最初决策最后可能导致什么结果，利用这个信息确定自己的最佳选择。

在查理·布朗的故事里，做到这点对所有人来说应该都是不费吹灰之力的，只有查理·布朗除外。他只有两个选择，其中一个导致露西在两个可能的招数之间选择了一个。大多数策略情况都会涉及一系列更长的决策结果，每个结果都有几种选择，单是口头上进行推理实在是无法表述清楚。要想成功地运用这个向前展望、倒后推理的法则，我们需要一个更好的视觉辅助工具。一个涵盖了博弈当中全部选择的"树状图"就是这么一个工具。现在我们就来演示一下怎么使用这些树。

决策树与博弈树

一系列需要向前展望、倒后推理的决策甚至有可能出现在一个孤立的决策者面前，而这个人并非置身于一个有其他人参加的策略博弈中。对于走在黄树林里的罗伯特·弗罗斯特（Robert Frost）：

一片树林里分出两条路——

而我选择了人迹更少的一条，

从此决定了我一生的道路。[1]

我们可以画出这样一幅示意图（如图 2-2 所示）。

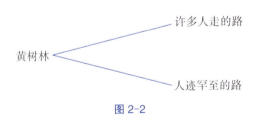

图 2-2

到此未必就不用再选择了。每一条路后面可能还会有分岔，图 2-2 相应也会变得越来越复杂。以下就是我们亲身经历的一个例子。35

从普林斯顿到纽约旅行会遇到几次选择。第一个决策点是选择旅行的方式：搭乘公共汽车、搭乘火车还是自己开车。选择自己开车的人接下来就要选择走费拉扎诺·奈罗斯桥、荷兰隧道、林肯隧道还是乔治·华盛顿桥。选择搭乘火车者必须决定是在纽瓦克换乘PATH 列车还是直达纽约宾夕法尼亚车站。等到进入纽约，搭乘火车或公共汽车的人还必须决定怎样抵达自己的最后目的地，是步行、搭乘地铁（是本地地铁还是高铁）、搭乘公共汽车还是搭乘出租车。

最佳决策取决于多种因素，包括价格、速度、难以避免的交通堵塞、纽约城里的最终目的地所在以及对泽西收费公路上的空气污染的厌恶程度，等等。

36 　　图 2-3 描述了你在每一个岔道口面临的选择，看上去就像一棵枝叶繁茂的大树，所以称为"决策树"。如何正确使用这样一张图或这么一棵树呢？绝对不是选择第一个岔道口看上去最好的分枝，然后等到下一个岔道口出现再去思考接下来应该怎么办；相反，你应该预计到以后将面临的选择，利用这些信息倒过头来确定前面几个岔道口你应该怎么决断。举个例子，假设你要去华尔街，乘坐 PATH 火车就好于自己开车，因为这条铁路从纽瓦克直达华尔街。

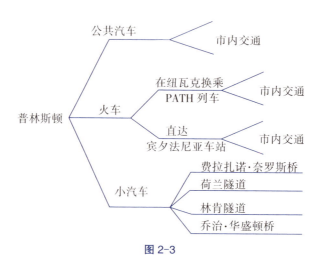

图 2-3

　　我们可以通过一棵这样的树描述一个策略博弈当中的选择，不过，现在出现了一个新的元素。我们遇到一个有两个人或更多人参与的博弈。沿着这棵树出发，后面许多分枝可能是几个参与者轮流决策。每个参与者在前一个分枝做决策时必须向前展望，而且考察的范围不应仅局限于他自己的决策，还要包括其他参与者的决策。他必须对其他人的下一步决策进行预计，办法就是置身于其他参与者的地位，按照他们的思维方式进行思考。为了强调一下这个做法与前面一个做法的区别，我们把一棵反映一场策略博弈当中的决策次序的树称为"博弈树"，而把"决策树"留做描述只有一个人参加的情形。

　　虽然查理·布朗的故事简单得简直令人难以置信，不过，你还是可以通过将这个故事放进一棵博弈树，开始熟悉博弈树的概念。这个博弈从露西发出邀请开始，查理·布朗面临的选择是要不要接受邀请。假如查理拒绝邀请，那么这个博弈到此为止。假如他接受，露西就有两个选择：一是让查理踢中那个橄榄球，二是把球拿走。我们可以通过添加一个分枝的方法描绘这个故事。

　　正如我们在前面说过的那样，露西有两个选择，即图 2-4 中的　37
上下两个分枝，查理应该预计到她一定会选择上面那个分枝。因此，他应该置身于她的地位，从这棵树上剪掉下面那个分枝。现在，回到他自己的两个选择，也是上下两个分枝，假如他选择上面那个分枝，结果一定是仰天跌一大跤。因此，相比之下，他更好的选择是沿着下面的分枝前进。

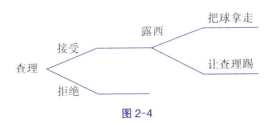

图 2-4

为了进一步了解这个思路，我们不妨设想一个包含同样一棵博弈树的商界中的例子。我们不想惹恼任何一个真实存在的公司，在此先向格雷厄姆·格林（Graham Greene）道歉，我们借用的是他的例子：假设在卡斯特罗（Castro）执政之前的古巴，吸尘器市场由一家名为"快洁"（Fastcleaners）的公司独占，一家名为"新洁"（Newcleaners）的新公司正在考虑要不要进军这个市场。假如"新洁"决定进入，"快洁"将面临两个选择：一是接纳"新洁"，和平共处，满足于一个与以前相比降低了的市场份额，二是打一场价格战。[①] 假设"快洁"接纳"新洁"，后者就可以赚得 10 万美元利润，但是，假如"快洁"发动一场价格战，就将给"新洁"造成 20 万美元的损失。假如"新洁"决定留在市场外而不进入，那么它的利润当然为零。下面我们画出这棵博弈树（如图 2-5 所示），标明每一种结果会带来什么样的利润。

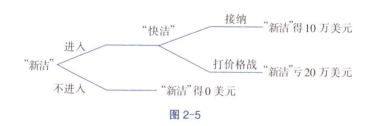

图 2-5

"新洁"应该怎么办？这是决策分析员需要解决的问题，也是商学院里讲授的问题。他们会画出一幅非常相似的图，却称之为"决策树"。理由是，他们通常把"接纳"和"打价格战"两种选择方案的结果看做偶然现象。因此他们会标出两者的出现概率。比如，假如他

---

① 在格林写的《我们在哈瓦那的人》（*Our Man in Havana*）一书中，为这两家公司当中一家工作的销售员决定打仗，只不过用的是毒药而不是价格。

们认为接纳与打价格战出现的机会一样大，那么两者的概率同为 1/2。接着，他们可以计算出"新洁"进入市场会得到多少利润，方法是将盈利和损失分别乘以相应的概率再相加。他们得到

$$\frac{1}{2} \times 100\ 000\ 美元 - \frac{1}{2} \times 200\ 000\ 美元 = -50\ 000\ 美元$$

由于这是一个亏损数字，商业分析员们就会根据这些概率下结论说"新洁"不应该进军古巴市场。

以上估计数字是从哪里来的呢？博弈论提供了答案：它们来自"新洁"自己对"快洁"在各种情形下的利润情况的估计。要估计"快洁"会怎么做，"新洁"首先应该估计"快洁"在不同情形下会得到多少利润。然后通过向前展望、倒后推理，预计对方会怎么做。进一步分析这个例子：我们假设"快洁"作为一个垄断者，有能力赚取 30 万美元利润。与"新洁"分享市场则意味着自己的利润降为 10 万美元。另外，从"快洁"这边估计，发动一场价格战的代价是 10 万美元。现在我们可以在这棵树上添加这些结果（如图 2-6 所示）。

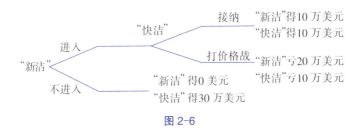

图 2-6

我们利用这棵树包含的信息预计以后的全部招数。由于具体招数可以由这个博弈的结果确定，这棵树完全适合看做一棵博弈树，而不是一棵决策树。比如，要预计"快洁"对"新洁"进入的反应，

我们知道，"快洁"接纳"新洁"的话仍会有10万美元利润，发动价格战则会损失10万美元；"新洁"应该预计到"快洁"会选择前者。向这个方向展望，同时倒后推理，"新洁"应该在盘算的时候先把打价格战这个分枝去掉。它应该进入这个市场，因为预计它可以赚到10万美元。

若是换了其他环境，最后的决策可能发生变化。比如，假设"新洁"下一步有可能继续进军"快洁"早已建立市场的其他岛屿，"快洁"大约会觉得有必要在这个新来者面前摆出一副不好对付的样子，宁可在古巴损失10万美元也要发动一场价格战。"新洁"应该看到，这意味着自己注定会损失20万美元，最后决定还是留在外面，不要硬闯的好。

"新洁"可以看出，任何一个得失数字都会转化为相应的行动。不过，它自己可能并不知道"快洁"在这棵树的顶端会得到什么样的回报。这种利润的不确定性将会转化为行动的不确定性。比如，"新洁"可能认为，有33.3%的机会"快洁"会在一场价格战中损失10万美元，有33.3%的机会双方会打个平手（利润为零），最后还有33.3%的机会"快洁"即便打价格战也能赚到12万美元。若遇到这种情况，"向前展望，倒后推理"会认为，有2/3的概率"快洁"会选择接纳"新洁"——赚到10万美元总比损失10万美元或双方打个平手要好，只比不上赚到12万美元。因此，发动一场价格战的可能性是33.3%。要弄清究竟会发生什么情况，唯一途径就是进军市场。不过，基于上述可能性，"新洁"有2/3的概率赚到10万美元，1/3的概率损失20万美元，因此，它的预计利润实际为零，根本没有理由进军市场。

40　　在这个例子里，"新洁"对于"快洁"的得失的不确定性直接转化为对"快洁"会有什么反应的概率估计。不过，**我们必须注意应该在哪里加入这种不确定性。正确的地方是在树的末端。**现在就来看看，假如我们在考虑的时候企图跳到前面去会犯什么错：平均而言，"快洁"可以在一场价格战当中赚到 6 667 美元（即 $\frac{1}{3} \times 120\,000$ 美元 $+ \frac{1}{3} \times 0$ 美元 $- \frac{1}{3} \times 100\,000$ 美元）。但这并不意味着"快洁"就一定想打价格战。愿意打价格战的可能性不是 100%。而且这种不确定性并不表示我们就应该猜测"快洁"愿意打价格战的可能性是 50%。对"新洁"而言，分析这个问题的正确思路是从这个博弈的终点着手，预计"快洁"每一步会怎么做。

更加复杂的树

在现实生活里，你会遇到的博弈远比上述我们用来进行形象描述的例子复杂。不过，即便这些"小树苗"长成"大树"，同样的原理也依然管用。象棋（国际象棋）可能是最好的例子。虽然象棋的规则相对比较简单，却已经形成一种需要进行策略推理的博弈游戏。白棋先行，黑棋回应，双方依次相继移动。因此，象棋当中最"纯粹"的策略推理就包含着向前展望你自己这一步将会导致什么后果，就跟我们在前面看到的一样。其实例可能是这样："假如我现在走兵，我的对手就会进马，威胁我的车。我在走兵之前必须用我的象护住那四个格子，不让对手的马得逞。"

象棋是一种相继出招的博弈游戏，我们可以用一棵树来表示。白方可以从 20 种开局方式中任选一种。[2] 在图 2-7 中，我们用这棵树的第一个决策点（或节点）表示白方拥有的第一个先行机会，标为 W1。他可以选择的 20 种走法变成 20 个枝条，从这个节点发散出去。每一个枝条代表的行动方式就是这个枝条的标签：兵进 K4（P-K4 或代数标记法里的 e4）、兵进 Q4，等等。我们的目的只是描述普遍情况，因此，为了避免这幅图变得枝节丛生，我们不会显示或标明所有枝条。每一个枝条都会引出下一个节点，代表黑方的第一次行动，标为 B1。黑方同样可以从 20 种开局方式中任选一种，于是，同样会有 20 个枝条从每一个标明 B1 的节点发散出去。双方走完第一步，我们已经看到有 400 种可能性。从现在开始，枝条的数目就会取决于前面一步。举个例子：假如白方的第一步是 P-K4，他的第二步就有许多选择，因为他的后以及王旁边的象现在都可以出动。然后你就会发现，建立这棵树所要运用的原理多么简单，而这棵树在实践中又会很快变得多么复杂。

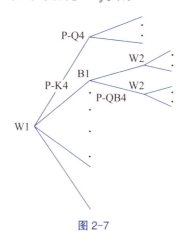

图 2-7

我们可以选择这棵博弈树上每一个决策点（节点）的一个枝条，沿着这个枝条一路走下去。这表示这盘博弈继续下去的一种特定方式。象棋大师早在博弈初期（开局阶段）就盘算过许多这样的路径，

考虑过这些路径会有什么结果。比如我们已经标出的路径，白方第 42
一步是P-K4，黑方以P-QB4回敬，就是预兆一场恶战的西西里防御。①

在许多博弈里，每一条这样的路径都会在有限次的选择之后到达终点。在体育或棋类比赛中，这可能是在一方取胜或双方打平的时候。更常见的情况是，博弈的最终结果可能是以给参与者货币回报、非货币回报或惩罚的形式出现。比如，商业对手之间的一场商界博弈可能给一家公司带来非常可观的利润，却使另一家公司破产。而核军备竞赛的博弈则可能达成一项成功的条约或导致两败俱伤。

假如一个博弈无论选择哪一条路径，都会在有限次的行动之后到达终点，我们在理论上就可以完全解决这个博弈。这意味着能找出谁将取胜以及他将怎样取胜。这是通过沿着这棵树倒后推理得出的。一旦我们走通了整棵树，就会发现我们究竟能不能取胜，而且，假如可以取胜，我们应该使用怎样的策略。**对于任何一个相继选择并且数目有限的博弈，总是存在某种最佳策略**。当然，存在一个最佳策略并不等于说我们总是可以轻而易举地找到这个最佳策略。象棋就是一个很好的例子。

临到比赛结束之际，象棋大师在刻画最优策略方面一直做得非常出色。一旦棋盘上只剩下三四个棋子，大师级选手就能预见博弈的结局，（通过倒后推理）确定一方有没有一个万无一失的取胜策略，或另一方能否迫使双方打平。接着，他们可以通过预计最后阶段的各种不同局势，评估中盘阶段的策略。问题在于，从来没有人可以一直倒后走通整棵树，直到开局的第一步。

---

① 继续下去，就是第二步，N-KB3，P-Q3；第三步，P-Q4，PxP；第四步，NxP，N-KB3；第五步，N-QB3，P-QR3；第六步，B-KN5，P-K3；第七步，P-KB4，Q-N3；第八步，Q-Q2，QxP。这种走法称为毒兵变局（poisoned pawn variation），听上去好像来自善于玩弄阴谋诡计的西班牙博尔吉亚家族（the Borgias）的宫廷，或是华尔街。

43   一些简单的博弈可以用这样的方法得到完全解决。比如，3×3 的连城游戏总是可以变成平局。[①]这也是只有小孩才玩这个游戏而大人不屑一顾的原因。即便是西洋跳棋，也存在这个问题。大家都相信，第二个参与者总有办法达成平局，虽然这一结论尚未得到证明。为了保持大家对这种游戏的兴趣，西洋跳棋比赛让参与者从中局开始行动，在中局大家还看不出什么取胜或打平的策略。等到象棋也有可能用这种方法完全解决的那一天，象棋的规则大概也得进行修改了。

而在目前阶段，象棋参与者都做了什么呢？他们做了我们大家将相继移动的策略运用到实践中去的时候都应该做的事情：将向前展望分析与价值判断结合在一起。他们会问："这条路在四五步之后会使自己争得一个有利局面，还是会陷入一个不利局面？"他们假设现在比赛已经结束，由此判断每一个可能的结果的价值。然后，他们选择那个五步之后可以达到最大价值结果的策略，向前展望，倒后推理。倒后推理是相对容易的部分。难的是怎样确定中盘局面的价值。每一个子的价值都要计算在内，同时要在吃子与取势两方面的优势之间进行权衡取舍。

保罗·霍夫曼（Paul Hoffman）在他的《阿基米德的报复》（*Archimedes' Revenge*）一书中描述了汉斯·伯利纳（Hans Berliner）

---

① 你也许觉得连城游戏是一种简单的博弈，但你还是不要指望能画出这棵博弈树。请注意，没有一局能在第五次行动之前走完，因为直到这时其中一方才第一次有机会在棋盘上放下三颗棋子，而此时枝条的数目已经达到 $9 \times 8 \times 7 \times 6 \times 5 = 15\ 120$。当然，即便如此，这个博弈还是可以轻易解决，因为大多数枝条从策略看是一模一样的。举个例子：虽然第一步有 9 种可能的走法，但这个博弈的对称性使我们不难发现，实际上这里只有 3 种完全不同的走法，即角、边线或中间。正是这样的小诀窍使这棵博弈树变得易于处理。

的电脑象棋程序。伯利纳是以通信方式进行的象棋比赛的世界冠军，研制了一台专门用于下象棋的电脑，可以在每一步棋限定的 3 分钟之内检查 3 000 万种备选方案。伯利纳还确定了一个很好的规则，用于评估中盘局面的价值。能够击败这个电脑程序的人不超过 300 名。在十五子棋比赛中，伯利纳也开发了一个程序，该程序已经使世界冠军俯首称臣。

将倒后推理的清晰逻辑与基于实践经验确定的、评估中盘局面价值高低的最佳规则结合起来，是处理远比象棋复杂的博弈的一种有用方法。

讨价还价

无论在商界还是在国际政坛，参与各方经常通过讨价还价或者谈判来决定总收益这个"蛋糕"应该怎样划分。我们将在第 11 章更详细地探讨这一现象。现在我们把它当做一个形象的例子，解释倒后推理这一方法怎样使我们得以预见相继行动的博弈的结果。

大多数人基于社会常识，预测一场谈判的结果就是妥协。这样做的好处是能够保证"公平"。我们可以证明，对于许多常见类型的谈判，一个 50 对 50 的妥协也是倒后推理的结果。

首先，我们必须认识讨价还价的两个普遍特征。我们必须知道谁向谁提出了一个什么条件，换言之，就是这个博弈的规则是什么；接着，我们还要知道，假如各方不能达成一个协定，将会导致什么后果。

不同的谈判按照不同的规则进行。在大多数零售店里，卖方会标出价钱，买方的唯一选择就是要么接受这个价格，要么到别的店里碰运气。[①] 这是一个简单的"接受或者放弃"的法则。而在工资谈判的例子中，工会首先提出一个价码，接着公司决定是不是接受。假如公司不接受，可以还一个价码，或者等待工会调整自己要求的价码。有些时候，相继行动的次序是由法律或者习俗决定的，还有些时候这一次序本身就具有策略意义。接下来，我们会探讨一个讨价还价的问题，在这个问题里，双方轮流提出条件。

谈判的一个必不可少的特征在于时间就是金钱。假如谈判越拉越长，蛋糕就会开始缩水。不过，这时各方仍然可能不愿意妥协，暗自希望只要谈成一个对自己更加有利的结果，其好处就将超过谈判的代价。查尔斯·狄更斯（Charles Dickens）的《荒凉山庄》（*Bleak House*）描述了一个极端的情形：围绕贾恩迪斯山庄展开的争执变得没完没了，以至于最后整个山庄不得不卖掉，用于支付律师们的费用。按照同样的思路，假如因不能达成工资协定而引发罢工，那么公司就会失去利润，工人就会失去工作。假如各国陷入一轮旷日持久的贸易自由化谈判，它们就会在争吵收益分配的时候丧失贸易自由化带来的好处。这些例子的共同点在于，参与谈判的所有各方都愿意尽快达成协议。

在现实生活中，收益缩水的方式非常复杂，不同情况的缩水比例也不同。不过，我们可以用一种非常简单的方法充分阐明这一点：假设每提出一个建议或反建议，蛋糕都会朝零的方向缩小同样大小；设想这是一个冰激凌蛋糕，孩子们一边争吵怎么分配，蛋糕一边

---

① 有些顾客似乎可以在任何地方（甚至包括西尔斯百货公司）讨价还价。在这方面，赫布·科恩（Herb Cohen）的著作《谈判无处不在》（*You Can Negotiate Anything*）提供了许多有用的小提示。

融化。

首先,假设整个过程总共只有一步。桌子上放了一个冰激凌蛋糕;一个孩子阿里(Ali)向另一个孩子巴巴(Baba)提议应该如此这般分配。假如巴巴同意,他们就会按照提议分享这个蛋糕;假如巴巴不同意,蛋糕融化,谁也吃不到。

现在,阿里处于一个强有力的地位:她使巴巴面临有所收获和一无所获的选择。即便她提出自己独享整个蛋糕,只让巴巴在她吃完之后舔一舔切蛋糕的餐刀,巴巴的选择也只能是舔一舔,否则他什么也得不到。

当然,巴巴可能因为感到这么分配太不公平而生气,断然拒绝 46
接受这一条件。又或者,他可能希望建立或者保持自己作为一个不好对付的讨价还价者的形象,从而为日后的讨价还价奠定基础,而日后的讨价还价可能是跟阿里进行,也可能是跟其他得知今天自己所作所为的孩子们进行。在实际操作当中,阿里同样需要考虑到这些问题,要向巴巴放出刚好足够的诱饵(比如一小块蛋糕),引诱他上钩。为简化阐述过程,我们将所有这些复杂问题搁在一边,假设阿里可以拿走她所要求的 100% 的份额。实际上,我们还可以不考虑留给巴巴舔的餐刀,假定阿里有能力提出“接受或者放弃”的条件,她可以得到整个蛋糕。[①]

一旦出现第二轮谈判,局势就会大大偏向巴巴。不妨再设想一下,现在桌子上放了一个冰激凌蛋糕,但是两轮谈判过后,整个蛋糕就会融化。假如巴巴拒绝接受阿里提出的条件,他可以提出一个反建

[①] 同样的简化做法还将用在我们对更多回合的建议和反建议的讨论上。读者可以很方便地将我们的分析套用到一个更接近现实、但也更庞大的决策过程中,这个过程可以将我们在这里忽略的复杂情况包含在内。

议，不过，到这时，桌子上只剩下半个蛋糕了。假如阿里拒绝接受巴巴的反建议，剩下的半个蛋糕也会融化，双方都会一无所获。

现在，阿里必须向前展望她最初提出的条件会有什么后果。她知道，巴巴可以拒绝她的条件，从而占据有利地位，反过来就剩下的半个蛋糕提出"接受或者放弃"的分配方案。这实际上意味着巴巴已经将那半个蛋糕掌握在自己手里。因此，他不会接受任何低于阿里第一轮条件的反建议。假如阿里不能阻止这一幕发生，她将一无所获。一旦看清了这一点，她会从一开始就提出与巴巴平分这个蛋糕，这正是刚好足够引诱对方接受而又为自己保有一半收益的条件。于是他们会马上达成一致，平分这个蛋糕。

说到这里，个中原理已经非常清楚，我们的讨论还可以再进一步。分析结果是相同的：要么加速谈判进程，要么延缓蛋糕融化速度。随着谈判各方提出每个建议和反建议，蛋糕也在融化，从一个变成 2/3 再变成 1/3，直到零，什么也剩不下。假如阿里提出最后一个建议，而蛋糕已经融化到只有 1/3，她就可以全部拥有。巴巴知道这一点，所以在轮到自己提条件的时候（这时蛋糕还剩下 2/3）许诺分给她 1/3。这么一来，巴巴可以得到的最好结果就是 1/3 个蛋糕，即剩下的 2/3 的一半。阿里知道这一点，所以从一开始就许诺分给巴巴 1/3（刚好足够引诱对方接受），自己得到 2/3。

各得一半的分配方案存在什么规律吗？每一次的步骤数目都是偶数，且这一现象反复出现。更重要的是，即便步骤数目是奇数，随着步骤数目增加，双方也会越来越接近一半一半的分配方案。

若是四步，巴巴得以提出最后一个条件，从而得到这个时候桌子上剩下的 1/4 个蛋糕。因此，阿里必须在倒数第二轮提出分给巴巴 1/4 个蛋糕，当时桌子上还剩下半个蛋糕。而在此前一轮，巴巴可以让阿里接受分给她剩下的 3/4 个蛋糕中 1/4 个蛋糕的条件。因此，一路这么向前展望下去，在讨价还价一开始，阿里就应该提出分给巴巴半个蛋糕，自己得到另一半。

若是五步，阿里一开始可以提出分给巴巴 2/5 个蛋糕，自己得到 3/5。若是六步，那么分配方案又回到各得一半。若是七步，阿里得到 4/7，巴巴得到 3/7。更为普遍的情况是：假如步骤数目是偶数，各得一半；假如步骤数目 n 是奇数，阿里得到 $\dfrac{n+1}{2n}$，而巴巴得到 $\dfrac{n-1}{2n}$。等到步骤数目达到 101，阿里可以先行提出条件的优势使她可以得到 51/101 个蛋糕，而巴巴得到 50/101 个。

在这个典型的谈判过程中，蛋糕缓慢缩小，在全部融化之前有足够时间让人们提出许多建议和反建议。这表明，通常情况下，在一个漫长的讨价还价过程中，谁第一个提出条件并不重要。除非谈判长时间陷入僵持状态，胜方几乎什么都得不到了，否则妥协的解决方案看来还是难以避免的。不错，最后一个提出条件的人可以得到剩下的全部成果。不过，真要等到整个谈判过程结束，大概也没剩下什么可以赢取的了。得到了"全部"，但"全部"的意思却是什么也没有，这就是赢得了战役却输掉了战争。　48

我们必须看到很重要的一点：虽然我们考虑过许多可能的建议和反建议，预期结果却是阿里的第一个条件能够被对方接受。谈判过程的后期阶段不会再发生。不过，假如第一轮不能达成一致，这些步骤将不得不走下去，这一点在阿里盘算怎样提出一个刚好足够引诱对方接受的第一个条件时非常关键。

这个观察结果反过来提示了另一种讨价还价策略。向前展望，倒后推理的原理可能在整个过程开始之前就已经确定了最后结果。

策略行动的时间可能提前，在确定谈判规则的时候就已经开始。

同样的观察结果还会引出一个谜。假如讨价还价的过程真像这里阐述的那样，应该不会出现罢工。当然，罢工的可能性会影响最终达成的协议，不过公司会把握第一个提条件的机会，提出一个刚好足以引诱对方接受的条件，工会也会这样做。罢工变成现实，或者更普遍的情况，即谈判破裂，一定是现实生活更微妙或者更复杂的特征引出的结果，而这些特征早已从上述这个简单的故事中排除出去，未予考虑。我们会在第 11 章探讨其中一些问题。

战争与和平

倒后推理的另一个实例是怎样通过一系列双边谈判维护和平。

我们举一个只有部分假设的例子：苏丹是一个相对弱小的国家，现在面临被其邻国利比亚入侵的危险。假如这两个国家在某种程度上都是与外界隔绝的，那么，要想阻止利比亚入侵并击败苏丹简直毫无可能。

49　　尽管两个敌对邻居可能无法继续和平共处，但第三方的存在也许可以构成必要的制约。在利比亚与苏丹的例子里，这一原理可能会是"我的敌人的敌人就是我的朋友"。假如利比亚真要跟苏丹开战，那么，利比亚将不得不从东部与埃及接壤的边境抽调兵力。埃及当然不愿意贸然入侵一个全副武装的利比亚，不过，假如利比亚跟苏丹打仗而实力大减，埃及人也许会得到一个难以抗拒的大好机会，一举干掉这个麻烦的邻居。利比亚可以（或者至少应该）通过倒后推理，预计到一旦他们进攻苏丹，埃及就会入侵。表面看来，苏丹安全了。不过，在三个国家后面就停止继续思考这个问题，可能会造成一种虚假的安全感。

　　假如三个敌人可以达成稳定状态，四个又如何？现在加入以色列。假如埃及要打利比亚的主意，很有可能遭到以色列入侵。在萨达特（Sadat）和贝京（Begin）将双方关系正常化以前，这确实是埃及面临的一个严重威胁。在 1978 年以前，利比亚不必担心埃及入侵，就是因为埃及一想到以色列就战战兢兢，不敢大意。结果，苏丹不可能指望埃及来抑制利比亚的扩张野心。[①]随着以色列与埃及关系改善，倒后推理的链条在埃及这里中断，而苏丹也安全了，至少目前是这样。

　　这个关于制约因素的例子当然经过了必要的格式化，这样它更加切合我们讨论的主题。从表面看来，这个例子说明，一个国家究竟会不会遭到入侵，将取决于潜在侵略者链条的节点数目是奇数还是偶数。一个更加接近现实生活的情况分析可以把国与国之间的复杂关系考虑在内，从而得到更多细节，用于分析一国入侵别国的企图究竟有多大。不过，还有一个重要的结论：博弈的结果在很大程度上取决于参与者的人数。参与的人越多越好，参与的人越少越糟，即便在同一个博弈里也是如此。但是，两个敌对国家难以和平共处、三个敌对国家就能恢复稳定局面的结论并不意味着若有四个敌对国家就更好；在这个例子里，四个的结果跟两个是一样的。[②]

50

　　为了进一步阐述这个制约因素的观点，我们请读者研究本书最后一章"案例分析"的"三方对决"一节。三个敌对者，实力各不相同，现在必须决定自己应该袭击哪一个。你可能会发现答案令人

　　①　由此我们知道"我的敌人的朋友不是我的朋友"。

　　②　实际上，假如这个链条存在的国家数目是奇数，那么，A 是安全的。假如这个链条的节点数目是偶数，那么 B 就会入侵 A；B 发动入侵之后，链条上的节点数目就会减为奇数，B 就安全了。

大吃一惊。

英国人玩的博弈

本章我们讨论了有序行动或者有序移动的博弈。实际上，现实生活当中没有几个博弈存在清晰界定而参与者又必须遵守的行动规则。参与者自己制定自己的规则。那么，他们怎么才能向前展望、倒后推理呢？他们又怎么才能知道这个博弈究竟有没有行动次序呢？

我们借用 1987 年英国大选的情形说明这一点。玛格丽特·撒切尔（Margaret Thatcher）领导的执政保守党面对以尼尔·金诺克（Neil Kinnock）为首的工党的挑战。大选期间，双方都要选择是走平坦大道，即以就事论事为原则进行竞选，还是走崎岖小径，即进行人身攻击。选民当中很大一部分人对撒切尔夫人的政绩深表满意，因此，假如双方按照相仿的规矩拉票，将出现整个竞选一边倒的局面，撒切尔夫人就会取胜。

金诺克先生的唯一希望在于他可以通过风格完全不同的拉票活动，建立一个足以超越对手的好印象。现在我们假设，撒切尔夫人选择平坦大道，而他选择崎岖小径，或者两者调换选择，他的成功概率都是一样的。假设他们私下里都愿意选择平坦大道，但这一想法必须让位给取胜这一目标。

51　　哪一条才是"人迹罕至"的路呢？答案取决于双方做决定的次序。我们现在就来考察一些可能出现的情况。

假设撒切尔夫人首先选择竞选风格，这是因为，比如说，就传统而言都是执政党在反对党之前公布自己的竞选纲领。这样，她可以画出下面的博弈树（如图 2-8 所示）。

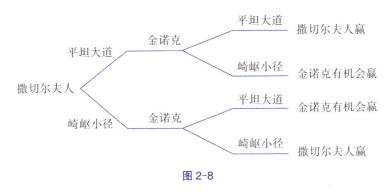

图 2-8

　　通过向前展望和倒后推理，撒切尔夫人可以预计，假如她选择平坦大道，金诺克先生一定会选择崎岖小径，反之亦然。[①] 既然两个方案赋予她的取胜概率相同，她愿意选择平坦大道。

　　撒切尔夫人先行会使她陷于不利，因为这么一来，金诺克先生就可以选择与其完全不同的道路。不过，她先行本身不会造成这个问题。现在我们在这个对局上做一个小小的修改。假设撒切尔夫人已经跟她的保守党顾问以及竞选宣传经理们开过会，确定了她的策略。但是这一决定没有公开。金诺克先生也在开同样一个会议。他应该怎么做？他应不应该假设撒切尔夫人在先行的时候，是按照我们刚刚描述的方法进行推理的呢？那将意味着她已经选择了平坦大道，因此金诺克先生应该选择走崎岖小径。不过，假如撒切尔夫人想到金诺克先生也会这么想，她就会为自己选择崎岖小径的策略。

52

---

　　① 苏格兰民歌《罗梦湖》（*Loch Lomond*）唱道："你走山路，我走平原，我要比你先到苏格兰。"因此，我们必须指出，工党在苏格兰赢得了多数议席，虽然保守党以大比分赢得了整个英国大选。

金诺克先生并不确实知道她的选择，他若是忽略这么一种"第二层次"的思考，他就是一个大傻瓜。那么，他应不应该选择平坦大道呢？不一定，因为撒切尔夫人可以想到"第三层次"，依此类推。**一个普遍的观点是：若要运用向前展望、倒后推理的原理，不可缺少的前提是，后行者可以观察到先行者的行动。**

即便撒切尔夫人先行，而她的选择也是外人可以看到的，但如果她在竞选期间改变策略，又会发生什么情况呢？假设只有选民得到的最后印象才算数，而撒切尔夫人在第一次发表声明的时候说了什么无关紧要。金诺克先生绝不能信以为真，并据以制定自己的策略。反过来，撒切尔夫人在考虑自己应该怎么迈出第一步的时候，也不能指望金诺克先生只有一种反应方式。这样，我们就得到向前展望、倒后推理原理的另一个适用条件：**策略必须是不可逆转的。**

假如这两个条件有一个不符合，又会怎么样？即便两党是在不同时间做出各自的决定，就策略思维而言，这些决定就跟同时做出没有什么两样。从相继做出决定到同时做出决定的转变，可能对两党中的一方有利，也可能对双方都有利。实际上，在1987年的英国大选中，双方至少都改变了一次自己的策略。第3章将提出同时进行的博弈的行动规则。

关于相继行动与同时行动的博弈的区别，体育比赛提供了另一个例子。百米短跑是同时行动的博弈，因为根本没时间排出相继行动的次序。而在蝶泳比赛中，运动员也许有时间进行思考，却会发现看清对手的位置是非常困难的。马拉松比赛具有相继行动的博弈的组成成分：运动员们可以看到其他人的位置（以一点为基准），策略也是不可逆转的，因为不可能回头重新比赛早先跑过的路程。

结束这一章的时候，我们再回到查理·布朗要不要踢那个橄榄

53

球的问题。在橄榄球教练汤姆·奥斯本（Tom Osborne）指挥冠军争夺战的最后几分钟，这个问题真的出现了。我们同样认为他做了错误的选择。倒后推理可以揭示错误的原因。

案例分析之二：汤姆·奥斯本与 1984 年橙碗球场决赛的故事

在 1984 年的橙碗球场决赛上，战无不胜的内布拉斯加打谷者队（Nebraska Cornhuskers）与曾有一次败绩的迈阿密旋风队（Miami Hurricanes）狭路相逢。因为内布拉斯加队晋身决赛的战绩高出一筹，只要打平，它就能以第一的排名结束整个赛季。

不过，在第四节，内布拉斯加打谷者队以 17∶31 落后。接着，他们发动了一次反击，成功触底得分，将比分追至 23∶31。这时，内布拉斯加队的教练汤姆·奥斯本面临一个重大的策略抉择。

在大学橄榄球比赛中，触底得分一方可以从距离入球得分线只有 2½ 码的标记处开球。该队可以选择带球突破或将球传到底线区，再得 2 分；或者采用一种不那么冒险的策略，将球直接踢过球门柱之间，再得 1 分。

奥斯本选择了安全至上，内布拉斯加队成功射门得分，比分改　54
写为 24∶31。该队继续全力反击。在比赛最后阶段，他们最后一次触底得分，比分变成 30∶31。只要再得 1 分，该队就能战平对手，取得冠军头衔。不过，这样取胜总不大过瘾。为了漂亮地拿下冠军争夺战，奥斯本认为他应该在本场比赛取胜。

内布拉斯加队决定要用得 2 分的策略取胜。欧文·弗赖尔（Irving

Fryer）接到球，却没能得分。迈阿密队与内布拉斯加队以同样的胜负战绩结束全年比赛。由于迈阿密队击败内布拉斯加队，最终获得冠军的是迈阿密队。

假设你自己处于奥斯本教练的位置，你能不能做得比他更好？

案例讨论

星期一出版的许多橄榄球评论文章纷纷指责奥斯本不应该贸然求胜，没有稳妥求和。不过，这不是我们争论的核心问题。核心问题在于，在奥斯本甘愿冒更大的风险一心求胜的前提下，他选错了策略。他本来应该先尝试得 2 分的策略，然后，假如成功了，再尝试得 1 分的策略，假如不成功，再尝试得 2 分的策略。

让我们更仔细地研究这个案例。在落后 14 分的时候，奥斯本知道他至少还要得到两个触底得分外加 3 分。他决定先尝试得 1 分的策略，再尝试得 2 分的策略。假如两个尝试都成功了，那么使用两个策略的先后次序则无关紧要。假如得 1 分的策略失败，而得 2 分的策略成功，先后次序则仍然无关紧要，比赛还是以平局告终，内布拉斯加队赢得冠军。先后次序影响战局的唯一可能性在于内布拉斯加队尝试得 2 分的策略没有成功。假如实施奥斯本的计划，这将导致输掉决赛以及冠军锦标。相反，假如他们先尝试得 2 分的策略，那么，即便尝试失败，他们仍然未必输掉这场比赛。他们仍然以 23 : 31 落后。等到他们下一次触底得分，比分就会改为 29 : 31。这时候，只要他们尝试得 2 分的策略得手，比赛就能打成平局，他们就能赢得冠军头衔！①

---

① 而且，这将是尝试取胜的努力失败之后导致的平局，因此没有人会批评奥斯本，说他一心想打成平局。

　　我们曾经听到有人反驳说，假如奥斯本先尝试得 2 分的策略，那么，如果没有成功，他的队将只能为打平对手而努力。但这么做不是那么鼓舞人心，并且他们很有可能不能第二次触底得分了。更重要的是，等到最后才来尝试这个已经变得生死攸关的得 2 分的策略，他的队将陷入成败取决于运气的局面。这种看法是错的，有几个理由。假如内布拉斯加队等到第二次触底得分才尝试得 2 分的策略，一旦失败，他们就会输掉这场比赛。假如他们第一次尝试得 2 分的策略失败，他们仍然有机会打平。即使这个机会可能非常渺茫，但有还是比没有强。激励效应的论点也站不住脚。这是因为，虽然内布拉斯加队的进攻可能在冠军决赛这样重大的场合突然加强，但迈阿密队的防守也会加强。这场比赛对双方是同样重要的。相反，假如奥斯本第一次触底得分之后就尝试得 2 分的策略，在一定程度上确实存在激励效应，提高第二次触底得分的概率。这也使他可以通过两个三分球打平。

　　从这个故事中可总结的教训之一在于，假如你不得不冒一点风险，通常都是越早冒险越好。这一点在网球选手看来再明显不过了：人人都知道应该在第一发球的时候冒风险，第二发球则必须谨慎。这么一来，就算你一发失误，比赛也不会就此结束。你仍然有时间考虑选择其他策略，并借此站稳脚跟，甚至一举领先。

第 3 章

看穿对手的策略

56 　　每个星期，《时代》（*Time*）和《新闻周刊》（*Newsweek*）都会暗自较劲，非要做出最引人注目的封面故事不可。一个富有戏剧性或者饶有趣味的封面，可以吸引站在报摊前的潜在买主的目光。因此，每个星期，《时代》的编辑们一定会开会选择下一个封面故事。他们这么做的时候，很清楚在某个什么地方，《新闻周刊》的编辑们也在关起门来开会选择下一个封面故事。反过来，《新闻周刊》的编辑们也知道《时代》的编辑们正在做同样的事情，而《时代》的编辑们也知道《新闻周刊》的编辑们知道这一点……

　　这两家新闻杂志投入了一场策略博弈，不过，这个博弈从本质上看跟我们已经讨论过的博弈存在很大差别。第 2 章讨论的博弈是由一系列相继进行的行动组成的。查理·布朗在选择要不要踢那个橄榄球时，心里明白露西现在还没有决定要不要拿走那个球；在象棋里，白方与黑方交替行动。相反，《时代》与《新闻周刊》的行动却是同时进行的。双方不得不在毫不知晓对手的决定的情况下采取行动。等到彼此发现对方做了什么，再想做什么改变就太迟了。当然，这个星期的输家下个星期很可能竭力反扑，不过，等到那时，在这个日新月异的世界上说不定已经出现了一个完全不同的新的故事模式，开始了一场完全不同的博弈。

这两种博弈所要用到的策略思维和行动在本质上存在天壤之别。57 对于第 2 章讨论的相继行动的博弈，每个参与者不得不向前展望，估计对手的反应，从而倒后推理，决定自己这一轮应该怎么走。这是一条线性的推理链："假如我这么做，另一个参与者会那么做——若是那样，我会这么反击"，依此类推。

而在同时行动的博弈里，没有一个参与者可以在自己行动之前得知另一个参与者的整个计划。在这种情况下，互动推理不是通过观察对方的策略进行，而是必须通过看穿对手的策略才能展开。要想做到这一点，单单假设自己处于对手的位置会怎么做还不够。即便你那样做了，你又能发现什么？你只会发现，你的对手也在做同样的事情，即他也在假设自己处于你的位置会怎么做。因此，每一个人不得不同时担任两个角色，一个是自己，一个是对手，从而找出双方的最佳行动方式。与一条线性的推理链不同，这是一个循环——"假如我认为他认为我认为……"。诀窍在于怎样破解这个循环。

夏洛克·福尔摩斯（Sherlock Holmes）和他的死对头、罪恶魔头莫里亚蒂（Moriarty）教授擅长这类推理，对此我们一点都不觉得惊讶。正如福尔摩斯在《最后的问题》（*The Final Problem*）里告诉华生（Watson）的：

"我要说的其实已经在你的脑海闪过。"他说。

"那么我的答案大概也已经在你的脑海闪过。"我答道。

你就和华生医生一样，大概也在揣摩福尔摩斯怎么未卜先知。听完我们的解释，我们希望你会同意这其实相当简单。

你怎样才能看穿所有那些错综复杂而又看不见的策略呢？首先，你不要把其他参与者的未知行动视做天气那样，具有与个人无关的不确定性。上班之前，《时代》的编辑可能收听天气预报，知道今天下雨的概率是 40%，他大概会利用这个信息去决定要不要带一把雨伞去上班。但《新闻周刊》将会采用哪个特定主题作为封面故事的概率则完全是另外一回事。

区别在于，《时代》的编辑对《新闻周刊》有一个非常中肯的了解——另一个杂志的编辑与天气不同，他们是策略的博弈参与者，就跟《时代》的编辑自己一样。[①] 即便一个编辑不可能真的观察到另一个杂志的决定，他也可以通过另一个杂志的视角思考这个问题，尝试确定它现在一定在做什么。

在第 2 章，我们可以提供一个单一的、统一的原理，为相继行动的博弈确定最佳策略。这就是我们的法则 1：向前展望，倒后推理。在这一章，事情不会那么简单。不过，关于同时行动必不可少的思维方式的思考可以总结为指导行动的三个简单法则。反过来，这些法则又基于两个简单概念：优势策略与均衡。与第 2 章一样，我们也会通过简单的例子解释这些概念和法则。

---

① 有些人相信，自然界也是一个策略博弈的参与者，而且心肠狠毒，整天想着怎样破坏我们早已定下的计划，以从中取乐。比如，当你听说下雨的概率是 40%，这意味着，有六成概率是你带了雨伞上班而老天爷又没有下雨，另有四成机会则是你忘带雨伞而老天爷偏偏下起雨来。

优势策略

在棒球比赛里，假如一方已经有两个人出局，而又打出三个坏球和两个好球，那么，任何一名进攻上垒的球员都必须在下一次投球的时候跑向下一垒。这可以通过琢磨各种可能的情形得出来。在大多数情况下，攻垒球员怎么做无关紧要。假如击球手碰不到球，要么出现第四个坏球而攻垒球员成功上垒，要么出现第三个好球而这一局结束。假如投球手投出界外球，攻垒球员只消退回原先所在 59的垒。假如这是一个擦棒球而又被接住，那么这一局就结束了。不过，有一种情况跑动攻垒占有优势，即假如击球手将投球击到界外，那么攻垒球员就有很好的机会上垒或者得分。

我们认为，在这种局面下，跑动攻垒就是优势策略，即某些时候它胜于其他策略，且任何时候都不会比其他策略差。一般而言，假如一个球员有某一做法，无论其他球员怎么做，这个做法都会高出一筹，那么这个球员就有一个优势策略。假如一个球员拥有这么一个策略，他的决策就会变得非常简单；他可以选择这个优势策略，完全不必担心其他对手怎样行事。因此，寻找优势策略是每一个人的首要任务。

一旦你知道自己在找什么，你就会发现这个东西无所遁形，我们身边其实到处都是优势策略的有趣例子。比如印第安纳·琼斯在电影《夺宝奇兵 3：圣战奇兵》的最紧张局势时所处的地位。印第安纳·琼斯、他的父亲以及纳粹分子全都聚集在安放圣杯的地方。眼看纳粹分子只差一步就要得到圣杯，琼斯父子却无论如何不愿意助纣为虐。于是，纳粹分子打了琼斯父亲一枪。只有具备起死回生力量的圣杯才能救老琼斯博士的命。在这种情况下，琼斯只好引他们走向圣杯。不过，前面还有一个最后的挑战：琼斯必须在十几个杯子当中做出选择，选出耶稣基督用过的圣杯。圣杯可以使人永生不死，其他杯子却会致人于死地。纳粹头子迫不及待地拿起一个华丽的黄金杯，喝下里面的圣水，却突然倒地而亡，因为他选错了，那不是圣杯。琼斯选了一个木头杯，那是一个木匠用的杯子。他一边大叫"只有一个办法可以证实"，一边将杯里的水倒出一点在圣水器上，自己先喝了下去，希望自己选中的就是生命之杯。当琼斯发现自己没搞错，立即把杯子送到他父亲那里，圣水果然治愈了致命的枪伤。

　　虽然这一幕增添了紧张气氛，但在一定程度上却让我们感到难堪，因为一个像印第安纳·琼斯博士那样了不起的教授，居然会看不到他的优势策略。他本来应该先把杯子递给他父亲，没有必要自己亲身尝试。假如琼斯确实选对了杯子，那他父亲就会得救。假如他选错了杯子，那他父亲就会丧命，却至少可以保全琼斯。在将杯子递给他父亲之前自己测试一下其实毫无用处，这是因为，假如琼斯选错了杯子，那就再也没有第二次机会了——琼斯将死于致命之水，而他父亲也会死于致命枪伤。①

　　相比之下，寻找优势策略会比寻找圣杯容易一些。不妨想想英国桂冠诗人艾尔弗雷德·丁尼生爵士（Alfred, Lord Tennyson）那令人耳熟能详的名句："爱过之后失去总比从来没有爱过好。"[1] 换言之，爱是一种优势策略。

---

　　① 这个例子同时指出了博弈论的弱点：人们单凭行为导致的结果给行为打分，行为本身则变得无足轻重。比如，即便印第安纳·琼斯的父亲已经受了致命枪伤，琼斯可能还是不愿意为导致父亲死亡的行为承担责任，一定要亲身试饮那杯水。

封面之战

　　回到《时代》与《新闻周刊》的竞争上来。假设有一个星期出了两桩大新闻：一是众议院和参议院就预算问题吵得不可开交；二是发布了一种据说对艾滋病有特效的新药。编辑们选择封面故事的时候，首要考虑的是哪一条新闻更能吸引报摊前的买主（订户则无论采用哪一条新闻做封面故事都会买这本杂志）。在报摊前的买主当中，假设 30% 的人对预算问题感兴趣，70% 的人对艾滋病新药感兴趣。这些人只会在自己感兴趣的新闻变成封面故事的时候掏钱买杂志；假如两本杂志用了同一条新闻做封面故事，那么感兴趣的买主就会平分成两组，一组买《时代》，另一组买《新闻周刊》。

　　现在，《时代》的编辑可以进行如下推理："假如《新闻周刊》采用艾滋病新药做封面故事，那么，假如我采用预算问题，我就会得到整个'预算问题市场'（即全体读者的 30%），假如我采用艾滋病新药，我们两家就会平分'艾滋病新药市场'（即我得到全体读者的 35%），因此，艾滋病新药为我带来的收入就会超过预算问题。假如《新闻周刊》采用预算问题，那么，假如我采用同样的故事，我会得到 15% 的读者，假如我采用艾滋病新药，就会得到 70% 的读者；这一次，第二方案同样会为我带来更大的收入。因此，我有一个优势策略，就是采用艾滋病新药做封面。无论我的对手选择采用上述两个新闻当中的哪一个，这一策略都会比我的其他策略更胜一筹。"

　　我们可以借助一个简单的表格，更加迅速而清晰地看出这番推理的逻辑性。我们用图 3-1 中的两列表示《新闻周刊》的对应选择，用两行表示《时代》的对应选择。这时我们得到四个格子，每一个格子对应一组策略。格子里的数字代表《时代》的销量，用购买《时代》的读者数占全体潜在读者数的百分比显示。第一行显示的是假如《时代》选择艾滋病新药，它在《新闻周刊》选择艾滋病新药或者预算问题的两种情况下的销量。第二行显示的是假如《时代》选择预算问题，它在《新闻周刊》选择艾滋病新药或者预算问题的两种情况下的销量。比如说，在左下角或者西南方向的格子，《时代》选择预算问题，《新闻周刊》选择艾滋病新药，结果《时代》得到30%的市场。

62　　　这个优势策略很容易看出来。第一行的两个格子无一例外都比第二行对应的格子占优，因为第一行的两个数字都比排在同一列下面的数字大。这是优势地位的特征。通过这个表格，你可以很快就看出这个特征是不是符合。你可以想象自己用第一行覆盖在第二行上面，然后会发现，盖住第二行的是更大的两个数字。相比之下，这个表格在阐述前面一段话的时候具有压倒语言推理的直观优势，而这种优势随着博弈的复杂程度加大而越发明显。在复杂的博弈当中，各方都有好几个策略。

《新闻周刊》的选择

	艾滋病新药	预算问题
艾滋病新药	35	70
预算问题	30	15

《时代》的选择

图 3-1 《时代》的销量

同理，在这个博弈里，双方都有一个优势策略。为了解释这一点，我们为《新闻周刊》的销量也画了一个表格（如图 3-2 所示）。第一列数字显示的是假如《新闻周刊》采用艾滋病新药，它在《时代》采用艾滋病新药或者预算问题的两种情况下各有多大销量。这一列的两个数字无一例外都比第二列对应的数字占优，你可以再次想象自己拿起第一列覆盖在第二列上时会发现什么。因此，艾滋病新药对《新闻周刊》来说也是优势策略。

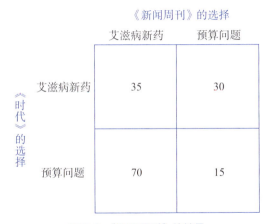

《新闻周刊》的选择

	艾滋病新药	预算问题
艾滋病新药	35	30
预算问题	70	15

《时代》的选择

图 3-2 《新闻周刊》的销量

以策略观点来看，各方均有一个优势策略的博弈是最简单的一种博弈。虽然其中存在策略互动，却有一个可预见的结局：全体参与者都会选择自己的优势策略，完全不必理会其他人会怎么做。但这一点并不会降低参与或者思考这种博弈的趣味性。比如，在百米短跑中，优势策略是能跑多快就跑多快，但许多人还是很喜欢参加或者观看这种比赛。在第 1 章提到的捷尔任斯基广场牢房出现的囚徒困境中，两个参与者都有一个优势策略，只不过这股压倒一切的

63

力量最终将他们引向了一起倒霉的结局。这就提出了一个很有意思的问题：参与者怎样合作才能取得一个更好的结果？我们会在下一章进行更详细的探讨。

有时候，某参与者有一个优势策略，其他参与者则没有。我们只要略微修改一下《时代》与《新闻周刊》的封面故事大战的例子，就可以描述这种情形。假设全体读者略偏向于选择《时代》。假如两个杂志选择同样的新闻做封面故事，喜欢这个新闻的潜在买主当中有60%的人选择《时代》，40%的人选择《新闻周刊》。现在，我们画出《时代》的销量表格（如图3-3所示）。

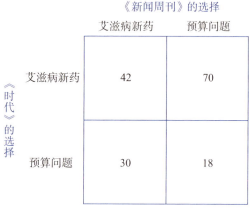

图 3-3 《时代》的销量

对于《时代》，艾滋病新药仍然是优势策略，但对于《新闻周刊》，销量表格则变成下面这样（如图3-4所示）。

假如你拿起第一列，覆盖在第二列上，你会发现，30被一个较小的数字（28）覆盖，而12却被一个较大的数字（70）覆盖。没有一个策略占有压倒优势。换言之，《新闻周刊》的最佳选择不再

64

与《时代》的策略无关。假如《时代》选择艾滋病新药,《新闻周刊》选择预算问题就能得到更好的销量,反之亦然。对于《新闻周刊》,得到整个预算问题市场总比得到一个较小份额的艾滋病新药市场要好,虽然整个艾滋病新药市场比预算问题市场要大。

　　《新闻周刊》的编辑们不会知道《时代》的编辑们将会选择什么,不过他们可以分析出来。因为《时代》有一个优势策略,那一定就是他们的选择。因此,《新闻周刊》的编辑们可以很有把握地假定《时代》已经选了艾滋病新药,并据此选择自己的最佳策略,即预算问题。

图 3-4 《新闻周刊》的销量

　　由此可见,只有一方拥有优势策略的博弈其实也非常简单。拥有优势策略的一方将采用其优势策略,另一方则针对这个策略采用自己的最佳策略。

　　现在,既然我们已经介绍了优势策略的概念,就有必要强调两点特征,这两点特征可用来确定什么不是优势策略。人们很容易就会弄糊涂，不知道优势策略的优势究竟是对什么而言的。

65　　　　1981 年，伦纳德·西尔克（Leonard Silk）在撰写有关国会对《经济复苏税法》争论的新闻时这样概括："里根先生（Mr. Reagan）早已料到共和党人拥有博弈论中称为'优势策略'的东西，一个使参与者领先其对手的策略，无论这些对手采用什么策略，结局都是一样。"[2] 我们将在第 5 章更加仔细地介绍这个博弈，在这里想指出的是，西尔克对优势策略的定义并不正确。"优势策略"的优势是指你的这个策略对你的其他策略占有优势，而不是对你的对手的策略占有优势。无论对手采用什么策略，某个参与者如果采用优势策略，就能使自己获得比采用任何其他策略更好的结果。回顾封面大战的例子，《时代》和《新闻周刊》都有一个优势策略，但双方都不可能得到比对方更高的销量。

另一个常见的误解在于，一个优势策略必须满足一个条件，即采用优势策略得到的最坏结果也要比采用另外一个策略得到的最佳结果略胜一筹。在前面讲到的例子里，所有优势策略凑巧都满足这个条件。按照最初设定的条件，《时代》假如采用艾滋病新药做封面故事，最坏的结果是得到 35% 的市场份额；他们若采用预算问题做封面故事，可能得到的最佳结果是 30% 的市场份额。但这并非优势策略的一个普遍特征。

现在让我们想象一下《时代》和《新闻周刊》之间爆发了一场价格战。假设每本杂志的制作成本是 1 美元，且售价只有两个可能的价位选择，分别是 3 美元（意味着每本利润为 2 美元）和 2 美元（意味着每本利润为 1 美元）。假设顾客永远倾向于选择价格较低的杂志，且在杂志价格相同的时候两种杂志各得一半读者。杂志定价 3 美元的时候，读者总数是 500 万；杂志价格降到 2 美元，读者总数将升到 800 万。这时，你可以轻易算出《时代》在 4 种可能出现的价格组合里将会获得多少利润，并由此得出图 3-5。

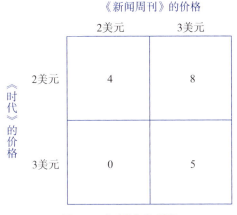

图 3-5 《时代》的利润

　　《时代》的优势策略是定价 2 美元（《新闻周刊》亦如此）。《时代》采用这个优势策略可能得到的最坏结果是盈利 400 万美元。但是，采用另外一个策略可能得到的最佳结果将超过这一数字，达到 500 万美元。问题是比较这两个数字毫无意义。500 万美元的数字是在两本杂志同时定价 3 美元的时候出现的；不过，假如这时《时代》把价格降到 2 美元，利润还会更高，达到 800 万美元。

　　我们可以把这些例子归纳为一个指导同时行动的博弈的法则。

法则 2：假如你有一个优势策略，请照办。

　　不要担心你的对手会怎么做。假如你没有一个优势策略，但你的对手有，那么就当他会采用这个优势策略，相应选择你自己最好的做法。

提醒一句：我们已经确立了同时行动的博弈的优势策略的概念。若是换了相继行动的博弈，采用优势策略的时候就要格外留神。因为策略互动的本质已经改变，优势策略的概念也会完全不同。假设我们说你有一个优势策略，无论你的对手选择怎么做，你按照这个策略做都比采用其他策略更好。若是相继行动，而你的对手先行，你就应该一直选择自己的优势策略。正如我们已经说过的那样，这是你对你的对手每一个行动的最佳对策，因此也是对现在他选择的这个特定行动的最佳对策。但是，假如你先行，你就不会知道你的对手将会采取什么行动。他会观察你的选择，同时做出自己的决定，因此你有机会影响他的行动。某些情况下，若是采用优势策略以外的策略，你可能更有效地施加这种影响。我们将在第 6 章讨论承诺的时候全面分析这个问题。

劣势策略

不是所有博弈都有优势策略，哪怕这个博弈只有一个参与者。实际上，优势与其说是一种规律，不如说是一种例外。虽然出现一个优势策略可以大大简化行动的规则，但这些规则却并不适用于大多数现实生活中的博弈。这时候我们必须用到其他原理。

一个优势策略优于其他任何策略，同样，一个劣势策略则劣于其他任何策略。假如你有一个优势策略，你可以选择采用，并且知道你的对手若是有一个优势策略他也会照办；同样，假如你有一个劣势策略，你应该避免采用，并且知道你的对手若是有一个劣势策略他也会规避。

　　假如你只有两个策略可以选择，其中一个是劣势，那么另一个一定是优势策略。因此，与选择优势策略做法完全不同的规避劣势策略做法，必须建立在至少一方拥有至少三个策略的博弈的基础之上。现在就让我们看一个这种类型的简单例子。

　　设想一场橄榄球比赛的一次对抗。攻方一门心思竭尽全力向前推进，能跑几码算几码，而守方则全力以赴阻挡对方向前移动，寸步不让。举个例子：当比赛只剩下很少时间，攻方可能希望尽力推进，使自己更容易得到一个射门得分的机会。　　　　　　　68

　　假如攻方只有两个策略，即带球跑或者传球，而守方则有三个策略——拦截带球跑、拦截传球以及闪击四分卫（blitz the quarterback）。我们可以计算出全部六种策略组合分别能使攻方向前推进多少码。以守方选择闪击四分卫而攻方打算传球为例。假设四分卫被撞得倒退 10 码的概率是 10%，迅速传球传出 10 码的概率是 70%，而传球传出更远达到 20 码的概率是 20%。那么，平均值就是

$$0.1 \times (-10) + 0.7 \times 10 + 0.2 \times 20 = -1 + 7 + 4 = 10$$

显而易见，这些数字本应该以两队拥有或者缺少的特殊技能为基础；我们只不过为了描述方便而选择了一些非常独特的技巧。[①]

　　我们用图 3-6 显示所有六种策略组合将会得出怎样的计算结果。

　　如图 3-6 所示，攻方竭力要得到最大数目，守方则尽量压低这　69个数目，因此，我们没有必要分开列表确定他们的行动。[②]

---

　　①　在这个例子里，攻方善于传球，不善于带球跑动。因此，即便是在对方集中防御传球的时候，选择传球还是会比带球跑动更好。带球之所以比闪击四分卫更好，是因为防守后卫不在他们的位置上。

　　②　所有零和博弈都会出现这样的情况，而零和博弈是指一方所得等于另一方所失。

	守方的策略		
	拦截带球跑	拦截传球	闪击四分卫
带球跑	3	7	15
传球	9	8	10

攻方的策略

图 3-6　攻方期望得到的码数

　　双方都没有一个优势策略：没有一行的数字完全高于另一行，也没有一列的数字完全低于另一列。不过，守方倒是有一个劣势策略，就是闪击四分卫。闪击四分卫的结果是无论如何都会拱手让出较大的码数，因此，这一策略对于守方而言会比它采用其他可能的策略都更糟糕。因此，守方不应该闪击四分卫，攻方也可以非常自信地认定对手不会那么做。

　　至此，这场推导尚未结束。闪击策略可能从守方教练的笔记本中删除了，整个比赛可以被视为双方各有两个策略。在这场经过简化的比赛中，攻方有一个优势策略，就是传球。其数字分别是 9 和 8，都大于带球跑策略的数字，分别是 3 和 7。传球之所以不是原来的比赛的优势策略，原因在于，带球跑的结果在守方采取闪击策略的时候会有一个比较理想的结果（因为带球跑者可能趁守方闪击四分卫而分身乏术时，顺利突入开阔地带），而现在闪击策略已经不予考虑。因此，攻方将会选择传球。反过来，守方也会想到这一点，选择自己的最佳策略，即防守传球。

　　这里涉及的普遍适用的概念可以归纳为一个指导相继移动的博弈的行动法则。

法则 3：剔除所有劣势策略，不予考虑，如此一步一步做下去。

　　假如在这么做的过程当中，在较小的博弈里出现了优势策略，应该一步一步挑选出来。假如这个过程以一个独一无二的结果告终，那就意味着你找到了参与者的行动指南以及这个博弈的结果。即便这个过程不会以一个独一无二的结果告终，它也会缩小整个博弈的规模，降低博弈的复杂程度。

　　我们以一个虚构的波斯湾海军对峙局势具体描述逐步剔除劣势策略的做法。[①]图 3-7 所示的格栅代表战斗舰艇的方位以及可能的选择。I 点的一艘伊拉克舰艇准备发射一枚导弹，企图击毁 A 点的一艘美国舰艇。这枚导弹的路径已经由电脑程序在发射的时候确定，可以直线前进，也可以每隔 20 秒大幅转动一个直角。假如这枚伊拉克导弹笔直从 I 点飞向 A 点，美国导弹防御系统可以非常轻易地进行拦截。因此，伊拉克一定会尝试带点拐弯的路径。所有能从 I 点通向 A 点的路径已经由下面的格栅显示出来。每条边的长度，比如 IF 的长度，等于这枚导弹 20 秒之内可以走过的距离。

　　那艘美国舰艇的雷达会监测到伊拉克舰艇发射的这枚导弹，因此电脑会马上发射一枚反导弹。反导弹的速度和伊拉克导弹相同，也可以做同样的 90° 拐弯。于是，这枚反导弹的路径也可以用同样的格栅表示，只不过这次是由 A 点出发。但是，为了填装足够撞毁

———————————

　　①　这个故事是 J.D. 威廉斯（J.D. Williams）在《完全策略大师》（*The Compleat Strategyst*）一书中描绘的猫捉老鼠游戏的一个更新版本。猫可能指的就是波斯人。

一枚导弹的爆炸物，反导弹不得不少装燃料，装的燃料只够它飞行1分钟，因此，它只能走过三个节点（比如，从 A 点到 B 点，B 点到 C 点，然后再从 C 点到 F 点，这一路径我们用 ABCF 表示）。

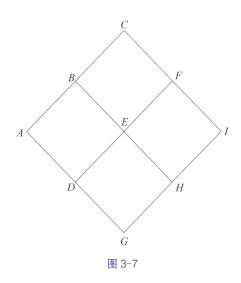

图 3-7

假如在这 1 分钟开始之前或者结束之际，我们的反导弹将与来犯的导弹相遇，那么，反导弹就会爆炸，消除伊拉克导弹的威胁，否则伊拉克导弹就会击中我们的舰艇。问题是，应该怎样选择两枚导弹的路径？

在这个博弈里，值得关注的只有第 1 分钟的路径。各方必须事先想好三个 20 秒时间段应该怎么走。将每个时间段的可能选择加起来，双方各有 8 条可能的路径，共有 64 种组合方式。我们现在就来考察全部 64 种组合方式，计算哪些方式下反导弹和导弹会迎头相撞，哪些方式下不会相撞。

举个例子：假设伊拉克选择 IFCB，即头两个时间段直线从 I 点

经 *F* 点到 *C* 点，然后转 90° 到 *B* 点。对照美国的 *ABCF* 策略，可见，反导弹和导弹将在两个时间段（即 40 秒）之后在 *C* 点相遇，因此这一组合的结果是相撞。假如伊拉克还是采取 *IFCB* 策略，而美国却选择 *ABEF* 迎击，反导弹和导弹就不会相撞。表面上看来，上述弹道都经过 *B* 点和 *F* 点，但反导弹和导弹是在不同时间达到这些点；比如美国反导弹 20 秒后到达 *B* 点，而伊拉克导弹则要在 60 秒后到达。

图 3-8 显示了所有这样的组合。伊拉克的 8 个策略分别标为 *I*1 到 *I*8，同时标出具体路径，比如 *I*1 表示 *IFCB*。同样地，美国的策略用 *A*1 到 *A*8 表示。相撞的结果记做 *H*，不会相撞的结果记做 *O*。　72

伊拉克的策略

	*I*1 *IFCB*	*I*2 *IFEB*	*I*3 *IFED*	*I*4 *IFEH*	*I*5 *IHGD*	*I*6 *IHED*	*I*7 *IHEB*	*I*8 *IHEF*
*A*1–*ABCF*	*H*	*O*	*O*	*O*	*O*	*O*	*O*	*H*
*A*2–*ABEF*	*O*	*H*	*H*	*H*	*O*	*H*	*H*	*H*
*A*3–*ABEH*	*O*	*H*	*H*	*H*	*O*	*H*	*H*	*H*
*A*4–*ABED*	*O*	*H*	*H*	*H*	*H*	*H*	*H*	*H*
*A*5–*ADGH*	*O*	*O*	*O*	*H*	*H*	*O*	*O*	*O*
*A*6–*ADEH*	*O*	*H*	*H*	*H*	*H*	*H*	*H*	*H*
*A*7–*ADEF*	*O*	*H*	*H*	*H*	*O*	*H*	*H*	*H*
*A*8–*ADEB*	*H*	*H*	*H*	*H*	*O*	*H*	*H*	*H*

（美国的策略）

图 3-8　击中与错过图

图 3-8 看起来好像很复杂，但只要借助消除劣势策略的法则，就能将其大大简化。美国反导弹的目标在于得到相撞的结果，因此在美国人看来，*H* 强于 *O*。不难看出，对于美国人，*A*2 策略与 *A*4 策略相比处于劣势：假如你将 *A*4 行拿起来，盖在 *A*2 行上面，你会发现，只要是 *A*2 得到 *H* 的地方，*A*4 也会得到 *H*，而且 *A*4 还多一

个 H，即对应伊拉克 $I5$ 策略的地方。对全部可能性进行这样的分析，可以知道 $A2$、$A3$、$A6$ 和 $A7$ 策略与 $A4$ 和 $A8$ 策略相比处于劣势，$A1$ 不及 $A8$，$A5$ 又不及 $A4$（简化过程详见图 3-9）。因此，伊拉克人可以确信美国人只会采取 $A4$ 或者 $A8$ 策略。伊拉克人**把注意力集中在这两行**，一心想避免反导弹和导弹相撞，因此在他们看来，$I2$、$I3$、$I4$、$I6$、$I7$ 和 $I8$ 策略与 $I1$ 或者 $I5$ 策略相比处于劣势。划掉劣势策略所在的行和列之后，整个博弈就简化为图 3-10。

73

伊拉克的策略

| | I1 | I2 | I3 | I4 | I5 | I6 | I7 | I8 |
	IFCB	IFEB	IFED	IFEH	IHGD	IHED	IHEB	IHEF
A1–ABCF	H	O	O	O	O	O	O	H
A2–ABEF	O	H	H	H	O	H	H	H
A3–ABEH	O	H	H	H	H	H	H	H
A4–ABED	O	H	H	H		H	H	H
A5–ADGH	O	O	O	O	H	O	O	O
A6–ADEH	O	H	H	H	H	H	H	H
A7–ADEF	O	H	H	H	H	H	H	H
A8–ADEB	H	H	H	H	O	H	H	H

美国的策略

图 3-9　击中与错过图

我们的两个法则不可能将图 3-10 进一步简化了，因为这里已经没有任何优势策略或者劣势策略可言。不过，我们已经做得很不错了。看一看表格里剩下的策略，我们发现，伊拉克导弹应该沿着格

栅外围前进，而美国反导弹则应该小步曲折前进。这样，我们很快　74
就能看到双方应该怎样从各自拥有的两个方案中进行抉择了。

图 3-10　简化的击中与错过图

均衡策略

  利用优势策略方法与劣势策略方法进行简化之后，整个博弈的
复杂程度已经降到最低限度，不能继续简化，而我们也不得不面对
循环推理的问题。你的最佳策略要以对手的最佳策略为基础，反过
来从你的对手的角度分析也是一样。接下来我们将会介绍解开这个
循环的技巧，最终走出这个循环。

  为了说明这一点，我们首先回到《时代》与《新闻周刊》的价格战，
不过这次不会假设备选价格只有 2 美元和 3 美元两种，而是一系列
价格。现在，《时代》的管理层必须针对《新闻周刊》可能选择的
每一个价格确定最佳策略。假设每种杂志都有一群忠实读者，也有
一群可能受到价格竞争影响的流动读者。如果出于某种原因，《新
闻周刊》的管理层把价格定在 1 美元的水平，也就是制作成本的水
平，那么，《时代》的管理层一定不会跟随这个毫无盈利的价格策略，

而会定出一个较高的价格，杂志仍然可以卖给忠实读者而获得一定利润。如果《新闻周刊》提价，那么《时代》也会提价，只不过幅度较小，从而为自己赢得一定的竞争优势。假定《新闻周刊》每提价 1 美元，《时代》的最佳策略是提价 50 美分，于是，我们可以用图 3-11 表示《时代》针对《新闻周刊》可能选择的每一个定价而确定的最佳策略。

75

我们假定两本杂志的成本一样，具有同等大小的忠实读者群以及同样的吸引流动读者群的能力。那么，《新闻周刊》针对《时代》可能选择的每一个定价而确定的最佳策略将与图 3-11 完全一致。

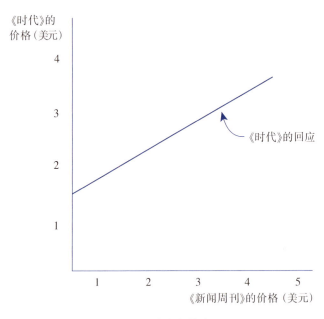

图 3-11　击中与错过图

现在我们可以想象两种杂志的经理正各自埋头琢磨。《时代》的经理说："如果他卖 1 美元，我就卖 2 美元。不过，他因为知道我这么想，所以不会真的卖 1 美元，而是执行他在我卖 2 美元时的最佳策略，即 2.50 美元。那样的话我就不能卖 2 美元，而是采用我在他卖 2.50 美元时的最佳策略，卖 2.75 美元。不过，他因为知道我这么想……"这样一层一层分析下去，究竟有完没完呢？

有的，结局是 3 美元。假如这位《时代》经理认为《新闻周刊》会卖 3 美元，那么他自己的最佳策略就是也卖 3 美元，反过来，从《新闻周刊》的角度分析也是一样。整个循环推理最后将聚成一点。

我们可以用图 3—12 来显示这个结果，该图同时反映了两者的策略。可以看到，两条线在两家都卖 3 美元的一点相交。

76

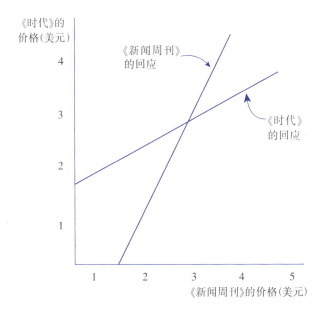

图 3-12　击中与错过图

我们已经找到了一个策略组合，其中，各方的行动就是针对对方行动而确定的最佳策略。一旦知道对方在做什么，就没人愿意改变自己的做法。博弈论学者把这个结果称为"均衡"。这个概念是由普林斯顿大学数学家约翰·纳什提出的。纳什的想法成为我们指导同时行动博弈的最后一个法则的基础。这个法则如下。

法则 4：寻找这个博弈的均衡，即一对策略，按照这对策略做，各个参与者的行动都是对对方行动的最佳回应。

这一定就是夏洛克·福尔摩斯和莫里亚蒂教授曾经用来看穿对方心思的秘诀。

77　　我们还要解释一下这个法则。为什么一个博弈的参与者非得达到这么一个结局呢？我们可以说出好几个理由。没有一个理由本身就有足够的说服力，不过，只要把几个理由结合起来，就能形成一个有力的答案。

首先，存在避免循环推理的必要，因为循环推理帮不上忙。均衡在没完没了的"我知道他知道我知道……"的循环里是稳定不变的，这使参与者对其他人的行动的估计能保持连贯性。各方正确预计别人的行动，并且确定自己的最佳对策。

均衡策略的第二个好处出现在零和博弈中。在这种博弈里，参与者的利益严格相悖。你的对手不能通过引诱你采取一个均衡策略而得到任何好处。你已经充分考虑到他们对你正在做的事情会有什么样的最佳对策。

第三个理由是，均衡方法注重实效。要想证明一个东西是布丁，就要吃一吃。综观全书，我们将会利用均衡方法讨论许多博弈。我们希望读者来检验它对博弈结果的预测以及这种思维方式产生的行为指导方针。我们相信，这么做会使我们提供的案例更有意思，比抽象地讨论均衡方法的优点更有意义。[3]

最后，可能存在一个对均衡概念的误解，我们希望各位可以避免。当我们说博弈的结果是均衡，并不自动意味着这就是对博弈的全体参与者最有利的结果，更不意味着是对整个社会作为一个整体而言最有利的结果。有利或者不利的评价永远属于另外一个问题，答案视各个案例的具体情况而各有不同。在第 4 章和第 9 章，我们会谈到这两种例子。

盛宴还是饥荒

盛　宴

均衡的概念是不是同时行动的博弈中循环推理问题的一个完全解？老天爷，不是的。有些博弈存在好几个均衡，有些博弈却一个均衡也没有，而在另外一些博弈里，均衡的概念还会由于接纳新型策略而变得更加微妙。我们现在就来描述和解释这几点。

开车的时候你应该走哪一边？这个问题不能通过运用优势策略或者劣势策略理论予以回答。不过，即便如此，答案却显得很简单。假如别人都靠右行驶，你也会留在右边。套用"假如我认为他认为"的框架进行分析，假如每个人都认为其他人认为每个人都会靠右行驶，那么每个人都会靠右行驶，而他们的预计也全都确切无误。靠右行驶将成为一个均衡。

78

　　不过，靠左行驶也是一个均衡，正如在英国、澳大利亚和日本出现的情况。这个博弈有两个均衡。均衡的概念没有告诉我们哪一个更好或者哪一个应该更好。假如一个博弈具有多个均衡，所有参与者必须就应该选择哪一个达成共识，否则就会导致困惑。

　　在开车行驶的例子里，一条早已制定的规则给了你答案。不过，若是遇到彼得（Peter）和波拉（Paula）打电话打到一半突然断了的事，你该怎么办？一方面，假如彼得马上再给波拉打电话，那么波拉应该留在电话旁（且不要给彼得打电话），好把自家电话的线路空出来。另一方面，假如波拉等待彼得给她打电话，而彼得也在等待，那么他们的聊天就永远没有机会继续下去。一方的最佳策略取决于另一方会采取什么行动。这里又有两个均衡，一个是彼得打电话而波拉等在一边，另一个则是恰好相反。

　　这两个人需要进行一次谈话，以帮助他们确定彼此一致的策略，也就是就应该选择哪一个均衡达成共识。一个解决方案是，原来打电话的一方再次负责打电话，而原来接电话的一方则继续等待电话铃响。这么做的好处是原来打电话的一方知道另一方的电话号码，反过来却未必是这样。另一种可能性是，假如一方可以免费打电话，而另一方不可以（比如彼得是在办公室而波拉用的是收费电话），那么，解决方案是拥有免费电话的一方应该负责第二次打电话。

　　为了检验读者协调达成一个均衡的能力，请思考下面的问题：明天某个时候你要在纽约市会见某人。他已被告知要与你会面。不过，双方都没有更多信息，不知道究竟何时或者在哪里会面。那么，你应该于何时去何地？

　　托马斯·谢林在他的《冲突策略》一书里使这个问题家喻户晓。

这个问题只有通常最常见的答案，除此之外没有任何预先确定的正确答案。在我们的学生当中，正午时分在中央车站一直是最常见的答案。即便是普林斯顿的学生，虽然他们乘坐的到纽约的火车是在宾州车站而非中央车站停，他们的答案也是一样。[1]

饥　荒

另一个复杂因素在于，并非所有博弈都有我们前面描述的那种均衡，哪怕是一个。在导弹截击的故事里，余下 4 个结果没有一个是均衡。举个例子，我们看看伊拉克 $I1$ 策略遇到美国 $A4$ 策略的情况。这一策略组合的结果是反导弹没能拦截导弹，假如美国转向 $A8$ 策略，情况就会大不一样。不过，那样的话伊拉克就该转向 $I5$ 策略，而美国反过来也要转向 $A4$ 策略，伊拉克则相应转向 $I1$ 策略，依此类推。关键在于，如果一方坚守某种确定行为，另一方就会因此大占便宜。双方唯一明智的做法在于随机选择自己这一步怎么走。实际上，导弹截击问题具有很强的对称性，以至正确的策略组合简直是显而易见：美国的策略应该随机地"一分为二"，一半时间选择 $A4$ 策略，另一半时间选择 $A8$ 策略，伊拉克则以同样的概率选择 $I1$ 和 $I5$ 策略。

这种"混合策略"即便在双方打算合作的时候也会出现。在前面提到的打电话的例子中，设想双方都抛硬币决定自己是不是应该给对方打电话，根据前面给出的条件，两人这种随机行动的组合成

---

[1]　也许最具创意的另一个答案来自加州大学圣迭戈分校教授塔妮亚·鲁尔曼（Tanya Luhrmann）。她的回答是："纽约公立图书馆阅览室。"我们告诉她，这即使不是空前绝后的答案，也是相当少见的答案。她立即为她的选择进行了辩解。她说，这是因为，虽然她的成功机会可能很低，可她还是更有兴趣跟愿意选择纽约公立图书馆阅览室而非选择纽约中央车站的人见面！

为第三个均衡：假如我打算给你打电话，我有一半机会可以打通（因为这时你恰巧在等我打电话），还有一半机会发现电话占线；假如我等你打电话，那么，我同样会有一半机会接到你的电话，因为你有一半机会主动给我打电话。每一个回合双方完全不知道对方将会采取什么行动，他们的做法实际上对彼此都最理想。因为我们只有一半机会重新开始被打断的电话聊天，我们知道我们（平均来说）要尝试两次才能成功接通。

而在其他博弈中，各方应该按照什么概率采取不同策略的答案却没有这么明显。在第 7 章我们会建立一套法则来确定什么时候需要采取混合策略，还会介绍一个找出正确的概率组合的方法。

我们现在简要回顾一下。在同时行动的博弈中，我们有三个行动法则：一是寻找和运用优势策略；二是寻找和避免劣势策略，与此同时假设你的对手也在这么做；三是寻找和运用均衡。在本章结束之际，我们来看一个案例，这个案例向我们展示了这些指导法则是怎样转化为实际行动的。

案例分析之三：莽汉软招

81   罗伯特·康波（Robert Campeau）在第一次投标收购联盟商店（Federated Stores）[及其掌上明珠布鲁明代尔百货商店（Blooming dales）] 的时候，运用了一个称为两阶段出价法的竞购方案。这个案例分析将会研究这种出价方案作为一个策略行动的效能。这一行动会不会让收购者占了便宜，从而违反公平原则了呢？

　　典型的两阶段出价法给先出让股份的股东支付的价格高，给后出让股份的股东支付的价格低。为避免复杂的计算，我们假设出价收购前的股价是每股 100 美元。收购者在第一阶段提出一个较高价格，即每股 105 美元，向先出让股份的股东支付，直到全部股份的一半出让为止。另一半待出让股份则进入第二阶段，收购者愿意支付的股价只有 90 美元。出于公平原则，股份不是按照股东出让的时间次序分属不同阶段。相反，每个人都会得到一个混合的价格：所有出让股份会按照一定比例均等划入两个阶段（假如招标成功，那些未出让自己股份的人就会发现他们的股份落入第二阶段）。[①] 我们可以用一个简单的代数表达式说明这些股份的平均支付价格。假如愿意出让的股份不超过 50%，每个人都会得到 105 美元的股价；假如这家公司的全部股份当中有 $X\%$ 愿意出让，且 $X\% \geq 50\%$，那么，每股平均价格就是

$$105 \times \frac{50}{X} + 90 \times (1 - \frac{50}{X}) = 90 + 15 \times \frac{50}{X} \text{ 美元}$$

　　值得注意的一点是，两阶段出价的竞购方案是无条件进行的；即便收购者没能得到公司的控制权，仍然应该按照第一阶段的价格收购全部愿意拍卖的股票。第二个特点在于，两阶段出价法的性质决定了假如所有人都愿意出让自己的股票，那么每股的平均价格只有 97.50 美元。这个价格不仅低于收购者提出收购前的股价，也低于股东们在收购失败后可能得到的股价，这是因为，假如收购者被击败，股东们将会看到股价回到原来 100 美元的水平。因此，股东

82

---

　　① 拥有这家公司控制权的收购者有权将公司收为私有，然后悉数收购余下股份。按照法律，他必须向这些股东提供一个"公平市场"价格，以收购他们的股份。一般而言，在两阶段出价的竞购过程中，较低阶段的出价应该仍在可被接纳为公平市场价值的范围内。

们希望要么收购者被击败，要么再出现一个收购者。

实际上，当时真的出现了另一个收购者，那就是梅西百货公司（Macy's）。现在就让我们假设梅西提出一个有条件的收购计划：它愿意用每股 102 美元的价钱收购股份，前提是它能得到该公司大部分股份，那么，你将向哪一家出让你的股份，而你又觉得哪一家的计划会成功呢？

案例讨论

以两阶段出价的竞购方案来出让股份，是一种优势策略。为了证明这一点，我们会考察全部可能的情形。总共存在 3 种可能性，分别是：

两阶段出价的竞购方案吸引到的股份不足 50%，因而收购失败。

两阶段出价的竞购方案吸引到超过 50% 的股份，因而收购成功。

两阶段出价的竞购方案刚好吸引到 50% 的股份；假如这时你同意出让你的股份，收购就能成功，否则的话收购只能失败。

在第一种情形下，两阶段出价的竞购方案遭到失败，因此，股价要么回到 100 美元水平，要么达到 102 美元，后者是在竞争对手成功收购的条件下。不过，假如你出让自己的股份，你就能得到105 美元的股价，比前面提到的两个结果都要好。在第二种情形下，假如你不出让你的股份，你能得到的股价只有 90 美元，而出让股份则至少能让你得到 97.50 美元。因此，出让股份仍然是一个更好的选择。在第三种情形下，假如收购成功，别人得到的价格都不如以前，但你自己的结果却变好了。理由是，由于出让的股份刚好达到 50%，你将得到 105 美元的股价。这个价格值得出让。因此你愿意促成这桩收购。

　　因为出让是一种优势策略，我们可以预计人人都愿意出让自己 83 的股份。一旦人人都出让股份，每股的平均混合价格可能低于收购前的价格，甚至可能低于预期收购失败后的价格。因此，两阶段出价的竞购方案可以使收购者以低于公司价值的价格收购成功。由此可见，股东们拥有一个优势策略的事实并不意味着他们就能占先。收购者利用第二阶段的低价不公平地占到了便宜。通常，第二阶段的狡猾本质不会像在我们这里给出的例子那样赤裸裸地暴露出来，因为这一胁迫手段多多少少会被收购后红利的诱惑隐蔽起来。假如一家公司在收购之后的实际价值是每股 110 美元，收购者仍然可以通过一个低于 110 美元而又高于 100 美元的第二阶段出价占到便宜。律师们认为两阶段出价法具有胁迫性质，并且成功地利用这一点作为一个依据，在法庭上跟收购者打官司。在争夺布鲁明代尔的战役中，罗伯特·康波取得最后胜利，但他却是通过一个修改了的出价达到目的的，其中并不包含任何阶段性的结构。

　　我们还会发现，一个有条件的竞购方案对于一个无条件的两阶段出价竞购方案不是一个有力的抵御策略。在我们给出的例子中，假如梅西许诺无条件支付每股 102 美元的话，那么它的竞购方案就会更难对付。梅西的无条件竞购将会破坏两阶段出价竞购方案取胜而达到的均衡。理由在于，假如人们认为两阶段出价竞购方案笃定取胜，他们将会得到的只是 97.50 美元的平均混合价格，而这个数字显然低于他们把股份出让给梅西将会得到的股价。因此，不可能出现股东们希望两阶段出价竞购方案成功且又愿意向梅西出让股份的情况。①

1989 年年底，康波由于负债累累而陷入经营困境。联盟商店按
照《破产法》第十一章申请重组。当我们说康波的策略很成功时，
我们只想表明他的策略成功地达到了赢得竞购战的目的。成功经营
一家公司完全是另外一场不同的博弈。

84

---

① 不幸的是，同样不可能出现一个梅西竞购成功的均衡点，因为若是这样，意味着
两阶段出价的竞购方案吸引到不足 50% 的股份，那么股价仍将高于梅西愿意支付的价格。
唉，这就是一个没有均衡点的例子。要想找出解决方案就必须用到随机策略，这一点我
们将在第 7 章进行讨论。

第 1 部分

结　语

　　我们在前三章借助商界、体育、政治等领域的例子作为辅助工具，　85
介绍了许多概念和方法。在后面的章节，我们会实际运用这些概念
和技巧。这里我们对这些概念和技巧进行回顾和总结，供读者参考。

　　博弈是一种策略的相互依存状况：你的选择（即策略）将会得
到什么结果，取决于另一个或者另一群有目的的行动者的选择。处
于一个博弈中的决策者称为参与者，而他们的选择称为行动。一个
博弈当中的参与者的利益可能严格对立，一人所得永远等于另一人
所失。这样的博弈称为零和博弈。不过，更常见的情况是，既有共
同利益，也有利益冲突，从而可能出现导致共同受益或者共同受害
的策略组合。但是，我们通常还是会把这个博弈当中的其他参与者
称为一方的对手。

　　一个博弈的行动可能是相继进行，也可能是同时进行。在相继
行动的博弈里，存在一条线性思维链：假如我这么做，我的对手可
以那么做，反过来我应该这样应对……这种博弈通过描绘博弈树进

行研究。只要遵循**法则 1：向前展望，倒后推理，**就能找出最佳行动方式。

而在同时行动的博弈中，存在一个逻辑循环的推理过程：我认为他认为我认为……这个循环必须解开，一方必须看穿对手的行动，哪怕他在行动的时候并不知道这是怎么一回事。要想解开这么一种博弈，可以建立一张**图，**这张图能显示所有可能想象得到的策略组合将会相应产生什么结果。然后按照下列步骤进行分析。

首先看参与各方有没有**优势策略，**优势策略意味着，无论对手采取什么策略,这一策略都将胜过其他任何策略。这就引出了**法则 2：假如你有一个优势策略，请照办。**假如你没有优势策略，但你的对手有，那么，尽管认定他一定会照办吧，然后相应选择你自己的最佳策略。

接着，假如没有一方拥有优势策略，那就看看有没有人拥有一个劣势策略，劣势策略意味着无论对手采取什么策略，这一策略都将逊于其他任何策略。如果有，请遵循**法则 3：剔除所有劣势策略，不予考虑，如此一步一步做下去。**假如在这么做的过程当中，在简化之后的博弈里出现了一个优势策略，应该采用这个优势策略。假如这个过程以一个独一无二的结果告终，那就意味着你找到了参与者的行动法则以及这个博弈的结果。即便这个过程可能不会导出一个独一无二的结果，这么做也可以缩小整个博弈的规模，使其变得更加容易控制。最后，假如既没有优势策略，又没有劣势策略，又或者这个博弈已经经过第二步进行了最大限度的简化，那么，请遵循**法则 4：寻找这个博弈的均衡，即一对策略，按照这对策略做，各个参与者的行动都是对对方行动的最佳回应。**假如存在一个这样的独一无二的均衡，我们就有许多很好的证据证明为什么所有参与

86

者都应该选择这个均衡。假如存在许多这样的均衡，你就需要用一个普遍认同的法则或者惯例做出取舍。假如并不存在这样的均衡，这通常意味着一切有规则可循的行为都有可能被对方加以利用，这时候你需要将你的策略混合运用。

　　在实践当中，博弈可能包含一些相继行动过程，也可能包含一些同时行动过程，因此须将上述技巧综合起来，灵活运用，思考和决定自己的最佳行动应该是什么。

第2部分
THINKING STRATEGICALLY

第 4 章

走出囚徒困境

20 世纪 70 年代，石油输出国组织（欧佩克）一直合谋提高原　89
油价格，从 1973 年的每桶不足 3 美元提高到 1980 年的每桶超过 30
美元。每逢欧佩克召集定价会议，整个世界都会焦急不安地等待消息。
20 世纪 70 年代后期，一些能源专家已经预测，这么下去，等到 20 世
纪末，石油价格将会涨到每桶超过 100 美元。不料，突然之间，这个
卡特尔组织似乎就要崩溃了。石油价格开始下滑，1986 年年初一度下
跌至每桶 10 美元，1987 年才逐步回升到每桶 18 美元。[①] 就在我们撰
写本书的时候，伊拉克入侵科威特，油价又迅速上升到每桶 35 美元。
专家们对欧佩克的前途莫衷一是。

究竟是什么因素主宰了这样一个卡特尔的成败？而在多数情况
下，又是什么因素左右了商界、政界乃至其他社会机构的合作与竞

---

① 当然，我们必须同时记住一件事，即在 1981—1985 年，美元对其他货币强劲升值。
因此，不管是油价在 20 世纪 80 年代上半叶下跌，或者是之后收复失地，油价的变化用
美元以外的其他货币结算，都不如用美元结算时看起来那么富有戏剧性。

争之间的平衡？借助我们在第 1 章提到的发生在克格勃牢房的囚徒困境，这个问题至少可以部分得到解决。

90　　　欧佩克的故事就是这么一个博弈。当然，我们讲述的时候采用了戏剧化的叙事方式，强调了个中困境，抛开了许多历史细节。现在，我们从考察仅仅两个成员的产量决策开始，假设这两个国家是伊朗和伊拉克。为以后讲解方便，我们只允许每个国家各有两个产量水平可以选择，分别是每天 200 万桶原油或者 400 万桶原油。根据这两个国家的不同决策，输出到全球市场的总量将是每天 400 万桶、600 万桶或者 800 万桶原油。与这组数字对应，假设价格分别是每桶 25 美元、15 美元和 10 美元。在伊朗，原油提炼成本是每桶 2 美元，而在伊拉克则是每桶 4 美元。于是，我们可以用"百万美元／天"为单位，在图 4-1 上显示两个竞争对手的利润。每个格子的右上角是伊拉克每天可得的利润，左下角是伊朗的利润。图中产量则以百万桶为单位。[①]

　　　每个国家都有一个优势策略，即选择较高的产量水平进行生产。比如说，伊朗第四行对应产量的利润数字分别是 52 和 32，全都高于第二行对应的数字 46 和 26。假如两国全都选择各自的优势策略，它们的利润将分别达到每天 3 200 万美元和 2 400 万美元。这当然不是一个小数目，不过，假如它们合作，本来可以分别得到 4 600 万美元和 4 200 万美元。

91

　　　这种情况称为**"囚徒困境"**。其显著特征在于，双方选择各自的

---

① 这种用同一个矩阵表示两个参与者的得失的做法来自托马斯·谢林。他用过分谦逊的笔触写道："假如真有人问我有没有对博弈论做出一点贡献，我会回答有的。若问是什么，我会说我发明了用一个矩阵反映双方得失的做法……我不认为这个发明可以申请专利，所以我免费奉送，不过，除了我的学生，几乎没有人愿意利用这个便利。现在，我愿提供给各位免费使用。"

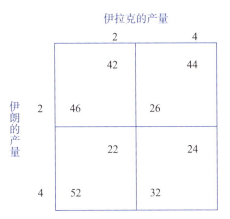

图 4-1　伊朗和伊拉克的利润图

优势策略，以使其收益达到最大，不过，与双方选择将其收益最小化的策略相比，最终的收益却更糟。那样的话，双方为什么不选择最小化的策略呢？回到伊朗和伊拉克的例子上来。即使伊朗愿意选择最小化的策略，每天生产 200 万桶，但伊拉克仍然有生产 400 万桶的动机，这么一来，结果就是对伊拉克最有利，而对伊朗最不利。假如伊朗不想合作，坚持生产 400 万桶，这时，伊拉克若是只生产 200 万桶，伊拉克就是傻瓜，白白牺牲自己的利润。这个卡特尔的问题在于，怎样才能在双方都面临诱惑、很想欺骗对方、从对方所失中获利的前提下，找到一个方法，维持一个低产量、高价格的策略，而这一策略能为双方都带来最高收益？

伊朗和伊拉克的情况与前面提到的克格勃的两个因犯情况相仿。两个人都知道坦白才是优势策略：假如一方不坦白，另一方就会由于坦白而得到好处；假如一方坦白，另一方若不坦白就是傻瓜了。因此，无论一方怎么做，另一方还是想坦白。这一点对双方都适用。但一旦双方都坦白，各人都会遭到严厉的惩罚。我们再一次看到，谋求个人利益的私心最终导致了一个糟糕的结果。实际上，假如双方都不坦白，双方的结局都会更好一些。问题是，在双方暗自较劲希望为自己谋求一个更好的结果的时候，怎样才能达成这样的合作？

一个产业的几个竞争企业之间也会出现同样的问题。这个问题不仅让商人们苦恼不堪，也同样折磨着商学院的学生们。得克萨斯州农工大学一位教授让自己班上的27名学生进行一个博弈，而这个博弈会把他们引入囚徒困境。[1]假设每一个学生都拥有一家企业，现在他必须决定自己应该生产1来帮助维持较高价格，还是生产2来通过别人所失换取自己所得。根据愿意选择1的学生总数，将收入按照表4-1的方式分配给每个学生。

92

表 4-1

选择1的 学生总数	选择1的学生 每人得到的钱（美元）	选择2的学生 每人得到的钱（美元）
0		0.50
1	0.04	0.54
2	0.08	0.58
3	0.12	0.62
……	……	……
25	1.00	1.50
26	1.04	1.54
27	1.08	

换用图4-2，我们可以看得更加清楚，效果也更加明显。

这是一个"事先设计好"的博弈，目的是确保每个选择2的学生总比选择1的学生多得50美分，不过，选择2的人越多，他们的总收益就会越少。假设全体27名学生一开始都打算选择1，那么他们各得1.08美元。假设有一个人打算偷偷改变决定，选择2，那么，

93

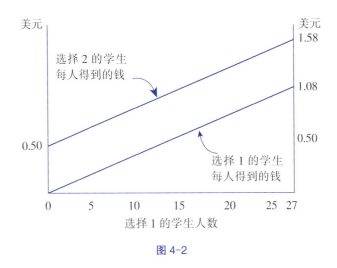

图 4-2

选择 1 的学生就有 26 名，各得 1.04 美元（比原来少了 4 美分），但那个改变主意的学生就能得到 1.54 美元（比原来多了 46 美分）。实际上，不管最初选择 1 的学生总数是多少，结果都是一样，选择 2 是一个优势策略。每一个改选 2 的学生都会多得 46 美分，同时会使他的 26 个同学分别少得 4 美分，结果全班收入会少得 58 美分。等到全体学生一致选择自私的策略，尽可能使自己的收益达到最大，他们将各得 50 美分。反过来，假如他们联合起来，协同行动，不惜将个人的收益减到最小，他们将各得 1.08 美元。你会怎么抉择？

　　演练这个博弈的时候，起初不允许集体讨论，后来允许一点讨论，以便达成"合谋"，结果愿意合作而选择 1 的学生总数从 3 到 14 不等。在最后的一次带有协议的博弈里，选择 1 的学生总数是 4，全体学生的总收益是 15.82 美元，比全体学生成功合作可以得到的收益少了 13.34 美元。"我这辈子再也不会相信任何人了。"领导合谋的学生这样嘟囔道。那么，他自己又是怎么选择的呢？"噢，我选了 2。"他答道。

这个情景使我们回想起尤塞里安（Yossarian）在约瑟夫·海勒（Joseph Heller）的小说《第 22 条军规》（*Catch-22*）当中的境遇。第二次世界大战胜利在望，尤塞里安不想成为胜利前夕最后一批牺牲者。他的上级军官问道："可是，假如我方士兵都这么想呢？"尤塞里安答道："那我若是有别的想法岂不就成了一个大傻瓜？"

政治家们也会变成同样的困境中的囚徒。1984 年，大多数人都很明白，美国联邦预算赤字实在太高了。裁减必要的巨额开支在政治上并不可行，因此，大幅增税应该是不可避免的。不过，谁愿意担当政治领导角色，带头主张这么做呢？民主党总统候选人沃尔特·蒙代尔（Walter Mondale）想要在自己的竞选活动当中为这么一个政策转变制造声势，却被罗纳德·里根（Ronald Reagan）打得落花流水，因为里根许诺绝不加税。1985 年，这个议题陷入僵局，无论你怎么划分政治派别，民主党对共和党，众议院对参议院，还是政府对国会，各方都希望把提出加税的主动权推给对方。

从各方的角度看，最好的结果在于，对方有人提出加税和削减开支，并因此不得不付出政治代价。反过来，假如自己提出这样的政策，而对方坚守被动局面，并不附和，自己就会落得最糟糕的下场。双方都知道，联合起来共同倡议加税和削减开支，共同分享荣誉，分担谴责，与同时坚守被动，眼看巨额赤字上升而无所作为相比，显然会对整个国家更有利，即便对他们自己的政治生涯，从长期而言也会有好处。

我们可以画出一张常见的图（如图 4-3 所示），标明策略和结果，将这个情况变成一个博弈。双方分别是民主党和共和党。为了表示谁更加倾向于怎么做，我们把每个结果按照各方的眼光给出从 1 到 4 的排序，数字越低对自己越好。每个格子左下角是共和党给出的

94

排序，右上角是民主党给出的排序。

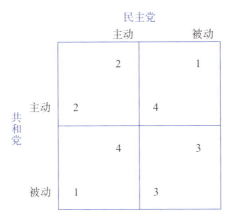

图 4-3　共和党和民主党的排序

　　显而易见，对每一方而言，保持被动是一个优势策略。而这正 95
是真实发生的情况；第 99 届国会根本没有做出任何加税决定。此
届国会确实通过了《格拉姆 - 拉德曼 - 霍林斯法》（Gramm-Rudman-
Hollings Act），这一法案规定以后必须实行削减赤字政策。不过，
这只是一种伪装，好像采取了行动，实际却推迟了做出艰巨抉择的
时间。这一目的与其说是通过限制财政支出的做法达成的，不如说
是通过玩弄会计上的小把戏而实现的。

如何达成合作

　　一旦陷入囚徒困境，人们就会想方设法逃脱，寻求大家一致愿
意看到的合作的结果。圈外人则大约更愿意看到他们困在中间无法
脱身。举个例子：某个产业的企业由于陷入囚徒困境而不能合谋抬

高价格，买方得以从较低价格中受益。在这个例子中，社会希望阻挠这个产业合谋，不让其破解囚徒困境，反垄断法就是其中一道路障。但是，不管我们愿意寻求合谋或者是阻挠合谋，我们都必须了解有什么途径可以破解囚徒困境。只有这样，我们才能找出合适的对策，要么沿着这条路走下去，要么在上面设置路障。

一个根本的难题在于在任何协定下参与者都有作弊的动机。因此，中心问题是，怎样才能觉察这么一种作弊行为？什么样的惩罚才能阻止这种行为？下面我们逐一分析。

觉察作弊

卡特尔作为一种企业联合组织，必须找出有效的办法，了解是不是出现了作弊行为，以及若是有作弊行为的话，确定是谁作弊。在我们已经讲过的例子中，觉察有人作弊通常都不是什么难事。比如在伊朗和伊拉克石油生产的例子中，石油价格只有在两国合作，每天生产 200 万桶原油的时候才会达到 25 美元一桶；只要价格低于每桶 25 美元，肯定有人作弊。在现实生活当中，情况更加复杂。价格下降可能有两个原因，一是需求下降，二是生产者之一作弊。除非一个卡特尔有本事区分这两种影响，确定价格下降的真实原因，不然的话，它就会在根本没人作弊的时候误以为有人作弊，并且采取惩罚措施，或者是反过来，有人作弊却没觉察。[1] 这些做法会降低准确性，使有关防范措施的效果大打折扣。一个妥协的解决

96

---

① 统计文献将错误的肯定称为一类错误，而将错误的否定称为二类错误。最常见的错误却是三类错误：记不起来确切的是哪个。

方案是设置一个关键价格，或者称为"触发"（trigger）价格，一旦价格落到这个价格之下，卡特尔就可认定有人作弊，随即采取惩罚措施。

不过，在现实生活当中还有一个复杂因素。这类博弈通常都有很多不同层面的抉择，觉察作弊的可能性在不同层面也有所不同。比如，企业之间会在价格、产品质量、售后服务以及其他许多方面进行竞争。价格相对而言算是比较容易观察的，虽然可能存在的秘而不宣的折扣或者定价策略的灵活性会使问题复杂化。而在产品质量方面，质量具有许多不同层面，很不好把握。因此，旨在合谋维持较高价格的卡特尔经常发现，企业不断地将竞争引向新的层面。这样的事情就发生在民航产业。在受到政府监管的时期，机票价格是固定的，新竞争者进入的通道实际上被堵死了。这就相当于航空公司在民航管理局的推动下结成卡特尔。但在卡特尔内部，航空公司之间却开始竞争，或者说是作弊。它们虽然不能降低机票价格，却可以提供更加超值的服务，比如可口的飞机餐和美丽的空中小姐。假如劳工法要求航空公司也要聘用男性乘务员，而且不能因为空中小姐超过 30 岁就解雇，竞争则可以转向其他层面，比如提供更多直飞航线、加大座位宽度以及增加座位前面伸展腿脚的空间。

这种发展趋势还有一个例子，出现在国际贸易政策领域。关税 97 是最容易看出来的、用于限制贸易的工具，关贸总协定（GATT）通过连续多个回合的谈判，最终促使所有发达国家一起大幅下调关税。不过，各国仍然面临国内强大的特殊利益集团的政治压力，它们要求限制进口。因此，各国渐渐转向利用其他一些不那么容易看出来的手段，比如自愿限制协定、海关估价手续、标准、行政手段以及复杂的配额制度。①

这些例子说明了一个共同主题，即合谋集中在比较透明的抉择层面，竞争则转向不那么容易看出来的层面，我们把这个现象称为"提高不透明度定律"。也许读者未必看得出来，但合谋仍然可能损害你的利益。比如，1981 年开始实施日本汽车进口配额制度后，不仅包括日本车和美国车在内的全部汽车涨价了，而且大众化的日本车型也从市场上消失了。不透明的竞争后果更甚：不仅导致价格上升，产品组合的平衡也被扭曲了。

确认作弊者可能比觉察作弊更为艰巨。假如只有两个参与者，诚实的一方当然知道谁在作弊。即便如此，能不能让他承认错误可能又是一个未知数。假如出现不止两个参与者，我们可能知道有人作弊，却没人知道究竟是谁，只有作弊者自己心知肚明。遇到这种情况，用于惩罚作弊的手段必然显得莽撞生硬，它会同时影响到无辜者和作弊者。

98 最后一点，作弊行为可能表现为维持被动，拒绝出头，因此也就更难区分出来。我们前面讲过的不肯带头倡议加税的例子就属于这个情况。遇到这种情况，想要推测或者断定有没有作弊更是难上加难。一方面，积极的行动人人都看得见，另一方面，不作为的借口也有很多，比如还有更加亟须处理的事情，需要时间动员全部力量，诸如此类。

---

① 比如，按照复合纤维协议确定的配额，其征税标准极其复杂，不同织物在不同国家就有不同做法。这套标准使人难以看出配额制度对提高任何一种特定商品的价格究竟有什么影响。尽管如此，有些经济学家仍然估算出了这种影响，而且发现价格可能提高100% 的幅度——若是关税高到这个程度，恐怕就要引发广大消费者的强烈抗议了。

对作弊者的惩罚

在每一个鼓励合作的良好计划里，通常都会包含某种惩罚作弊者的机制。一个坦白且供出合作伙伴的囚徒可能遭到这些人的朋友的报复。若是知道外面会有什么报应等着自己，尽快逃脱牢狱之灾的前景大概也就不会显得那么诱人了。人人都知道，警察会威胁毒品贩子说要释放他们以让其坦白。这种威胁的作用在于，一旦他们被释放，卖毒品给他们的人就会认定他们一定是招供了。

而在得克萨斯州农工大学教室进行的实验里，假如学生们觉察到究竟是谁拒绝按照合谋选择 1，他们可能就会整个学期不再理会这个家伙。估计没有哪个学生愿意为了 50 美分而冒被抵制的风险。至于欧佩克的例子，由于 20 世纪 70 年代阿拉伯国家存在社会与政治合作，任何一个打算作弊的国家都担心有可能遭到抵制，因而最终放弃了作弊的想法。这些例子反映了在最初博弈之上增加惩罚机制的做法，其目的就是为了减少作弊的动机。

在博弈的结构里还存在其他类型的惩罚。一般而言，这种情况发生的原因在于这个博弈反复进行，这一回合作弊所得将导致其他回合所失。我们还是用伊朗和伊拉克之间的原油例子进行分析。

由于两个国家天天都在进行这个博弈，惩罚的可能性也就出现了。假设它们从相互信任的基础起步，各国每天生产 200 万桶，携手维持较高的价格。然而各国都会不断受到诱惑，很想偷偷作弊一把。回到每天的利润图上来。假如这天伊朗作弊且取得成功，伊拉克保持诚实，那么伊朗这天的利润将从原来的 4 600 万美元上升到 5 200 万美元，净增 600 万美元（如图 4-4 所示）。

99

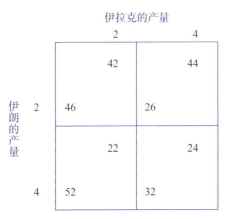

图 4-4　伊朗和伊拉克的利润图

　　问题在于，假如伊拉克发现出了事又会怎么样。一个似是而非的情景是，彼此之间的信任瓦解，双方从此进入高产量、低价格的结局。与彼此信任的时候相比，这使伊朗每天少得 1 400 万美元（从 4 600 万美元减少到 3 200 万美元）。可见，作弊带来的短期好处根本无法弥补之后带来的损失：假设伊拉克需要 1 个月的时间才能觉察伊朗作弊，并且断然决定解除合作，那么，伊朗由于作弊一个月而多得的 1.8 亿美元，在两国合作破裂 13 天之后就会被损失抵消。当然，时间就是金钱，今天增加的利润会比明天失去的同样数目的利润更值钱，不过，上述计算看起来仍然很不利。对伊拉克来说，卡特尔破裂将会带来更糟糕的下场：假如它作弊而未被觉察，也没有受到惩罚，那么每天可以多得利润 200 万美元；假如合作破裂，则每天损失将达 1 800 万美元。显然，在这个例子中，哪怕只有一点点担心两国的相互信任会破裂，也足以约束两个竞争者乖乖遵守协定。

　　信任破裂有很多原因。比如，若是伊朗和伊拉克开战，欧佩克

100

就很难强迫这两个国家遵守产量配额。有能力对违反协定者进行惩罚是维持卡特尔配额的信任的基础。不过，对于两个已经在用炸弹和"人浪"攻势相互惩罚的国家，你还有什么样的惩罚手段可用呢？一旦战争停止，由于出现了受到惩罚的可能性，合作的可能性也会再度浮现。

归纳起来，在一个一次性的博弈当中没有办法达成互惠合作。只有在一种持续的关系中才能够体现惩罚的力度，并因此成为督促合作的木棒。合作破裂自然就会付出代价，这一代价会以日后利润损失的形式出现。假如这个代价足够大，作弊就会受阻，合作就会继续。

上述基本原则包含一些警示。第一个警示出现在合作关系存在某种自然而然的终点的时候，比如一个当选政府的任期到期就会结束。这种情况下，博弈反复进行的次数是一定的。运用向前展望、倒后推理的原则，我们可以看到，一旦再也没有时间可以进行惩罚，合作就会告终。但是，谁也不愿意落在后面，在别人作弊的时候继续合作。假如真的有人仍然保持合作，最后他就会脱不了身。既然没人想当傻瓜，合作也就无从开始。实际上，无论一个博弈将会持续多长时间，只要大家知道终点在哪里，结果就一定是这样。

现在我们进一步考察这个论点。从一开始，两位参与者就应该向前展望，预计最后一步会是什么。在这最后一步，再也没有什么"以后"需要考虑，优势策略就是作弊。这最后一步的结果是一个不可避免的结论。既然没有办法影响这个博弈的最后一步，那么，在考虑对策的时候，倒数第二步实际上就会成为最后一步。

而在这一步，作弊再次成为优势策略。理由是，位于倒数第二步的这一步对最后阶段的策略选择毫无影响。因此，倒数第二步可 101

以视为孤立阶段，单独进行考虑。对于任何孤立阶段，作弊都是一种优势策略。

现在，最后两个阶段的情形已经确定。早期进行合作根本无济于事，因为两个参与者已经决心在最后两个阶段作弊。这么一来，在考虑对策的时候，倒数第三步实际上就会成为最后一步。遵循同样的推理，作弊仍是一种优势策略。这一论证一路倒推回去，不难发现，从一开始就不存在什么合作了。

这一论证的逻辑无懈可击，不过，在现实世界里我们仍然可以找到阶段性的成功合作。有几个方法可以解释这一现象。一是，不错，这个类型的所有真实博弈只会反复进行有限次，但具体数目却没人知道。既然不存在一个确定的结束时间，那么这种合作关系就永远有机会继续下去。同时，参与者会有某种动机维持这种合作，为的是万一将来遇到不测，需要别人帮忙；假如这个动机足够强烈，合作就可以维持下去。

二是，这个世界存在一些"善良"的人，不管作弊可能带来什么样的物质利益，他们仍然愿意合作。现在让我们假设你没有那么善良，看看会出现什么情况。假如你按照自己的私心行事，那么在一个反复进行有限次的囚徒困境博弈里，你会从一开始就作弊。而这会使其他参与者看清楚你的本质。于是，为了掩盖真相，或者是至少掩盖一会儿真相，你不得不装出善良的样子。为什么你会那么做呢？假设你一开始就按照善良人的方式行事，其他参与者就会认为你大约属于周围少有的几个善良人之一。合作一段时间将会带来实实在在的好处，而且其他参与者也会打算仿效你的善良人的做法，换取这些好处。这对你也有好处。当然，你和其他参与者一样，仍然打算在博弈接近尾声的时候偷偷作弊。但你们仍

然会在最初一个阶段进行互利互惠的合作。因此，在各人假装善 102
良等待占别人便宜的时机的当口，大家都会从这种共同欺骗中得到
好处。

三是，能在一个反复进行的囚徒困境中使信任出现的条件是，
作弊所得早于合作破裂产生的代价之前出现。这么一来，两者相比
哪一个更重要，就取决于现在与将来相比哪一个更重要。在商界，
比较现在与将来的利润的时候，会用一个合适的利率对将来的利润
打折扣。而在政界，现在与将来的重要性比较更加带有主观色彩，
不过，一般而言，下一次竞选之后的时间看起来无关大局。这使合
作变得难以达成。即便是在商界，若是遇到不景气的年份，整个产
业处于崩溃边缘，管理层觉得已经走到山穷水尽，没有明天了，那么，
竞争就有可能变得比正常年份更加激烈。同样地，由于战争迫在眉
睫，伊朗和伊拉克会认为现在的利润比将来的利润更重要，由此加
深了欧佩克面临的困境。

惩罚的保证

最巧妙的方式在于通过一个保证加以惩罚的承诺推行一个价格
联盟，而且是以竞争的名义进行。现在我们将要看到的是纽约市及
其立体声音响商店大战。疯狂埃迪（Crazy Eddie）已经打出了自己
的口号："我们不能积压产品。我们不会积压产品。我们的价格是
最低的——保证如此！我们的价格是疯狂的。"它的主要竞争对手
纽瓦克与刘易斯（Newark & Lewis），口号却没叫得那么野心勃勃。
然而每次购物，你都会得到这个商店的"终生低价保证"。按照这

一承诺，假如你在别的地方看到更低的价格，商店会按差价的双倍赔偿给你。

> 如果您在购物之后发现，在您购买产品的正常使用年限里，本地同一销售区域的其他商店同样型号的商品打出的价格或者实际销售的价格更低（必须附有打印的凭据），我们纽瓦克与刘易斯将很乐意向您（以支票方式）支付100%的差价，外加25%的差价，或者，假如您愿意，我们将赠送面值相当于差价200%的礼品券（包含100%的差价外加相当于100%的差价的礼品券）。

——摘自纽瓦克与刘易斯的"终生低价保证"

不过，尽管这一家的政策听上去很有竞争力，这个非要击败对手不可的承诺却有可能加强一个操纵价格的卡特尔的内部约束。为什么会发生这样的事情呢？

假设一台录像机的批发价是150美元，现在疯狂埃迪和纽瓦克与刘易斯都卖300美元。疯狂埃迪偷偷作弊，减价为275美元。假如没有那个击败对手的承诺，疯狂埃迪完全有可能将一些原本打算在对手那边购物的顾客吸引过来，而这些顾客之所以要去纽瓦克与刘易斯那边购物，原因很多，可能是因为路途较短或者以前曾在那里买过东西。不幸的是，对疯狂埃迪而言，这回减价起了完全相反的效果。因为纽瓦克与刘易斯有那么一条价格保证，人们就想赚便宜，纷纷进来买一台录像机，然后要求赔偿50美元。这么一来，相当于纽瓦克与刘易斯的录像机自动减价为250美元，比疯狂埃迪减得还厉害。不过，当然了，纽瓦克与刘易斯一定不愿意就这么付出 50 美元。因此，它的对策就是降价至 275 美元。无论如何，疯狂埃迪的结果都不如原来，那又何必搞鬼作弊呢？价格还是保持在 300 美元好了。

虽然卡特尔在美国是非法的，疯狂埃迪与纽瓦克与刘易斯却还是结成了这么一个组织。读者可以看到，它们两家结成的这个心照不宣的卡特尔是怎样按照我们前面提过的卡特尔内部强制条件运行的：觉察作弊，并且惩罚作弊者。纽瓦克与刘易斯可以轻易觉察疯狂埃迪作弊。那些跑来说疯狂埃迪打出更低价格而要求赔偿的顾客，其实在毫不知情的情况下，扮演了这个卡特尔的执法侦探。惩罚的形式是价格协定破裂，结果导致利润下降。那则"击败竞争对手"的广告实际上自动而迅速地实施了惩罚。 104

联邦贸易委员会接过一个著名的反垄断案子，其中就涉及一种类似机制的利用，这种机制看上去会加剧竞争程度，其实却是一个卡特尔的约束机制。E. I. 杜邦公司（E.I.Du.Pont）、乙烷基公司（Ethyl）和其他生产抗震汽油添加剂的公司被指控利用了一个"最优惠客户"条款。这个条款规定，这些最优惠客户将享受这些公司向所有客户提供的价格当中的最优惠价格。从表面上看，这些公司是在寻找它们的最优惠客户。不过，让我们深入考察一下。这个条款意味着这些公司不能展开竞争，不能通过提供一个带有选择性的折扣价格，将它的对手的顾客吸引过来，同时只能向它的熟客提供原来的较高价格。它们必须一起降价，而这么做的成本会大很多，因为它们卖出的所有产品的利润都下降了。读者可以看出这个条款对一个卡特尔有什么好处：作弊所得比作弊所失要小，因此卡特尔也更容易维持。

在评估这个"最优惠客户"条款的时候，联邦贸易委员会裁定其存在反竞争效果，禁止这些公司在它们与客户签订的合同里使用这么一个条款。[①] 假如现在的被告是疯狂埃迪和纽瓦克与刘易斯，你又会怎么判决呢？判断竞争激烈程度的一个标准是涨价幅度。许多所谓"廉价"立体声音响商店在定价的时候，差不多要在各个元件批发价之和的基础上再加100%。虽然很难看出哪一部分涨价是由库存和广告成本导致的，我们却可以发现一个表面上看来证据确凿的案例，说明疯狂埃迪究竟有多疯狂。

惩罚方式的选择

105   如果存在几个不同的惩罚手段，可以阻止作弊和维持合作，我们应该怎样抉择呢？有几个标准可供参考。

惩罚手段最重要的特征也许在于简单明确，这样的话，任何一个打算作弊的参与者都能很方便也很精确地算出作弊的后果。举个例子：假如判断是不是有人作弊的方法是，在过去18个月的折扣利润低于同期产业资本平均真实回报率10个百分点，而这个方法对于绝大多数企业而言实在太复杂了，根本算不过来，那么，这就不是一个良好的阻止作弊的约束方式。

接下来应该考虑的是确定性。参与者应该有信心，相信作弊者将受到惩罚，合作将会得到回报。这在欧洲国家寻求推动关贸总协

---

① 这一裁决并非没有争议。委员会主席詹姆斯·米勒（James Miller）就不同意。他写道，这个条款"可以证明能够减少买方的搜索成本，使它们能够在众多买家里找到具有最佳价格价值比的顾客"。希望进一步了解这个案例的读者，请参阅"In the matter of Ethyl Corporation et al." FTC Docket 9128, *FTC Decisions*，pp. 425-686。

定的时候成了一个主要问题。如果遇到一个国家投诉说另一个国家在贸易协定上作弊，关贸总协定就会启动一个行政程序，且一搞就是几个月，甚至好几年。而在判决过程中，几乎没人会听案件本身的事实陈述，判决通常更受国际政治和外交政策的影响。这样的约束机制显然不可能发挥什么作用。

然后我们会问：惩罚应该有多严厉？大多数人的直觉反应是，惩罚应该"与罪行相抵"。不过，这也许并不足以阻止作弊。阻止作弊最可靠的方式在于使惩罚变得尽可能严厉。既然以惩罚进行威胁可以成功地维持合作，那么，惩罚本身有多严厉就无关紧要了。恐惧使大家不敢作弊，这么一来，实际上就不会出现违规行为，违规将要付出什么代价当然也就无关紧要了。

106

这一思路的问题在于，它忽略了出错的风险。侦察过程可能出错，如报告说卡特尔内部有人作弊，而真正导致价格下跌的罪魁祸首却是一个完全不受控制的因素，比如需求下跌。假如惩罚尽可能严厉，那么这个错误的代价就会非常高昂。要想减小出错付出的代价，惩罚必须尽可能轻微，刚刚能阻止作弊就够了。最低限度的惩罚可以达到阻止作弊的目的，又不会在不可避免的差错出现时招致任何额外代价。

以牙还牙

这里列出的一个惩罚机制应该具备的理想条件显得相当高不可攀。不过，密歇根大学的政治学学者罗伯特·阿克塞尔罗德（Robert Axelrod）指出，以牙还牙法则恰好符合这些条件。[2] 以牙还牙其实是古老的"以眼还眼"行为法则的一种变形：人家对你怎么做，你也对他们怎么做。[1]说得更精确一些，这个策略在开始阶段双方是合作的，以后则模仿对手在前一阶段的行动。

107　　阿克塞尔罗德认为，以牙还牙法则体现了任何一个行之有效的策略应该符合的四个原则：清晰、善意、刺激性和宽容性。再也没有什么字眼会比"以牙还牙"更加清晰、更加简单。这一法则不会引发作弊，所以是善意的。它也不会让作弊者逍遥法外，所以能够产生刺激。它还是宽容的，因为它不会长时间怀恨在心，而愿意恢复合作。

　　阿克塞尔罗德并未仅仅纸上谈兵，而是通过实验证明了以牙还牙法则的威力。他设计了一个两人囚徒困境博弈锦标赛。世界各地的博弈论学者以电脑程序的形式提交他们的策略。这些程序两两结对，反复进行150次囚徒困境博弈。参赛者按照最后总得分排定名次。

　　冠军是多伦多大学的数学教授阿纳托尔·拉波波特（Anatol Rapoport）。他的取胜策略就是以牙还牙。阿克塞尔罗德对此感到很惊讶。他又进行了一次锦标赛，这次有更多学者参赛。拉波波特再

---

① 在《旧约·出埃及记》（*Exodus*，21：22）中，我们看见，"人若彼此争斗，伤害有孕的妇人，甚至坠胎，随后却无别害，那伤害她的，总要按妇人的丈夫所要的，照审判官所断的，受罚。若有别害，就要以命偿命，以眼还眼，以牙还牙，以手还手，以脚还脚，以烙还烙，以伤还伤，以打还打。"《新约》（*New Testament*）则提倡更具合作精神的行为。在《新约·马太福音》（*Matthew*，5：38）中，我们读到，"你们听见有话说，以眼还眼，以牙还牙。只是我告诉你们，不要与恶人作对。有人打你的右脸，连左脸也转过来由他打。"我们从"以其人之道还治其人之身"转为"你们愿意人怎样待你们，你们也要怎样待人"（《新约·路加福音》，*Luke*，6：31）的金科玉律。假如人们当真遵循这一金科玉律，也就不会存在什么囚徒困境了。此外，只要我们看得更深远一些，就不难发现，虽然合作可能在某一个特定博弈中降低你的收益，但是以后可能带来的回报却甚至足以使一个自私的人相信，合作应该算是一个理性策略。

次提交了以牙还牙策略，并再次夺标。

以牙还牙策略一个非常引人注目的特征在于，它在整个比赛中取得了突出的成绩，虽然它实际上并没有（也不能）在一场正面较量中击败对手。其最好的结果是跟对手打成平局。因此，假如当初阿克塞尔罗德是按照"赢者通吃"的原则打分，以牙还牙策略的得分怎么也不会超过 500，也不可能取得最后的胜利。

不过，阿克塞尔罗德并没有按照"赢者通吃"的原则给结对比赛的选手打分，只有比赛结束才算数。以牙还牙策略的一大优点在于它总是可以将比赛引向结束。其最坏的结果是遭到一次背叛，也就是说，让对方占了一次便宜，此后双方打成平局。以牙还牙策略之所以能赢得这次锦标赛，是因为它通常都会竭尽全力促成合作，同时避免相互背叛。其他参赛者则要么太轻信别人，一点也不会防范背叛，要么太咄咄逼人，一心要把对方踢出局。

不过，尽管如此，我们仍然认为以牙还牙策略是一个有缺陷的策略。只要有一丁点儿发生误解的可能性，以牙还牙策略的胜利就会土崩瓦解。这个缺陷在人工设计的电脑锦标赛中并不明显，因为 108 此种情况下根本不会出现误解。但是，一旦将以牙还牙策略用于解决现实世界的问题，误解就难以避免，结局就可能是灾难性的。

举个例子：1987 年，美国就苏联侦察和窃听美国驻莫斯科大使馆一事做出回应，宣布减少在美国工作的苏联外交官人数。苏联的回应是调走苏联在美国驻莫斯科大使馆的后勤人员，同时对美国外交使团的规模做出更加严格的限制。结果是双方都难以开展各自的外交工作。另一个引发一系列以牙还牙行动的例子出现在 1988 年，当时加拿大发现前来访问的苏联外交官从事侦察活动，当即宣布缩小苏联外交使团的规模，而苏联则以缩小加拿大在苏联的外交使团的规模作为回报。到了最后，两国关系恶化，此后的外交合作更是难上加难。

以牙还牙策略的问题在于，任何一个错误都会反复出现，犹如回声。一方对另一方的背叛行为进行惩罚，从而引发连锁反应。对手受到惩罚之后，不甘示弱，进行反击。这一反击又招致第二次惩罚。无论什么时候，这一策略都不会只接受惩罚而不作任何反击。以色列由于巴勒斯坦发动袭击而进行惩罚，巴勒斯坦拒绝忍气吞声，而采取报复行动。由此形成一个循环，惩罚与报复就这样自动而永久地持续下去。

哈特菲尔德家族（Hatfields）与麦科伊家族（McCoys）*的长期争斗，又或者是马克·吐温（Mark Twain）笔下的格兰杰福特家族（Grangerfords）与谢泼德森家族（Shepherdsons）的世代仇恨，给我们提供了另外两个例子，说明以牙还牙的行动是怎样导致两败俱伤的。不和各方一定不愿意停止争斗，除非他们觉得两家已经打平了。但是，就在这样持续不断的寻求打平的过程中，他们实际上是出手越来越重。最后他们甚至会为此送了命。几乎没有可能回到起点，重新谋求解决双方的不和了，因为，争斗一旦开始，就不会按照人们的意志发展。比如，当赫克·芬恩（Huck Finn）试图了解格兰杰福特家族与谢泼德森家族世仇的源头究竟是什么时，他却遇到了鸡生蛋还是蛋生鸡的难题。

---

　*　哈特菲尔德家族与麦科伊家族是 19 世纪 80 年代美国肯塔基州的两大帮派，长期不和，以在肯塔基与西弗吉尼亚交界的山区地带持枪对射而闻名。当局虽然也会出动镇压，还逮捕滋事分子，无奈两大帮派根深蒂固，称霸一方，入狱者总是很快获得释放。如此僵持不下，直到 1890 年，两家族的争斗才渐渐平息下来。此事大大破坏了南北战争之后肯塔基州的形象。——译者注

"这究竟是为什么呢，巴克？——为了土地吗？"

"我估计是的——我不知道。"

"那么，究竟是谁开的枪呢？是格兰杰福特家的人还是谢波德森家的人？"

"天哪，我怎么会知道呢？那是多久以前的事啊。"

"有没有人知道呢？"

"噢，有的，老爸知道，我估计，还有其他一些老头子，不过现在他们也不晓得当初究竟发生了什么事。"

以牙还牙策略缺少的是一个宣布"到此为止"的方法。因此，若将这一策略用于必然包含误解的情形，就会变得很危险。以牙还牙策略实在太容易被激发起来。当某一作弊行为看上去像是一个错误而非常态举止的时候，你应该保持宽容之心。即便这一作弊是故意的，经过一个漫长的惩罚循环之后，也许到了该叫停并尝试重建合作的时候了。与此同时，你当然也不想太轻易地宽恕对方而被对方占了便宜。那么，你应该怎么取舍呢？

一个常见的评估策略的方法是衡量它有多大本事对付它自己。如果我们从发展的、演进的角度思考，就会发现"最符合情况的策略"是人们的优势策略。结果是，这些策略会经常相互较量。除非一个策略能够压倒自己，否则，任何最初阶段的成功都将转变为自我毁灭。

乍看上去，以牙还牙策略在对付自己的时候做得相当不错。两个以牙还牙者会从合作开始，然后，由于各方反应一致，合作似乎注定可以永久地持续下去。这种策略配对似乎可以彻底避免囚徒困境问题。

不过，若是有可能出现一方误解另一方行动的情况，又会怎么样呢？为了找出答案，我们仍然利用哈特菲尔德家族与麦科伊家族的例子，因为他们就是用以牙还牙策略处理邻里关系的。起初他们110 和平相处（记作 P），如图 4-5 所示。

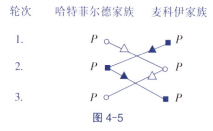

图 4-5

假设在第四轮，一个哈特菲尔德族人对一个麦科伊族人产生了误会。结果，虽然麦科伊家族真心维护和平，哈特菲尔德家族还是认为他们出现了侵略的举动（记作 A），如图 4-6 所示。

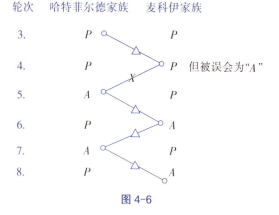

图 4-6

这么一个小小的误会犹如回声一般反复进行下去。在第五轮，哈特菲尔德家族以为麦科伊家族出现了侵略的举动而以侵略行动回

敬，侵略从原来的想象变成现实。现在，两个以牙还牙的家族陷入
了交替为前一次遭到报复而报复对方的情况。在第六轮，麦科伊家
族为哈特菲尔德家族在第五轮的侵略而进行报复，导致对方在第七
轮再次进行报复。依此类推。企图通过扳回一局而打成平手的做法
根本行不通。

　　这一情况持续下去，直到出现第二个误会。此时有两种可能的　111
发展方向。哈特菲尔德家族可能将和平误会为侵略，又或是将侵略
误会为和平。[①] 假如侵略被误会为和平，整个争斗就会停止（至少
可以维持到出现下一个误会之前）。

　　假如第二个误会是将和平当做侵略，双方还会继续相互报复。
图 4-7 显示了第九轮的情况。图中唯一一条表示和平的线段被误会
为侵略。结果，哈特菲尔德家族在第十一轮以报复予以回应。双方
将继续为对方前一次惩罚自己而进行报复，直到下一个误会出现。
虽然以牙还牙者可以出手报复，却不能忍受别人的报复。

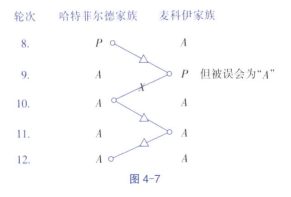

图 4-7

　　关于以牙还牙策略的运作，我们可以得出什么结论呢？只要有

---

① 同样地，这些误会也可能出现在麦科伊家族一边，其后果也是一样。

可能出现误会，长期而言，以牙还牙策略会有一半时间合作，一半时间背叛。理由是，一旦出现误会，双方将问题复杂化与澄清误会的可能性一样大。这么一来，以牙还牙策略其实就跟抛硬币决定合作还是背叛的策略差不多，因为后者选择合作和背叛的概率也是相同的。

在这一节的讨论中，我们似乎一直忽略了一个重要因素：出现误会的可能性。但实际上，我们的结论并不取决于这一可能性！不管出现误会的概率怎样微乎其微（即便是小到万亿分之一），长期而言，以牙还牙策略还是会有一半时间合作，一半时间背叛，就跟一个随机策略一样。如果出现误会的概率很小，那么出现麻烦的时间就会推迟。不过，反过来，一旦出现误会，就要花更长时间才能澄清。

存在出现误会的可能性意味着你必须有更宽宏的雅量，但只可记住，而不是简单地采取以牙还牙的报复行动。这在大家认为出现误会的概率很小，比如5%的时候是正确的。不过，假如处于一个有50%的概率出现误会的囚徒困境中，你又该怎么做呢？你该有多大的宽宏雅量呢？

一旦出现误会的概率达到50%，再也没有可能在囚徒困境中达成合作。你应该永远背叛对方。为什么呢？设想两种极端情况。假设你永远选择合作，而你的对手有一半时间会误会你的行动，结果是他会认为你一半时间背叛，一半时间合作。假如你永远背叛又会怎样？这种情况下你仍然会有一半时间被误会，只不过这一次对你是有利的，因为对手认为你有一半时间是合作的。

不管你选择什么策略，你都不可能影响你的同伴的看法。这就好比你的同伴是靠抛硬币来决定自己认为你做了什么一样。一旦出现误会的可能性达到 50%，看法与现实将再也没有什么联系。既然你根本没有可能影响你的同伴接下来将要做出的抉择，你大概还是选择背叛的好。你会在每一个阶段得到较高的回报，将来也不会遭到什么损失。

关键在于，保持宽宏雅量直到某一阶段是值得的。假如出现误会的可能性变得太高，那么在囚徒困境里保持合作的可能性就会消失殆尽。合作实在是太容易破裂，以至于不可能加以利用。较高的出现误会的可能性使你根本没有办法通过自己的行动传达清晰的信息。由于缺乏通过行动沟通的能力，合作的希望也就不复存在。

出现误会的可能性达到 50% 是可能出现的最糟糕的情况。假如大家都知道误会一定会出现，就会把每一个信息理解成相反的意思，那么误会也就不会出现了。一个百发不中的股市预言者其实跟一个百发百中的股市预言者同样出色。只不过你要知道应该怎样解读这些预言罢了。

记住这一点。接下来我们会找一个办法，破解这个其中可能出现误会而出现误会的可能性又不是太高的困境。

以牙还牙策略的一个替代选择

清晰、善意、刺激性和宽容性等基本性质看起来很可能恰好符合任何能将自己解脱出囚徒困境的行为准则的要求。不过，以牙还牙策略在惩罚一个有过合作历史的人时显得过于急躁了一些。我们必须找出一个更能区别对待的策略：这一策略应在背叛只是偶尔为之时显得宽容一些，而在背叛成为一种惯常行为时又能果断地实施惩罚。

　　读者可以考虑遵循以下指导原则，作为迈向这一方向的一步。(1) 开始合作。(2) 继续合作。(3) 计算在你合作的情况下对方看上去背叛了多少次。(4) 假如这个百分比变得令人难以接受，转向以牙还牙策略。注意，与以前不同，此时的以牙还牙策略不是作为对良好行为的奖赏，相反，却是对企图占你便宜的另一方的惩罚。

114　　要想确定令人难以接受的背叛的百分比是多少，你必须了解对方行为的短期、中期和长期历史。仅看长期历史是不够的。一个人合作了很长时间并不意味着他不会在声誉开始下降的时候企图占你的便宜。你还要知道"最近你都对我做过什么"。

　　这里有这一策略的一个例子，更具善意，更宽容，又没有那么大的刺激性，比以牙还牙策略复杂一点。从合作开始，如此继续下去，直到情况符合下面 4 个检验中的 1 个。

- 第 1 印象：第一轮就背叛绝对不可接受，转向以牙还牙策略。
- 短期：任何 3 轮当中出现 2 次背叛也是不可接受的。转向以牙还牙策略。
- 中期：过去 20 轮当中出现 3 次背叛也是不可接受的，转向以牙还牙策略。
- 长期：过去 100 轮当中出现 5 次背叛也是不可接受的，转向以牙还牙策略。

　　用以牙还牙策略惩罚不必永远持续下去。记录对方符合上述 4 个测试的频率。出现第一次背叛之后，进行 20 轮如回声一般的以牙还牙的相互报复，然后改为合作。同时将对方置于观察期，严密监视。另将中期和长期测试当中可能允许出现的背叛次数减1。假如对方在观察期内的背叛次数没有达到这一数字的50%，就可以将他的背叛记录清为零，重新开始计算。假如对方在观察期内犯规，那就采取以牙还牙策略，永不改变。

对于第一印象以及短期、中期和长期印象，其确切规则取决于错误或误会发生的概率、你对未来获益和目前损失的重要性的看法，等等。不过，在并不完美的现实世界里，这种策略很可能胜过以牙还牙策略。

必须记住的一个重要原则是，假如有可能出现误会，你不要对你看见的每一次背叛都进行惩罚。你必须猜测一下是不是出现了误会，不管这个误会来自你还是你的对手。这种额外的宽容固然可使别人对你稍加作弊，不过，假如他们真的作弊，他们的善意也就不会再有人相信了。最终误会出现时，你再也不会听之任之。所以，如果你的对手有投机倾向，他终将自食其果。

案例分析之四：国会对联邦储备委员会

美国国会和联邦储备委员会经常在经济政策上发生冲突。为了解释这一争端是如何引发的以及将会导致什么结果，我们在这里介绍一下普林斯顿大学经济学家艾伦·布林德对这一争端所做的博弈论分析。[3] 这两个机构各自拥有相当独立的制定经济政策的权力。制定财政政策（税收和政府支出）是国会的工作，而制定货币政策（货币供给和利率）则由联邦储备委员会负责。各方可以选择用扩张或紧缩的模式实施自己的政策。扩张的财政政策意味着高支出和低税

115

收，这会降低失业率，却有引发通货膨胀的风险。扩张的货币政策意味着低利率及由此形成的更宽松的借贷条件，这同样有可能引发通货膨胀。

对于经济结果，这两个机构也有各自的好恶标准。选民喜欢政府支出给他们带来的好处，比如降低按揭，却不愿意交税。有鉴于此，国会倾向于采取扩张性的政策，除非通货膨胀已经迫在眉睫，而且非常严重。相反，联邦储备委员会看得更长远，认为通货膨胀才是更关键的问题，因此倾向于采取紧缩性的货币政策，即紧缩银根。

116　　1981—1982 年，国会一度不再把通货膨胀当做一个多么了不起的风险。他们觉得整个经济有能力承受一个扩张性的财政政策，想要联邦储备委员会加以配合，同时采取一个扩张性的货币政策。不过，保罗·沃尔克（Paul Volcker）领导的联邦储备委员会担心这么做只会重新引发通货膨胀。在联邦储备委员会看来，第一选择是财政政策和货币政策同时紧缩。换言之，国会认为最理想的政策在联邦储备委员会看来糟糕透顶，反之亦然。

国会与联邦储备委员会的利益却并非完全对立。为了达成妥协，双方就一个采取扩张政策、另一个采取紧缩政策的相对优点进行了辩论。不管谁采取扩张政策、谁采取紧缩政策，这一混合策略对一般就业和通货膨胀的影响都相差不大，区别在于其他重要方面。扩张的财政政策和紧缩的货币政策会产生庞大的预算赤字，同时会拉高利率，因为只有这样做才能募集必要的资金，以在货币政策紧缩的前提下支持这个赤字的财政政策的运行。高利率还会对一些重要的行业，比如汽车和建筑业，造成非常严重的伤害。而外国资本由于受到美国高利率的吸引，也会蜂拥而入。美元将会升值，美国的国际竞争力将因此受到削弱。

财政紧缩政策和货币扩张政策会导致相反的结果：利率降低，美元贬值，对我们的汽车和建筑行业大有好处，也使我们销售的产品更具竞争力。国会和联邦储备委员会在这两种选择面前一致倾向于采取后面这个混合政策。

在这种情况下，你预计可能出现什么结果？你会怎样判断这个结果？而你又会觉得整个政策制定过程应当进行什么改革呢？

案例讨论

这是一个囚徒困境。（不然的话，这个案例也不会出现在这一章了，不是吗？）让国会和联邦储备委员会对4种可能的政策混合模式排列名次，1表示最佳，4表示最差。于是我们可以得到图4-8。

国会的选择

		高支出	低支出
联储的选择	放松银根	1　4	2　2
	收紧银根	3　3	4　1

图4-8　联储和国会对结果的排序

对于国会，高支出是一个优势策略；对于联邦储备委员会，优势策略是收紧银根。一旦双方这么想，而且各自选择自己倾向的策略，结果将是财政赤字和银根紧缩。这正是20世纪80年代初发生的事情。不过，其实还存在一个对双方都更加有利的结果，即预算

117

盈余和银根放松。

　　究竟是什么使它们没能达成一个对彼此都更加有利的选择呢？答案又是决策的相互依存性。只有在双方一致选择**单独看来不那么好**的策略的时候，才会取得对于双方都更好的结果。国会必须限制支出，从而达到一个平衡的预算。不过，假如国会这样做了，谁能保证联邦储备委员会就不会报以一个收紧银根的政策呢？若是联邦储备委员会当真那么做，就会出现在国会看来最糟糕透顶的结果。国会不相信联邦储备委员会有能力抵御这样的诱惑。它们没有办法彼此许下值得信赖的承诺，正是这一事实堵死了通向双方都更愿意看到的结果的道路。

　　我们能不能提出一个走出这一困境的办法呢？双方有着一种持续的关系，合作可能出现在反复进行的博弈当中。不过，合作只有在双方都足够重视未来收益的时候才会出现。国会议员每隔两年就要谋求竞选连任，要他们以如此长远的目光行事，实在困难。

　　我们不妨从另一个角度审视这个问题。其实，联邦储备委员会本身就是国会的一项发明。在大多数其他国家，政府（财政部）对中央银行的控制权要大得多。假如美国也是这样，那么，国会完全可以强迫联邦储备委员会采取一个扩张的货币政策，从而达成国会最想看到的结果。当然，那些赞同联邦储备委员会的看法，认为通货膨胀才是重要问题的人，会觉得这实在令人感到遗憾。

　　看上去这是一个没有胜方的情况：协调财政和货币政策等同于国会短视的政治目标取得成功，可惜，由一个独立的联邦储备委员会开出的支票和结余却引出了一个囚徒困境。也许，一个解决的方案是让联邦储备委员会决定支出和税收，而让国会确定货币供给？

118

第 5 章
策略行动

我们必须组织一场毫不留情的战斗。绝不能让敌人拿到一片面包或一升汽油。合作农场的农民必须将牲口赶到别处,将粮食转移到其他地方。无法转移的东西一律就地毁灭。桥梁和道路必须埋设地雷。森林和仓库都要烧毁。留给敌人的只能是难以忍受的局面。

——斯大林在宣布苏联对抗纳粹的"焦土"防御政策时的讲话,1941 年 7 月 3 日

今天,在企业控制的战场上,仍然可以看到斯大林的战略。西太平洋(Western Pacific)打算吞并霍顿·米夫林(Houghton Mifflin)出版公司,后者威胁说要清空自己的作者群。约翰·肯尼思·加尔布雷思(John Kenneth Galbraith)、阿奇博尔德·麦克利什(Archibald MacLeish)、小阿瑟·施莱辛格(Arthur Schlesinger, Jr.)以及许多盈利可观的教科书的作者一致威胁说,假如霍顿·米夫林被

兼并，他们就会另投别处。"当西太平洋主席霍华德·纽曼（Howard (Mickey) Newman）接到头几封作者寄来的抗议信的时候，他还觉得这是一个笑话，称之为'捏造'。不过，当他接到更多这样的信件时，他开始意识到，'我可能买下这个公司后却一无所获。'"[1] 结果，西太平洋收回收购计划，霍顿·米夫林得以继续独立经营。

不过，这一策略并非总是管用。比如，当鲁珀特·默多克（Rupert Murdoch）有意收购《纽约》杂志时，该杂志社肩负重任的管理层决心将他打回去。许多著名的作者威胁说，假如默多克夺得控制权，他们就要离开《纽约》杂志。但这并未吓倒默多克。他还是收购了《纽约》杂志。作者们确实离开了，但是，广告客户并没有走。默多克得到了他想要的东西。作者们走错了方向。要想使焦土政策起作用，你就必须毁灭入侵者想要的一切，而这些东西未必是现在的主人最重视的。

我们倒不是有意暗示说，这么一个策略无论成功或失败，其本身或结果都是可取的。我们不难想象社会希望避免这么一种意味着巨大浪费的破坏行动的出现。我们的目的在于解释这些策略的本质，这样你就可以更好地运用它们，或者避免使用它们。

焦土防御只不过是被博弈论者称为策略行动的做法的一个例子。[2] 一个策略行动的设计意图在于改变对方的看法和行动，使之变得对自己有利。其突出特征是刻意限制你的行动自由。这一点可以通过一种无条件的方式实现，比如一个总统候选人发誓说"不会提高税收，就是这样"。又或者，由于策略行动确定了一个怎样应付不同情况的规则，自由因此受到限制。比如，美国许多州都有强制性的制裁持枪犯罪的法律，这些规则实际上有意限制了司法裁判的自由。

你大约已经觉得，保留选择余地总归是有好处的。不过，在博弈论的王国里，这一点却不成立。你虽然少了自由，却在策略上得了益，因为这么做改变了其他参与者对你以后可能采取什么反应的预期，而你可以充分利用这一点，为自己谋利。其他人知道，只要你有行动的自由，你就有让步的自由。引用奥斯卡·王尔德（Oscar Wilde）的名言，就是："我可以拒绝一切，诱惑除外。"[3]

无条件行动

设想美国和日本争先恐后发展高清电视。虽然美国拥有技术方面的优势，却由于财政赤字越积越高，可以动用的资源实在非常有限。日本抓住了美国的这个短处，再次击败了它。不过，一个乍看上去可能进一步束缚美国的策略行动其实可以扭转整个局面。

在缺少无条件行动的前提下，华盛顿和东京同时开始选择各自的策略。每个国家都必须决定对研发的投入是高还是低；投入高，会大大缩短开发时间，当然产生的成本也更高。我们把这个情况看做一个博弈，画出它的得失图表（如图5-1所示）。每一方都有两个策略，因此会出现4个可能的结果。

我们假设双方都认为，投入高是一个最糟糕的结果，因为在日本看来，美国很可能赢得一场全力以赴的比赛，自己的投入只会变成损失；而在美国看来，这么做的成本太高。把这个结果称为各方的1。各方第二糟糕的结果（2）是自己的投入水平低，而对方却选择了高水平：这等于在毫无成功希望的前提下花钱。

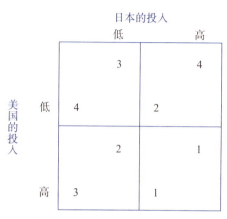

图 5-1　美日高清晰电视竞赛的得益

日本最愿意看到的结果（4）是，自己选择高水平，美国却选择低水平；那样的话，它取胜的机会很大，而且资源成本问题在它看来也没那么严重。在美国看来，最理想的结果是双方同时选择低水平，那样的话，美国有很大机会以较低成本打赢这一仗。

122

低水平是美国的优势策略。美国的问题在于，日本会早已料到这一点。日本的最佳对策是转向高水平。这个博弈的均衡点出现在右上角的格子里，在那里，美国得到的是自己第二糟糕的结果。要想改善这一局面，必须采取一个策略行动。

假设美国占了先机。日本还没来得及做出决定，美国已经抢先宣布自己无条件支持这一开发项目。这就使原本同时出招的博弈变成相继出招的博弈，而且还是美国先行。于是，图 5-1 也相应变成了一棵树（如图 5-2 所示）。①

① 要想把一棵树变成一张桌子（表格），非得借助一个聪明的木匠不可；一个聪明的策略家，知道怎样把一张表格变成一棵树。（在英语中，"表格"和"桌子"是同一个单词，作者在这里是用这个多义词开玩笑。——译者注）

　　这个博弈可以通过向前展望、倒后推理解出。假如美国选择低水平，日本就会报以高水平，那么美国的结果就是2。假如美国选择高水平，日本报以低水平，那么美国的结果就是3。因此，美国应该宣布选择高水平，同时希望日本报以低水平。这就是这个相继出招的博弈的均衡点。这么做，美国可以得到3，胜于它在原来那个同时出招的博弈里得到的2。

123

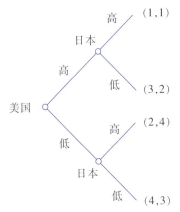

图5-2　相继行动的博弈树及其得益
(括号内第一个数字为美国的得益，第二个数字为日本的得益)

　　这个使美国占得有利形势的策略行动，在于单方面、无条件地宣布自己的选择。这个选择**不是**美国在同时出招博弈里会做出的选择。引入策略思维的精彩之处正在于此。美国若是宣布选择低水平，不会得到任何好处；在其没有做出任何声明的情况下，日本反正也是这么预期的。

　　要想策略地行动，你必须保证自己不要采取在同时出招博弈里的均衡策略。美国的这个策略行动改变了日本的预期，进而改变了它的行动。一旦相信美国会不惜一切代价选择高水平，日本就会选择低水平。当然了，等到日本拿定了主意，美国最好还是改变主意，同样回到低水平的道路上去。

这就提出了几个问题：为什么日本应该相信美国的声明？它难道就不会预计到美国会改变主意吗？假如它料到美国会有这么一个改变，它还会选择高水平吗？

换言之，美国走出的无条件行动的第一步的可信度值得怀疑。假如美国并不可信，那么这一招将毫无作用。大多数策略行动都会遇到这个可信度的问题。回顾本章开始提到的几个例子，虽然政治家们发誓不会加税，这是无条件的，却并非不可收回。一旦当选，他们常常可以找到借口加税。即便是有条件的规则，在特定的时候也会出现例外情况，比如一个精神科医生用一支非法的手枪自卫，抵抗一名神经错乱的病人的袭击，那么强制判刑的条例就失去了效力。

为了使一个策略行动可信，你必须采取其他附加行动，使扭转这一行动变得代价高昂乃至完全没有可能。可信度要求对这个策略行动做出一个承诺。当斯大林威胁说要饿死他的敌人，烧毁田野的行动就使他的威胁变得非常可信。而在其他情况下，可信度是一个程度问题。（大多数时候）法律体系中的先例使强制判刑条例显得可信；至于政治家的承诺，例外情况反而更加常见。在高清电视的竞赛里，美国可以划拨专项资金，专供有意参与开发计划的公司申请支取，从而使自己投入高水平研发力量的选择显得更加可信。

因此，策略行动包含两个要素：计划好的行动路线以及使这一路线显得可信的承诺。本章我们集中考察行动。我们将策略行动划分为不同类型，逐一进行解释，而暂时把怎样使这些行动变得可信的问题放在一边。打个比方，若说这是一个烹调过程，下一章我们会提供一个承诺的详细"食谱"，现在让我们继续研究行动的主"菜单"。

威胁与许诺

一个无条件的行动可以使这个参与者获得策略上的优势，抢占先机，率先出招。即便你并未真的先行，仍然可以通过对一个回应规则做出一个承诺，获得相仿的策略优势。回应规则把你的行为视为对其他人行动的一种回应。虽然你是跟在别人后面行动，但这个回应规则必须在别人开始行动之前就实施。父母对孩子说："除非你吃掉菠菜，否则没有甜品"，实际上就是在确立一个回应规则。毫无疑问，这个规则必须在这个孩子把自己那份菠菜喂了小狗之前就开始实施，并且明确宣布出来。

回应规则分为两大类：威胁与许诺。威胁是对不肯与你合作的人进行惩罚的一种回应规则，既有强迫性的威胁，比如恐怖分子劫持一架飞机，其确立的回应规则是假如他的要求不能得到满足，全体乘客都将死于非命；也有阻吓性的威胁，比如美国威胁说，假如苏联出兵攻击任何一个北约国家，它就会以核武器回敬。强迫性的威胁的用意在于促使某人采取行动，而阻吓性的威胁的目的在于阻止某人采取某种行动。两种威胁面临同样的结局：假如不得不实施威胁，双方都要大吃苦头。

第二大类的回应规则是许诺。这是对愿意与你合作的人提供回报的方式。为寻找证人，检察官会向一个被告许诺说，只要他愿意成为公诉方的证人，检举同案中的其他被告，他就会得到宽大处理。

许诺同样可以分为强迫性的和阻吓性的两种。强迫性许诺的用意是促使某人采取对你有利的行动，比如让被告摇身一变成为公诉方的证人；阻吓性许诺的目的在于阻止某人采取对你不利的行动，比如黑帮分子许诺好好照顾证人，只要他答应保守秘密。类似地，两种许诺也面临同样的结局：一旦采取（或者不采取）行动，总会出现说话不算数的动机。

有时候，威胁与许诺的界限非常模糊。一个朋友在纽约市被抢了钱，却得到下面这个许诺：只要你"借给"我 20 美元，我许诺一定不会伤害你。相比之下更加性命攸关的还是这个歹徒没有明说的威胁：假如我们这个朋友不肯"借给"他 20 美元，他就一定会受到伤害。

正如这个故事暗示的那样，威胁与许诺的界限只取决于你怎样称呼当前的情形。老派的歹徒会威胁说，假如你不给他一点银子，他就要伤害你。假如你没有给，他就会动手"修理"你，从而造成一种新的情形，而在这种新的形势下，他又会许诺说只要你给他一点银子，他马上就会住手。随着形势转变，一个强迫性的威胁会变得和一个阻吓性的许诺差不多；同样，一个阻吓性的威胁与一个强迫性的许诺的区别也只在于当时的情况。

126

警告与保证

一切威胁与许诺的共同点在于：回应规则使你不会在没有回应规则的前提下采取行动。假如这个规则只是泛泛地指出，无论什么时候你都会采取最佳行动，那就跟没有规则差不多。由于别人对你以后的行动的预期毫无**变化**，这个规则也就产生不了任何影响。不过，说明什么事情会在没有规则的情况下发生，仍然具有一种公告天下的作用，这些说明称为**警告**与**保证**。

如果实践一个"威胁"对你有利，我们称之为**警告**。比如，假设总统警告说他会否决一个他不喜欢的法案，这只不过是表明了他自己的意图。假设他本来很愿意签署这个法案，但是为了促使国会提出更好的方案，他决定策略地指出要行使否决权，这就是一种威胁。

警告的用意在于告知其他人，他们的行动将会产生什么影响。父母警告孩子说炉子顶部很热，这只是一个事实陈述，不是策略。

如果实践一个"许诺"对你有利，我们称之为**保证**。孩子不理会关于炉子顶部很热的警告，结果烫伤了，这使父母得到某种保证，知道孩子以后再也不会这么干了。

我们强调这两对概念的区别是有理由的。威胁与许诺是真正的策略行动，而警告与保证更多的是起一个告知的作用。警告或者保证不会改变你为影响对方而设立的回应规则。实际上，你只不过告知他们，针对他们的行动，你打算采取怎样的措施作为回应。与此截然相反，威胁或者许诺一旦时机来临，就会改变你的回应规则，使之不再成为最佳选择。这么做不是为了告知，而是为了操纵。由于威胁和许诺表明你可能选择与自身利益冲突的行动，这就出现了一个可信度的问题。等到别人出招之后，你就有动机打破自己的威胁或者许诺。为确保可信度必须做出一个承诺。 127

我们用图 5-3 总结策略行动可能的选择。**无条件**的行动是你先行且行动一成不变的回应规则。威胁与许诺则在你第二个出招时出现。两者都是**有条件**的行动，因为这个回应是由取决于对方怎样做的规则所确定的。

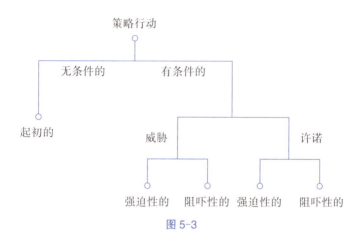

图 5-3

　　一种策略行动总是抢占先机的行动。回应规则必须在对方行动之前实施。这意味着无论策略行动是什么，整个博弈都必须当做相继出招的博弈进行分析。如果你永不妥协，那么其他人就会针对你的无条件的行动做出回应。借助威胁与许诺，你首先设立了一个回应规则，然后，其他人出招，而你按照自己的回应规则采取相应的行动。

128　　结果是，对行动或者回应规则做出的承诺使原本同时出招的博弈变成相继出招的博弈。虽然得失情况不会改变，同一个博弈若是按照同时出招或者相继出招的方式进行，有可能产生完全不同的结果。结果的差异来源于不同的博弈规则。我们通过美日争霸故事的一个无条件的行动说明了这一影响；现在，让我们来看一看美苏对峙以及民主党与共和党较量当中出现的威胁与许诺。

核阻吓

曾经有超过 40 年的时间，北大西洋公约组织（简称北约）一直在努力寻求一种管用的阻吓手段，遏制苏联入侵西欧。北约军队的常规防御不大可能奏效。北约的阻吓手段的一个基本要素在于美国的核力量。不过，动用核武器进行回应意味着给整个世界带来毁灭性的打击。这可怎么办？

我们用一棵树表示这个博弈(如图 5-4 所示)。苏联拥有先行之便。假如它不发动攻击,结果是保持现状,双方各得 0 分。假如它进攻北约,而北约以常规防御回应,那么,苏联得 1 分,美国得 -1 分。假如动用核武器进行回应,那么双方各得 -100 分。

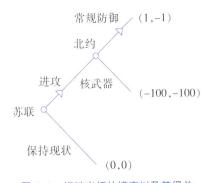

图 5-4　相继出招的博弈树及其得益

(括号内第一个数字为苏联的得益，第二个数字为美国的得益)

在这个博弈中，苏联向前展望，预计自己的进攻不会促使对方动用核力量反击。这样做的结果对美国不利。因此，进攻意味着它能得到 1 分，不进攻则什么也得不到，是 0 分。结果是它一定会进攻。

129

假如你认为这种情况不可能出现，但北约在欧洲的成员国却一致觉得美国很有可能按照上述思路在它们需要援助的时候丢弃不管，它们希望美国做出一个可信的承诺，表明自己将在盟国遭到攻击的时候动用核武器。

我们暂时放下可信度的问题，首先考察这么一个威胁产生作用的机制。现在，美国拥有先行之便，也就是说它率先提出自己的回应规则。这个相关规则就是如下威胁："假如苏联进攻西欧，我们的回应就是动用核武器。"假如美国不做这个威胁，这个博弈就会按照前面提到的方式进行。一旦实施威胁，进行常规防御的选择也就不复存在。完整的博弈树将如图5-5所示。

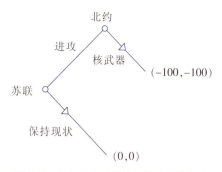

图5-5　存在威胁时相继出招博弈的得益
（括号内第一个数字为苏联的得益，第二个数字为美国的得益）

130　　一旦美国实施威胁，苏联向前展望，意识到进攻将会引发对方动用核武器，苏联的结局将是 −100 分。它宁可保持现状，也不会发动攻击。现在，拥有先行之便的美国向前一直展望到底，就会发现自己若是实施这个威胁，得分是0，若不实施这个威胁，得分是 −1。可见，正是美国自身的利益，决定了它要不要实施威胁。

再次提醒各位注意，美国的回应规则要求采取某种行动，而这一行动在从事之后判断显然不是最佳选择。其中的策略意图在于，以令人信服的方式改变苏联对美国事后采取什么回应的认识，可以使美国改变"这件事"——确切地说就是苏联要不要进攻西欧的决定。

这个规则必须在对方采取你打算加以影响的行动之前生效。一旦被人占了先机，不管是无条件的行动，抑或威胁与许诺，都将无济于事。

第一招一定要让对手观察得到或者推断得到，否则你就不能达到预期的策略效果。在影片《奇爱博士》中，苏联在星期五就安装好了它的万无一失的阻吓装置——"末日毁灭机"，却非推迟到下星期一才告诉美国。偏偏就在这个周末，美国空军将领杰克·D. 里佩尔(Jack D. Ripper)下令他的飞行中队发动了一场核攻击。就这样，苏联的阻吓装置由于对方毫不知晓而未起到任何作用。

能够观察到这一点并不像表面看来那么直截了当。假如一个行动本身可从结果推断出来，我们就不一定要观察到对方的这个行动。举个例子，假如我对有壳的水产品过敏，我不必真的看到你在厨房，照样可以觉察到你正在煮一盆虾。①

你的无条件行动若是打算用来影响对方，就一定要让对方看到，同样，假如你打算通过威胁或许诺影响他的行动，那么他的行动也

① 秘密投票的目的就是让投票者免受这样的影响。不过，我们再次发现，阻吓不必真要对方看到才起作用。我能看到你出招是不足够的，我还要有能力看懂你使的究竟是什么招数。虽然我的投票一定是秘密投入票箱的，最后的投票结果却不是秘密的。假如一个候选人贿赂了100个人，最后却只得到47票，他一定知道某些人（确切地说是53个人）欺骗了他。假如他决定惩罚他贿赂过的全部100个人，他这么做的时候一定可以找到他应该惩罚的人。这一方式虽然有点莽撞，却可以在每个选区只有少数投票者的情况下破解票箱的保密措施。

应该可以让你看到。否则你不可能知道他是不是选择顺从，而他也
131　明白这一点。

　　现在，既然你已经知道可信的无条件行动和威胁是怎样起作用
的，你不必借助一棵非常具体细致的博弈树也可以分析这一类型的
最简单情况。通常只要口头阐述就足够了。假如这真的不够，而你
又怀疑单凭文字能不能正确讨论全部案例，那么你总是可以通过画
博弈树检查自己的推理过程。

时报的策略

　　1981 年，罗纳德·里根初登总统宝座，广受欢迎。不过，他
能不能实现自己的使命，让国会通过税收改革法案呢？在他提出
第一份预算案的时候，战线就已经划分出来。民主党希望里根妥
协，牺牲一部分税收改革法案，以换取一个较小的赤字。共和党
则要求全面实行供方经济 *。最后的结果取决于两党怎么进行这场
博弈。

　　在参议院，民主党人附和里根的预算案，希望以此促成一些共
和党人的妥协，使其支持自己的主张，从而达成两党合作。但共和
党人并不领情，坚守原来的方案。现在，这一情形转移到众议院。
民主党人有没有更好的策略呢？

　　《纽约时报》上两篇由伦纳德·西尔克撰写的专栏文章非常漂亮
地说明了当时的策略可能性。[4] 他在描述这些谈判的时候指出，两
党各有两个选择，因此可能出现四种结果。以下我们再现了西尔克

---

　　*　供方经济指促成有利于产品与服务生产者的条件的经济。——译者注

的博弈图表（如图 5-6 所示）。 132

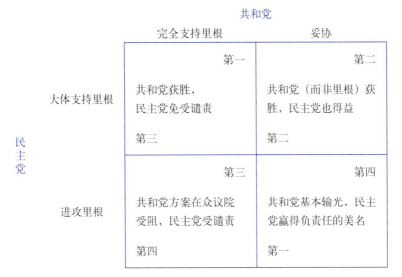

图 5-6 民主党和共和党的结果排序

　　民主党人认为最佳结果是他们攻击里根的方案，而共和党人妥协，因为这样民主党人可以宣称自己已对预算尽心尽力，与此同时还能实施符合他们理想的预算案。而在共和党人这边，最佳结果出现在左上角，在这种情况下，里根的预算案得到两党支持。假如民主党人发起进攻，而共和党人坚守原定方案，结果就会出现僵局，两党同时遭到失败。假如共和党人愿意妥协，那么民主党人也愿意缓和自己的进攻力度；两党都会得到各自的次佳结果。

　　民主党人的主要问题是：共和党人拥有一个优势策略——全力支持里根。假如民主党人大体支持里根，那么共和党人就应该全力支持里根，从而达成己方的最佳结果。假如民主党人攻击里根，共 133
和党人就应该全力支持里根，以避免出现己方的最坏结果。不管民主党人怎么做，共和党人全力支持里根总能得到较好的结果。[①]

因此，共和党人的策略变得易于预测。民主党人应该料到共和党人会全力支持里根，而这时民主党人的最佳策略就是照办，即大体支持里根。而这正是参议院发生的事情。

到目前为止，结果仍然对共和党人有利。民主党人为了改善自身处境，必须实施某种策略行动。他们必须将整个局面转为相继出招的博弈，以抢占先机，让共和党人针对他们的策略做出回应。[②]于是，我们就要考虑什么样的威胁、许诺或者其他行动可以扭转局面，使其有利于民主党人。

看上去没有一个基本策略帮得了民主党人的忙。无条件的行动、许诺乃至威胁统统不管用。只有同时实施威胁和许诺才能促使共和党人妥协。

无条件行动的问题在于，它不能影响共和党人的地位。现在大家都认为民主党人应该支持里根。民主党人立下契约这么做并不能改变共和党人的预计，因此也只能得到同样的结果。唯一的策略可能性是民主党人无条件地攻击里根。若是这样，他们可以向

134

[①] 此外，西尔克还指出，不管民主党人选择什么策略，全力支持里根的做法都会使共和党人处于一个比民主党人更有利的地位。在左上角的方格，共和党人的第一位置比民主党人的第三位置更有利，而在左下角的方格，共和党人的第三位置又比民主党人的第四位置更有利。因此共和党人总是压倒对方，处于上风。不过，正如我们在第2章讨论过的那样，博弈的每一个参与者应该尽可能使自己的地位达到最佳水平，不应理会最后谁将处于上风。对于优势策略的正确理解在于，一个策略比其他策略对你更有利，而不是这一策略会使你得到比对手更好的结果。博弈的参与者在考虑各自的相对地位时，这些问题应该永远包含在内，成为这个表格里列出的排名或者得失的一部分。

[②] 由于共和党人已经得到他们最理想的结果，他们也就没有什么办法可以继续改善自己的地位。他们的目标只不过是维持现状。阻止民主党人，不让他们实施任何可能改变这个博弈的结果的策略行动，这是符合共和党人利益的做法。

前展望，推理得知共和党人的回应仍然是全力支持里根。（共和党人总是倾向于全力支持里根，这是他们的优势策略。）不过，假如民主党人发起攻击，共和党人全力支持里根，那么，民主党人得到的结果还比不上两党同时支持里根的结果。

民主党人想诱使共和党人从全力支持里根转向妥协。因此，他们也许可以许诺说假如共和党人妥协，他们就会支持里根。[①] 不过，这个许诺也帮不了他们。共和党人知道，假如他们完全不理会妥协这一选择，而是全力支持里根，那么民主党人的最佳回应就是支持里根。民主党人的许诺反而会换来他们最后无条件支持里根的结果。共和党人当然喜欢这个前景，并下定决心全力支持里根，力求得到他们的最佳结果。民主党人的许诺毫无意义。共和党人大可不必放在心上。

民主党人只有一个威胁可以用来阻止共和党人支持里根。他们可以威胁说假如共和党人全力支持里根，他们就要攻击他。但这个威胁是不够的。这个威胁的效果是民主党人有了一个无条件的契约，就是攻击里根。假如共和党人支持里根，民主党人就会实践他们的威胁，攻击里根；假如共和党人妥协，从最有利于民主党人的角度来看，他们还是应该攻击里根。既然无论共和党人采取什么行动，民主党人还是要攻击里根，那么共和党人就应该支持里根，以取得两种可能性当中的最佳结果。

135

许诺最后变成民主党人无条件支持里根，而威胁则变成民主党人无条件攻击里根。两者都不能有效改变共和党人的行动。

假如民主党人同时运用许诺和威胁，他们就可以为自己赢得较

---

① 假如共和党人同意做这笔交易，民主党人就会有一个反悔的动机。因此，要想使这个许诺产生作用，其本身必须是不可逆转的。

好的结果。他们应该许诺说,假如共和党人妥协,他们就会支持里根；同时威胁说,假如共和党人全力支持里根,他们就会攻击他。这一策略可以达成民主党人的目标。一旦实施这一组威胁和许诺,共和党人必须选择是妥协,从而赢得民主党人大体支持里根,还是全力支持里根,结果激起民主党人攻击他。在这两个选择当中,他们更愿意妥协。

真实的情况是,共和党人在参议院和众议院都是全力支持里根。民主党参议员跟随共和党参议员而与其达成一致。在众议院,民主党人最初的抵抗很快让位给一个第三策略：他们在减税的博弈中比里根还要里根。结果达成了一个两党都同意的"圣诞树"大优惠式的减税法案。眼看这一经济法案就要到期,摆脱这一难题的谈判正在演变成为新的策略博弈。

更多的策略行动

除了前面提到的三种基本的策略行动,还有更多更加复杂的选择。你不一定直接建立一个回应规则,相反,你可以故意让别人利用这些策略当中的一个。这些选择包括：

- 你可以任由别人在你做出回应之前采取一个无条件行动。
- 你可以等待别人发出一个威胁,然后再采取行动。
- 你可以等待别人提出一个许诺,然后再采取行动。

136

有些时候,本来可以先行的一方放弃这一便利,让对方做出一个无条件的行动,反而能取得更好的结果,这样的例子我们已经探讨过了。若是在跟随比带头更好的关头，这么做当然是明智选择，比如我们前面讲过的美洲杯帆船赛以及剑桥学生舞会的故事。不过，虽然放弃先行之便可能更加有利，但这么做却并非一个基本规则。有时候你的目的可能是阻止你的对手做出一个无条件的承诺。中国古代战略家孙子曾经给过这样的提示："围师遗阙"[5]。只要留下出口，敌人就会认定还有逃生机会。假如敌人看不到任何逃跑的出口，就会迸发破釜沉舟般的勇气，顽抗到底。孙子的目的就是不给敌人对自己做出一个拼死战斗的非常可信的承诺的机会。

让别人有机会对你发出一个威胁永远不是好事。你大可以选择按照对方的希望行动，却没有必要等到听见一个威胁。不错，你若不听话，别人就不会给你好果子吃，但这一事实并不能作为你坐等对方发出一个威胁的借口。注意，这句格言只限于允许对方发出威胁而已。假如对方同时做出威胁和许诺，那么双方都会得到更好的结果。

杀鸡焉用牛刀？

显而易见，在你做出一个许诺的时候，不应让自己的许诺超过必要的范围。假如这个许诺成功地影响了对方的行为，你就要准备实践自己的诺言。这件事做起来应该是代价越小越好，因此也意味着许诺的时候只要达到必要的最低限度就行了。

不那么容易看到的是，适度原则其实同样适用于威胁。你不应让自己的威胁超过必要的范围。这么做的理由相当微妙。

为什么美国不会威胁日本说，假如日本不同意进口更多的美国　137

大米、牛肉和柑橘，美国就要动武呢？[①] 虽然动武的想法有可能博得美国一些农场主和政治家的欢心，但同时却存在几个很好的理由，说明不能这么做。

（1）没有人会相信这么一个威胁，因此这个威胁不会奏效。

（2）哪怕这个威胁真的管用，日本也不傻，一定会重新揣摩美国究竟是不是它的盟友。

（3）假如日本不肯进口更多柑橘，美国说到做到，当真实践自己的威胁，其他国家就会谴责美国选择了一个很不恰当的惩罚方式，日本更会怒不可遏。不过，假如美国不实践自己的威胁，又会让自己日后的信誉大打折扣。无论是不是实践自己的威胁，美国都将遭到失败。

（4）这个威胁由于引入了一个本来毫不相干的因素——武力——而使原来的问题变得模糊不清。

上述各点的核心在于，这个威胁大而不当，对方难以置信，而自己又不能说到做到，更别说进一步确立自己的信誉了。

博弈的参与者发出威胁的时候，首先考虑的问题可能恰恰相反，认为威胁必须足够大，大到足以阻吓或者强迫对方的地步。接下来要考虑的则是可信度，即能不能让对方相信，假如他不肯从命，一定逃脱不了已经明说的下场。若是在理想状况下，再没有别的需要考虑的相关因素了。假如受到威胁的参与者知道反抗的下场，并且感到害怕，他就会乖乖就范。那么，我们为什么还要担心若实践这个威胁，会有多么可怕的情况发生呢？

---

① 实际上，这么一个威胁曾在 1853 年使用过。美国海军上将马修·C. 佩里（Matthew C. Perry）的黑漆漆的庞大战舰编队成功地说服了日本幕府时代的将军，使后者同意向美国商界开放日本市场。今天，日本把美国由于要求开放日本市场而施加的过分压力称为"黑色舰队再次到访"。

问题在于，在这个方面，我们永远不会遇到理想状况。只要我 138们仔细考察美国不能威胁动武的理由，我们就会看得更清楚，现实与理想状况究竟有什么区别。

首先，发出威胁的行动本身就可能代价不菲。国家、企业乃至个人都参加着许多不同的博弈，他们在一个博弈中的行动会对所有其他博弈产生影响。比如美国若是威胁对日本动武，就会影响到美国日后与日本的关系、目前和日后与其他国家的关系，而美国用过这么一个大而不当威胁的事情也会留在别人的记忆里。别人在和美国打交道时就会犹豫不决，美国则会失去许多其他贸易和伙伴关系带来的好处。

其次，一个大而不当的威胁即便当真实践了，也可能产生相反的作用。日本会惊慌失措地高举双手投降，请求世界舆论声援，谴责美国人民，从而将大大推迟有关谈判的进度；美国本来希望迫使它尽快开放国内市场，结果却适得其反。

再次，所谓一个成功的威胁完全不必实践的理论，只在我们绝对有把握不会发生不可预见的错误的前提下成立。假设美国错误地判断了日本农场主的势力，而他们宁可让国家投入战争也不愿失去自己受到保护的市场。又或者，假设日本同意美国的条件，可是美军某指挥官想起自己当初不幸沦为战俘的惨痛经历，咬牙切齿要进行报复，就会抓住这个机会贸然发动攻击。面对发生诸如此类错误的可能性，美国应该三思而后行，在考虑做出一个很大的威胁的时候更应如此。

最后，在讨论过以上几点后，我们可以看到，一个威胁可能由于过大而丧失可信度。假如日本不相信美国当真愿意实践这个威胁，这个威胁就不可能影响它的行动。

结论是，能奏效的最小而又最恰当的威胁应该成为美国的首要选择，务必使惩罚与罪行相适应。如果美国希望刺激日本多买柑橘，就应该选择一个更具互惠性质的威胁，使惩罚与不肯多买柑橘的做法更加匹配。比如，美国可以威胁说要削减日本汽车或者电器的进口配额。

有些时候，一个合适的威胁简直得来全不费工夫。而在其他时候，我们眼前只存在大而不当的威胁，必须缩小其范围才能考虑加以采纳。边缘政策可能是这类用于缩小范围的机制当中最管用的一个，我们会在第 9 章进行讨论。

案例分析之五：波音、波音，完蛋了？

开发一种新型商用飞机简直可以说是一场豪赌。单是设计一个新引擎的成本就可能高达 20 亿美元。我们可以毫不夸张地说，开发一种更新更好的飞机实际上等于"把公司作为赌注押上去"[6]。难怪政府会被牵涉进去，竭力要为本国企业谋求更大的市场。

这里我们研究一下可以承载 150 位乘客的中程喷气式客机市场，这两种客机分别是波音 727 和空中客车 320。波音（Boeing）首先开发出波音 727。这时，空中客车(Airbus)闯入这个市场是不是明智呢？

这类客机的主要市场是美国及欧共体各成员国。我们假设，对于一个垄断企业，美国和欧共体市场各值 9 亿美元。假如出现两个企业发生正面竞争，总利润就会从 9 亿美元跌到 6 亿美元，且由两家平分。竞争虽然导致利润下跌了，却带来了更廉价的飞机和更便宜的机票，于是消费者得益不浅。两个市场的消费者分别得到 7 亿美元的好处。

空中客车公司估计，开发空中客车 320 的成本是 10 亿美元。假如它没有得到政府支持而独立实施这一开发计划，它将在美国和欧共体市场分别创造 3 亿美元利润，总值 6 亿美元，这还不够弥补开发的成本。 140

欧共体各国政府没有能力以提供补贴的方式直接支持这一计划，因为它们的预算早已承诺要用来补贴农民。在传统的"要大炮还是要黄油"的抉择面前，欧共体早就选择了要黄油，没给大炮或者空中客车留下什么位置。

现在，布鲁塞尔要召见你，就欧共体是不是应该通过建立一个受到保护的市场的方式支持空中客车的问题征询你的意见，其中保护的意思是要求欧洲航空公司购买空中客车 320，不要购买波音 727。你会怎么说呢？你预计美国政府又会怎样回应呢？

案例讨论

假如欧共体选择保护本土市场，而美国市场继续保持开放，空中客车就能作为欧洲市场的唯一垄断企业以及美国市场的双寡头垄断企业之一，分别在欧洲和美国赚到 9 亿美元和 3 亿美元。这就足以弥补 10 亿美元的开发成本。

这一政策是不是符合作为一个整体的欧共体的利益呢？我们必须同时比较空中客车之得与欧洲消费者之失。假如没有受到保护的市场，空中客车就不会实施开发计划，加入竞争。波音将在欧洲取得垄断地位。消费者不会得到什么好处。因此，消费者本身不会有什么损失。然而，欧共体作为一个整体，其经济得益与空中客车的利润是挂钩的。看起来，欧共体应该通过许诺造就一个受到保护的市场，支持空中客车投资开发新型客机。

欧共体**承诺**采取保护主义政策这一点非常重要。假设它还没有拿定主意，空中客车就进入这个市场。在这个当口，欧共体没有保护空中客车的动机。保持市场开放将使空中客车的预计利润减少 6 亿美元（从净赚 2 亿美元变成亏损 4 亿美元），但是，来自波音的竞争将使欧共体消费者的得益增加 7 亿美元。一旦意识到这一点，空中客车就不会进入这个市场，因为它没能得到欧共体各国政府的承诺，答应继续保护本土市场。

141　　那么，美国方面又会怎样回应呢？假如美国人迅速采取措施，他们同样可以抢在空中客车开始生产之前承诺保护本国市场。现在就让我们向前展望，倒后推理。假如美国市场继续开放，情形就和前面讨论过的一样。波音被挡在欧洲市场之外，在美国又要与空中客车竞争，只能得到 3 亿美元利润。美国消费者则从竞争当中得益 7 亿美元。因此，对于美国经济而言，市场继续开放意味着总得益达到 10 亿美元。

假设美国进行针锋相对的反击，同样要求美国航空公司购买波音 727，而不能购买空中客车 320。若是这样，即便空中客车在欧洲取得垄断地位，其利润 9 亿美元还是不够弥补开发的成本。因此，空中客车 320 也就永远不会开工制造。波音将在两个市场取得垄断地位，总利润达到 18 亿美元。这一经济得益远远高于市场继续开放时的数字。[7]

可见，美国可以通过采取针锋相对的保护主义措施，击败欧共体对空中客车的支持。这么做符合美国自身的利益。

第 6 章
可信的承诺

大多数情况下，只有口头许诺是不能当真的。正如制片人萨 142 姆·戈尔德温（Sam Goldwyn）形容的那样，"口头合同还比不上把它记录下来用的白纸值钱呢。"[1] 在由戈尔德温的竞争对手华纳兄弟公司（Warner Brothers）拍摄的影片《马耳他之鹰》（*The Maltese Falcon*）里，汉弗莱·博加特（Humphrey Bogart）扮演萨姆·斯佩德（Sam Spade），悉尼·格林斯特里特（Sydney Greenstreet）扮演古特曼（Gutman），其中有一幕同样生动地描绘了这一点。古特曼递给萨姆·斯佩德一个信封，里面装着 10 000 美元。

斯佩德抬起头来，微微一笑。他平静地说："我们原先说好的数目可比这多得多呢。""是的，先生，"古德曼表示同意，"不过，那时我们只是说说而已。这可是货真价实的钞票，如假包换的银子。只要这样的 1 块钱，你就能买到比说说而已的 10 块钱更多的东西。"[2]

这一教训可以一直追溯到托马斯·霍布斯 *（Thomas Hobbes）的名言："言语的束缚实在软弱无力，根本抑制不了人们（男人）的贪婪。"[3] 李尔王（King Lear）则发现，其实女人也一样。

对于所有策略行动，可信度都是一个问题。假如你的无条件行动、威胁或许诺只停留在口头上，而采取行动加以实践其实并不符合你的利益，你为什么要这么做呢？不过话说回来，别人可以向前展望、倒后推理，预测到你根本没有动机加以实践，那么你的策略行动就不会取得理想效果。

第 5 章描述的全部策略的根本目的在于，改变对手对你就他的行动可能做出什么回应的预计。假如他相信你不会实践你做出的威胁或许诺，这一目的就会落空。假如你不能影响他的预期，你就不能影响他的行动。

143　　　一项可能改变的行动在一个懂得策略思维的对手面前根本起不了任何策略作用。他知道你的言行未必一致，因而会特别警惕战术诈骗。

罗思柴尔德家族（Rothschilds）在滑铁卢战役之后有过一个著名的表里不一的例子。据说罗思柴尔德家族懂得用信鸽报信，因此可以首先得知战役胜负的结果。当他们发现英国取胜，就马上公开抛售英国债券，好让其他人以为英国输了，纷纷仿效，抛售英国债券。结果导致英国政府债券价格直线下跌。不过，在大众得知真相之前，他们却悄悄地用跌到最低的价格购入了远比抛售数目更大的英国债券。①

＊　英国政治哲学家、机械唯物主义者。——译者注

①　关于这个故事里的信鸽通信是不是后世杜撰的细节，还有一定争议。弗雷德里克·莫顿（Frederic Morton）在他的著作《罗思柴尔德家族》（*The Rothschilds*）中指出："1815年 6 月 19 日，傍晚时分，罗思柴尔德家族一位名叫罗思沃斯（Rothworth）的经纪人跳上奥斯坦河的一条小船。他的手里握着一份还带着印刷机湿气的荷兰报纸。6 月 20 日黎明，内森·罗思柴尔德（Nathan Rothschild）站在福克斯通港，以一目十行的速度飞快地浏览这份报纸。不一会儿他就起程直奔伦敦，比威灵顿（Wellington）的信使早到了好几个小时，并抢先向英国政府报告说拿破仑已被击溃。接下来他才去了伦敦证券交易所。"

假如伦敦证券交易所的其他投资者早已认识到罗思柴尔德家族可能这样全盘扭转自己的行动，他们一定会料到这是战术诈骗，这一招也就不会奏效。一个保持清醒的策略头脑的对手应该预计你可能有意误导他，因此，对那些他认为专门做出来显得对他有利的行动也就不会为之所动。

建立策略意义上的可信度意味着你必须让别人相信你确实会实践你的无条件行动，你会信守许诺，也会实践你的威胁。你和罗思柴尔德家族不同，你没有办法可以愚弄大家。人们不会按照表面意思领会一个承诺的内容。你的承诺可能遭受检验。可信度需要努力争取。

可信度要求找到一个办法，有效阻止你反悔。假如没有明天，今天的承诺就不能反悔。临终证词之所以会被法庭高度重视，就是因为这样的证词没有反悔推翻的机会。更常见的情况却是，明天（以及后天）仍会来临，因此，我们必须彻底考察长期而言怎样才能使承诺可信的问题。"今天饱餐一顿，因为明天我们要绝食斋戒"，这是将明天可能失去的东西抢在今天享受的借口。

建立可信度的八正道

要让你的策略行动显得很可信，其实并不容易，却也不是完全没有可能。我们在第 5 章第一次提到这个问题的时候曾经说过，要想使一个策略行动显得很可信，你必须同时采取一个附加或从属的行动。我们把后一种行动称为承诺。

现在，我们提供八种手段，以助于建立可信的承诺。正如佛教开出的涅槃指示，建立可信度同样也有"八正道"。在不同情况下，这些手段中会有一种或多种能够证明对你是有帮助的。而在这套手段后面，有三个重要原则。

第一个原则是改变博弈的结果，意思是说，务必使遵守你的承诺成为符合你自身利益的选择：把威胁变成警告，把许诺变成保证。要做到这一点，有多种方法。

（1）建立和利用一种信誉。

（2）写下合同。

这两种手段都能使破坏承诺的代价高于遵守承诺的代价。

第二个原则是改变博弈，使你背弃承诺的能力大受限制。在这方面，我们考察三种可能性。最极端的做法莫过于剥夺自己反悔的机会，比如禁止自己走到反悔的地步，或断绝一切反悔的后路。甚至还有一种可能性，就是离开决策位置，听天由命。

（3）切断沟通。

（4）破釜沉舟。

（5）让后果超出你的控制。

以上两个原则合并起来就是：可能的行动及其结果都有可能改变。假如一个大的承诺被分割为许多小的承诺，那么，违背其中一个小的承诺的得益很可能并不足以抵消失去余下承诺的损失。因此我们说

（6）小步前进。

第三个原则是充分利用别人，帮助自己遵守承诺。一个团队也许会比单独一个人更容易建立可信度。又或者，你可以考虑雇用其他人来做你的代表。

（7）通过团队合作建立可信度。

（8）雇用谈判代理人。

信 誉

假如你在博弈当中尝试了一个策略行动，然后反悔，你可能就会丧失可信度方面的信誉。若是遇到百年一遇、千载难逢的情况，信誉有可能显得不那么重要，因此也没有多大的承诺价值。不过，一般情况下，你都会在同一时间跟不同对手进行多个博弈。因此你就有建立信誉的动机，而这就相当于做出一个承诺，以使自己的策略行动显得可信。

1961 年柏林危机期间，约翰·F. 肯尼迪（John F. Kennedy）曾这样解释美国的信誉的重要性：

> 假如我们不能遵守我们对柏林的承诺，日后我们怎能有立足之地？假如我们不能言出必行，那么，我们在共同安全方面已经取得的成果，那些完全依赖于这些言语的成果，也就变得毫无意义。[4]

另一个例子是以色列的一贯原则：坚决不跟恐怖分子谈判。这 146 是一个威胁，意在阻吓恐怖分子，打消他们企图劫持人质，以此索取赎金或者要求释放犯人的念头。假如这个决不谈判的威胁是可信的，那么，恐怖分子就会意识到他们的行动注定徒劳无功。与此同时，以色列的决心也会经受考验。每一次，一旦这个威胁必须实践，以色列总会吃苦头；拒绝妥协可能使以色列人质命丧黄泉。每一次只要遭遇恐怖分子，以色列的信誉和可信度就会面临考验。屈服一次的意义绝不仅仅是满足眼下这批恐怖分子的要求那么简单，还会给以后的恐怖行动增添诱人的魅力。①

---

① 甚至以色列本身态度强硬的信誉也会遭受损失。他们愿意释放 3 000 名阿拉伯犯人以换取 3 名本国空军飞行员的做法已经暗示，例外情况确实有可能出现。

对于承诺而言，信誉的影响是一把双刃剑。有时候，破坏信誉可能为达成一个承诺铺设道路。破坏你的信誉这一行动会使你跟你自己达成一个承诺，决心以后不再采取任何在你预计当中并不符合自己最佳利益的行动。

要不要跟劫机者谈判的问题有助于说明这个观点。在任何具体劫机事件发生前，政府可以做出决定，通过威胁说决不谈判，对劫机行动进行阻吓。不过，劫机者预计到，一旦他们劫持飞机，政府就会发现它根本不可能坚守绝不谈判的立场。政府怎样才能剥夺自己跟劫机者谈判的能力呢？

一个答案是破坏其许诺的可信度。设想一下，在双方谈判达成协议后，政府却突然背弃自己的承诺，向劫机者发动攻击。这么做的结果是，政府对劫机者的处理方式值得信赖的信誉将会丧失殆尽。政府失去了做出一个可信的许诺的能力，同时不可逆转地断绝了自己对劫机者发出的威胁进行回应的后路。这种破坏许诺的可信度的做法将使决不谈判的威胁变得非常可信。

147　　美国国会在税收特赦计划方面也遇到了类似的保持前后一致性的问题。这种计划允许以前欠缴税款者补足差额而不必支付罚金。表面看来，这是一个不费分毫即可增加国库收入的办法。那些想过要在报税单上做手脚的人都会乖乖地向政府补缴他们欠下的数目。不过，实际情况是，只有在国会用一种非常可信的方式告诉大家，再也不会有下次特赦，国会才能不费分毫地增加国库收入。但是，假如特赦真是一个如此好的主意，为什么不在几年后再试一次呢？什么也阻止不了国会会定期地提出特赦。于是问题就来了：在报税单上做手脚的做法变得很有吸引力，因为日后你总有可能获得特赦。

国会必须找到一个办法，阻止自己反复使用这个特赦计划。在《华尔街日报》（*Wall Street Journal*）的一篇文章里，罗伯特·巴罗（Robert Barro）和艾伦·斯托克曼（Alan Stockman）提议说，政府不妨宣布进行一次税收特赦，然后反过来，起诉那些乖乖补缴税款的人。[5] 这会比单纯实行一次特赦更能增加国库收入。一旦政府在自己的特赦计划里做手脚，下次政府再实行特赦计划的时候，还有谁会相信呢？政府通过破坏自己的可信度，可以做出一个非常可信的承诺，表明再也不会有下次特赦。

你大概会想，这是一个荒谬的主意，而且你的理由也很充足。第一，这么做不会对具有策略头脑的人起作用。他们可以预计到，政府一定会出尔反尔，所以他们根本不会上这个特赦计划的当。第二，也是更重要的一点，逮住在报税单上做手脚的人并不是唯一一场正在进行的博弈。对这些人出尔反尔可能得到的好处，并不足以抵消政府在其他领域丧失信誉带来的损失。

关于如何建立信誉最引人注目的例子之一是五月花家具公司（Mayflower Furniture Company）。在马萨诸塞州收费公路上有一个巨大的广告牌，该公司在上面自豪地宣称自己自创建127年来从未有过减价促销活动。（他们是不是还在等待自己的第一个顾客？）这种无条件的每日低价承诺可吸引一批稳定的客流。举办一场减价促销活动可能暂时提高利润，但是，你要等127年才能再次做出那样富有吸引力的广告。明年，我们将等着上面的数字从127变成128。随着这一信誉越来越有价值，它本身就能维持自己永生不朽。①

在上述这些例子里，博弈参与者是怀着非常直接而有意识的目

148

---

① 遗憾的是，我们不得不告诉各位，五月花家具公司最近举办了一次减价促销活动，是清仓结业那种减价促销。

标来培植信誉的，他一心想为自己日后的无条件行动、威胁和许诺创造可信度。不过，信誉也有可能出自非策略的理由，却同样有助于树立可信度。从不食言的自豪感就是一个例子。托马斯·霍布斯写道，对言语的约束可以通过两种途径得到强化：一是对食言后果的恐惧，二是不食言的荣耀或自豪。这样的自豪感通常借助教育或者一般社会影响灌输到一个人的价值观中。其中甚至包含改善我们多方面日常人际关系可信度的愿望。不过，没有人告诉过我们，之所以要为自己拥有正直荣耀而感到自豪，原因在于这将带来策略上的好处，使我们的威胁或许诺变得可信；人们只是告诉我们，荣耀本身就是一件好事。

一个有着举止疯狂名声的人可以成功地发出威胁，但若是换了一个头脑正常、沉着冷静的人，当他做出同样的威胁时，人们就会觉得难以置信。从这个意义上讲，明显的不合理性可以变成良好的策略上的合理性。你甚至可以有意培育这么一种名声。由此说来，一个看起来疯狂的人也有可能是一个超级策略家，因为他的威胁总是更容易就使别人信以为真。卡扎菲（Ghadafi）上校和霍梅尼（Khomeini）会不会真的比跟他们打交道的西方国家的冷静而理性的首脑更明白这一点呢？我们不知道。不过，我们愿意打赌说，你的孩子若是由于太缺乏理性而毫不惧怕你的威胁，那么，你的孩子会是一个比你更出色的天生的策略家。

合　同

要使你的承诺显得可信，一个直截了当的办法就是同意在你不能遵守承诺的时候接受某种惩罚。假如负责重新装修你的厨房的工人事先得到一大笔订金，他就会有动机减慢工程进度。不过，一份具体说明了酬金与工程进度有关，同时附有延误工期的惩罚条款的合同能使他意识到，严格遵守商定的时间表才是最符合自己利益的决定。这份合同就是确保承诺得以遵守的手段。

实际情况并不会像这个例子这么简单。设想一名正在节食减肥的男子悬赏 500 美元，谁若是发现他吃高热量食品，谁就能得到这笔赏金。于是，以后只要这名男子想起一道甜品，他就可以轻易判断出这东西不值 500 美元。不要以为这个例子不可信而嗤之以鼻；实际上，一份类似的合同已经由尼克·拉索（Nick Russo）先生提出，唯一的区别在于赏金高达 25 000 美元而已。根据《华尔街日报》的报道：

> 于是，受够了各种减肥计划的罪的拉索先生决定将自己的问题公布于天下。除了继续坚持每天 1 000 卡路里的食谱，他还会为任何一个发现他在餐厅吃饭的人士提供一笔赏金，高达 25 000 美元，这笔钱将捐献给对方指定的慈善机构。他已经告知附近的餐厅……张贴了他自己的照片，上面注明"悬赏缉拿"。[6]

不过，这份合同有一个致命的缺陷：没有防止再谈判的机制。拉索先生眼瞅着精致的法式小甜饼，嘴上却会争辩说，按照目前合同的承诺，没有人可以得到 25 000 美元赏金，因为他永远不会违反这份合同的规定。因此，这份合同也就一文不值了。再谈判符合双方的共同利益。比如，拉索先生可能说他愿意请客，支付一轮酒水费用，以此换取在座各位放他一马。在餐厅吃饭的人一定愿意免费享用一杯饮料，这无论如何总比一无所获更好，因此也就乐意让他暂时丢开那份合同。[7]

150　　**为使合同方式奏效，负责强迫执行承诺或者收取罚金的一方必须具备某种独立的动机完成自己的任务。** 在减肥的问题上，拉索先生的家人大概也希望他变得苗条一点，因此，他们不会为区区一杯免费饮料就动了心。

　　合同方式更加适用于商业交易。违反合同一般都会造成破坏，因此，受害方一定不愿意善罢甘休。比如，一个制造商就可能要求一个没能按时送货的供应商支付罚金。这个制造商不会对供应商究竟有没有送货漠不关心。他更愿意得到的是自己订购的货物，而不是罚金。在这种情况下，对这份合同进行再谈判将不再是双方都觉得有意思的选择。

　　假如供应商使用那个正在减肥的先生的理论，又会怎么样？假设他打算再谈判，理由是罚金数目实在太大，因此人人都会遵守这份合同，那么制造商也就永远得不到罚金。不过，这正是制造商希望看到的结果，因此他不会有兴趣进行再谈判。合同奏效了，因为制造商并不单单对罚金有兴趣；他在乎的是人们在合同里许诺的行动。

　　立下合同的时候，也有可能加入中立方，负责强迫各方遵照合同行事。中立方的身份在于，合同能不能得到遵守并不牵涉他的个人利益。为使中立方的强迫执行作用显得可信，必须要求他通过建立一种信誉影响，让大家知道他确实关心这项承诺是否得到遵守。在某些例子里，假如合同监管人任凭别人重写合同，他就可能丢了自己的饭碗。托马斯·谢林为如何实施这些想法提供了一个绝妙的例子。[8] 在丹佛，一家康复中心治疗富有的可卡因瘾君子的办法是，让他们写一份自首书，假如他们不能通过随机尿检，这份自首书就会被公告天下。许多人在自愿陷入这样的境况之后都会反悔，想方设法要赎回这份合同。不过，假如监管这些合同的人让他们重写合同，就会被炒鱿鱼；进而，假如该中心不能及时炒掉这个同意瘾君子们重写合同的员工，它的信誉也会大打折扣。

这个故事的寓意在于，单有合同并不能解决可信度的问题。若想奏效，还需要另外一些可信度工具，比如雇用对强迫执行或者他人信誉面临考验问题具有独立兴趣的人士。实际上，假如信誉影响足够大，可能根本没必要正式签订一份合同。这就是"一言既出，驷马难追"的意义。[①]

切断沟通

切断沟通之所以可以成为一种管用的确保承诺可信的工具，原因在于它可使一个行动真正变得不可逆转。这一做法的一个极端形式是一份最后的遗嘱或者证词中的条款。一旦这一方死亡，再也没有进行再谈判的机会。（举个例子，英国国会就不得不专门通过一个法案，才得以修改塞西尔·罗兹（Cecil Rhodes）的遗嘱，从而为女性成为罗兹奖学金获得者打开了大门。）一般而言，只要有心，总有办法使你的策略变得可信。

比如，多数大学都会为捐赠教席定出一个价码。现行价码大约是 150 万美元。这些价码不会刻在石头上公告天下（当然也没有用常春藤遮掩起来）。人人都知道，为了接受已经去世的捐赠人的条件和捐款，假如其并未达到目前的价码要求，大学就会修改自己的规矩。

---

① 另一方面，在大学教授中间曾经有过这么一个说法："商人之间握一握手已经足够。不过，若是你的大学教务长许诺你什么东西，最好还是请他写下来。"

我们没有必要通过死亡的方法使自己的承诺显得可信。不可逆转性其实就站在每个邮箱旁担任警戒。谁没有寄过一封信，然后又觉得后悔，想把它拿回来？反过来也一样：谁没有接过一封信，然后又觉得后悔，但愿自己从来没有接到过？不过，一旦你打开这封信，你就不能把信寄回去，假装自己从来没有读过。

在这种邮政做法普遍推行之前，实现承诺的一个成功的工具就是，在用支票付款的时候，选择没贴邮票也没写回信地址的信封寄出自己的支票。寄出一封没有回信地址的信本身就是一个不可逆转的承诺。邮局过去常常投递这类信件，收信人只要支付邮资就能收到这封信。公共设施公司或者电话公司知道，这么一封信很可能装了一张支票。它们宁可支付邮资，也不愿再等一个收费周期才收到付款（或者另一封没贴邮票也没有回信地址的信）。

152

这些公司的代付邮资问题终于在邮局修改自身政策之后得到解决。邮局宣布，没贴邮票的信件不再投给收信人；若有回信地址就退回发信人处，若没有回信地址就不再发送。这样，这些公司可以宣布不再接收任何没有贴足邮票的信件了。

不过，假如你在回信人和收信人处都写上该公司的地址，又会怎样？这么一来，邮局就知道应该把信退给谁了。记住，你不是第一个听说这个主意的人。而且，假如这个做法开始流传开，可以肯定的是，邮局的政策还会进行修改，以后没贴邮票的信件甚至不会退回发信人处。

将切断沟通用做一个确保承诺遵守的工具，其中存在一个严重的问题。假如你被单独囚禁，与外界隔绝，那么，你要想确定对手是不是真的按照你的愿望行事，就算还不至于完全没可能，也是非常不容易的。你必须雇用其他人，确保合同得到遵守。比如，遗嘱就是由受托人而不是死者本人负责执行的。父母立下的禁止吸烟的规矩虽然在父母外出的时候仍然可能具有毋庸置疑的地位，却也不能强迫执行。

破釜沉舟

军队通常借助断绝自己后路的做法而达成遵守承诺的目标。这个策略至少可以回溯到 1066 年，当时，征服者威廉（William）的侵略大军烧毁了自己的船只，从而立下了一个许战不许退的无条件承诺。西班牙殖民者科尔特斯（Cortés）在征服墨西哥的时候沿用了同一策略。他刚刚抵达墨西哥的坎波拉就下令烧毁和捣毁自己的全部船只，只留下一条船。虽然他的士兵面对着数目大大超过自己的敌人，但他们已经别无选择，只有战而胜之。"假如（科尔特斯）输了，那么他的做法很可能被视为疯狂……不过，这是深思熟虑的结果……在他的心里除了取胜就是灭亡，再也没有其他选择。"[9]

破坏自己的船只使科尔特斯得到两个有利之处：首先，他自己的士兵团结起来了，每一个人都知道他们全体都会战斗到底，因为他们已经没有可能中途放弃（甚至逃跑）；其次，也是更重要的一点，这一承诺对敌人产生了影响。他们知道科尔特斯要么取胜，要么灭亡，而他们自己则有撤退到后方的选择。他们选择了撤退，而不是跟这么一个已经横下一条心的敌人较量。要使这类承诺产生预期效果，仅有作战室里的策略家们达成一致还不够，你必须让（你的以及敌人的）士兵们都有透彻的了解。因此，这个例子当中特别有意思的一点在于，"捣毁舰队虽然是科尔特斯的提议，但士兵们不仅知道，而且表示支持"[10]。

153

这个破釜沉舟的想法显示了策略思维随着时间流逝而不断发展的历程。特洛伊人似乎早在希腊人乘船前往特洛伊抢夺海伦（Helen）的时候已经通过倒推法了解了这一策略。^① 当时的情况是，希腊人企图征服特洛伊，而特洛伊人打算烧毁希腊人的船只。不过，假如特洛伊人当真成功地烧毁了希腊人的船只，他们大约只会使希腊人变成更加坚定不移的敌人。实际上，特洛伊人没能烧毁希腊船只，而是眼看着希腊人败退回家。当然了，希腊人留下了一匹木马作为礼物，这一次轮到特洛伊人在接受这份礼物的时候显得匆忙草率了一些。^[11]

到了现代，这一策略不仅用于海路攻击，还用于陆路攻击。多年以来，埃德温·兰德（Edwin Land）的宝丽来公司（Polaroid）一直有意拒绝关闭自己的快速成像业务。随着该公司渐渐将自己的全部筹码押在快速成像技术之上，它等于给自己立下承诺，必须竭尽全力打击闯入这个市场的侵略者。

1976 年 4 月 20 日，在宝丽来公司独霸快速成像市场长达 28 年之后，柯达公司闯了进来，它推出了一款新的快速成像胶片和相机。宝丽来的反应咄咄逼人：它起诉柯达，说它侵犯了自己的专利权。埃德温·兰德作为该公司的创办人和主席，已经做好准备，决心捍卫自己的领地：

这是我们全心全意投入的领域。这是我们的整个生命

---

① 虽然特洛伊人很可能通过倒推法了解了这一策略，但希腊人却走在了这场博弈的前面。谢林将希腊将军色诺芬（Xenophon）当做这种策略思维的一个早期例子。虽然色诺芬没有当真切断自己的退路，他却在自己的著作里提到了破釜沉舟的优势。参见 Schelling, "Strategic Analysis and Social Problems", in *Choice and Consequence*（Cambridge, Mass.: Harvard University Press, 1984）。

所在。而在他们看来，这只不过是另一个领域罢了……我们一定要坚守我们的阵地，保卫这个阵地。[12]

马克·吐温在《傻瓜威尔逊》（*Pudd'nhead Wilson*）这篇小说里解释了这一哲学：

听好了，傻瓜会说："不要把你的鸡蛋全放在一个篮子里。"……但是，智者会说："把你的鸡蛋全放在一个篮子里，同时切记**看好那个篮子**。"[13]

快速成像市场的战争于 1990 年 10 月 12 日结束，当时法庭判决柯达向宝丽来赔偿 9.094 亿美元。① 柯达被迫从市场上收回自己的快速成像胶片和相机。虽然宝丽来重新夺回了快速成像市场的垄断地位，却面临便携式摄影机以及只要 1 小时就能冲印普通胶卷的微型实验室的竞争而不得不步步退让。早已破釜沉舟的宝丽来终于开始意识到，自己陷入了一个下沉的岛屿，却没有办法逃跑。该公司果断改变经营哲学，尝试多元化经营，开始涉足录像胶片甚至普通胶片市场。

人们没有必要按照字面意思当真烧毁桥梁或者连接各大洋的船只。人们可以通过采取一种可能惹恼某些选民的政治立场，从而象征性地切断自己的后路。沃尔特·蒙代尔在宣布接受民主党提名，成为该党 1984 年总统候选人的时候，曾经声称他一旦当选就会加税，这实际上就是立下了一个承诺。尽管信奉供方经济学的选民是无可挽回地失去了，却使蒙代尔的立场在那些支持加税、减少赤字的选

155

① 宝丽来的股价实际上由于法庭宣布这一赔款数字而下跌，因为市场原本指望它能得到 15 亿美元赔偿。

民看来更加可信。（对于蒙代尔来说）不幸的是，结果被惹恼的选民的数目实在太大了。

最后，建设而非烧毁桥梁也可能成为立下一个可信的承诺的办法。在 1989 年 12 月的东欧改革中，建桥意味着推倒隔离之墙。民主德国总理埃贡·克伦茨（Egon Krenz）面对大规模的示威抗议和移民潮，很想许诺改革，却又拿不出一个具体的计划。人民当然疑虑重重。凭什么他们应该相信改革的含糊许诺确实发自内心，并且影响深远？即便克伦茨真心支持改革，他也会失去人民的支持。拆除部分柏林墙有助于民主德国政府立下一个可信的立志改革的承诺，而不必提供什么具体细节。通过（重新）开放这一通向西方的桥梁，政府迫使自己一定要改革，否则就要冒人民大规模逃亡的风险。既然人们以后仍然可以逃亡国外，政府的改革许诺就会显得既可信，又值得等待。反正两德统一不到一年时间就要实现了。

让后果超出你的控制

在影片《奇爱博士》里，那台"末日毁灭机"是由埋藏在地下的巨大的原子弹组成的，一旦引爆就会释放巨量辐射，足以消灭地球上的所有生物。一旦苏联遭到入侵，这台机器就会自动引爆。当美国总统米尔顿·穆夫利（Milton＊Muffley）询问这么一个自动引爆开关究竟有没有可能制造出来时，奇爱博士答道："不仅有可能，而且不可缺少。"

这台机器是一个绝妙的阻吓手段，它会使一切入侵变成自杀。[1]本来，假如苏联遇到美国入侵，其总理迪米特里·基索夫（Dimitri

---

＊　影片中为 Merkin，但原文如此。——译者注

[1]　显然，赫鲁晓夫曾经打算使用这种策略，他威胁说苏联的导弹会在柏林发生武装冲突的时候自动发射。参见 Tom Schelling，*Arms and Influence*，p. 39。

Kissov）很有可能犹豫，不愿意实施报复或者冒同归于尽的风险。只要苏联总理还有不作反应的自由，美国就有可能冒险发动进攻。现在有了这台"末日毁灭机"，苏联的反应将由这台机器自动做出，其阻吓的威胁也就变得可信了。

不过，这一策略并非毫无代价。比如，很有可能发生一个小事故或者未经政府授权的小规模入侵，而苏联人其实也不愿实施报复，但他们毫无选择，因为采取行动的权力已经不在他们的手里。这也正是《奇爱博士》里发生的事情。

要想减小出错的后果，你一定希望找到一个刚好足够阻吓对手而又不会过火的威胁。假如行动不可分割，比如一场核爆炸，你该怎么办？你可以使你的威胁变得缓和一点，办法是创造一种风险，而不是一种确定性，表明可怕的事情有可能发生。这就是托马斯·谢林的边缘政策想法。在其著作《冲突策略》里，他有这样的解释：

> 边缘政策是……故意创造一种可以辨认的风险，一种人们不能完全控制的风险。这一策略在于有意将形势变得多少有点难以把握，其原因只是这种难以把握的形势在对方看来可能难以承受，因而被迫忍耐下来。这等于将敌人置于一个双方共担的风险之下对他进行干扰和威胁，又相当于是告诉他，假如他采取敌对行动，我们可能大为不安，以至于不管我们是不是愿意，我们都会越过边缘界线，采取行动与他同归于尽，从而对他进行阻吓。[14]

运用边缘政策成为美国核阻吓政策的基础。冷战期间，美国没有必要保证在苏联入侵欧洲的时候实施核报复。哪怕爆发核战争的 157

可能性只有那么一点点，比如10%，也已经足以阻吓苏联不要轻举妄动。10%的可能性意味着十分之一的威胁，结果是只要一个相当微小的承诺就能建立可信度。即便苏联人不相信美国一定会报复，他们却没办法**确定**美国是不是一定不会报复。苏联因进攻而启动一个愈演愈烈的循环，最终闹得不可收拾的可能性总是存在。

这一简短介绍并不足以解释边缘政策。为了更好地认识边缘政策后面隐含的可能的威胁这一概念，我们将先在第7章阐明混合策略的作用，而在接下来的第8章，则会给边缘政策留出应有的篇幅予以充分解释。

小步前进

信任对方有时候意味着要冒很大的风险，在这种情况下，双方未必愿意互相信任对方。不过，假如承诺的问题可以减小到一个足够小的范围，那么，可信度的问题就能自动解决。威胁或许诺可以分解为许多小问题，每一个问题都可单独解决。

假如江洋大盗每次只要信任对方一点点，相互之间的信誉就能继续存在。考察下面两种情况的区别：一是一次性用100万美元向另一个人购买1公斤可卡因；二是做同样数量的买卖，但分为1 000次进行交易，每次交易不超过1 000美元价值的可卡因。前一种情况可能使你觉得，假如可以赚取100万美元，那么，铤而走险欺骗你的"同伴"也是值得的，但在后一种情况下，欺骗你的"同伴"只能得到区区1 000美元，显然不足以弥补由此导致的破坏一种有利可图关系的损失。

若是大的承诺不可行，我们应该选择一个小的承诺，并经常重复使用。住宅的主人与承建商之间相互怀疑。房主担心提前付款只

会换来对方偷工减料或者粗制滥造。而承建商则担心一旦工程竣工，　158
房主可能拒绝付款。因此，承建商是在每天（或者每周）结束之际
按照工程进度领取报酬。双方面临的最大损失不过是一天（或者一
周）的劳动而已。

　　就像边缘政策一样，小步前进缩小了威胁或许诺的规模，相应
地缩小了承诺的规模。只有一点需要特别小心：深谙策略思维者懂
得瞻前顾后，他们最担心最后一步。假如你预计自己会在最后一轮
遭到欺骗，你应该提前一轮中止这一关系。不过，这么一来，倒数
第二轮就会变成最后一轮，你还是没法摆脱上当受骗的问题。要想
避免信任瓦解，千万不能出现任何确定无疑的最后一轮。只要仍然
存在继续合作的机会，欺骗就不可取。因此，假如有一个可疑的家
伙对你说，这是他在退休之前的最后一笔交易，你可得打起十二万
分精神。

团队合作

　　其他人常常可以帮助我们立下可信的承诺。虽然每个人在独立
行事的时候都有可能显得弱不禁风，但是大家团结起来就可以形成
坚定的意志。成功运用同伴压力而立下承诺的著名例子来自匿名戒
酒组织（Alcoholics Anonymous, AA）（以及节食减肥中心）。AA 采
用的办法改变了反悔食言的后果。它建立了一个社会组织，谁要是
反悔食言，荣誉和自尊就会付诸东流。

　　有时候，团队合作可以超出社会压力的范畴，通过运用一个强
有力的策略，迫使我们遵守自己的许诺。考察一支行进中的军队的
前锋部队，它遇到的问题是，假如其他人全都勇往直前，那么，某
个士兵只要稍稍落后一点就能大大增加他保住小命的机会，同时又

不会显著降低部队进攻得手的可能性。但是，假如每一个士兵都这

159　么想，那么进攻就会变成撤退。

　　这样的事情当然不会发生。这是因为，士兵早就受过训练，要为祖国增光、对同胞忠诚，并且相信一个严重到足以将他遣送回家、不能继续参与行动，却又没有严重到永远不能复原的创伤才是千金难买的光荣。[15] 对于那些缺乏意志与勇气的士兵，可以通过惩罚临阵脱逃者来激发他们的斗志。假如临阵脱逃终将遭受惩罚，并且意味着是一种无耻的死亡，那么，选择勇往直前就会显得更具吸引力。可惜，士兵们没有兴趣杀死自己的同胞，哪怕对方临阵脱逃。假如士兵们已经觉得立下一个进攻敌人的承诺相当困难，他们又怎能立下一个可信的承诺，杀死临阵脱逃的同胞呢？

　　古罗马军队曾对进攻当中的落后者判处死刑。按照这个规定，军队排成直线向前推进的时候，任何士兵只要发现自己身边的士兵开始落后，就要立即处死这个临阵脱逃者。为使这个规定显得可信，未能处死临阵脱逃者的士兵同样会被判处死刑。这么一来，哪怕一个士兵本来宁可向前冲锋陷阵，也不愿意回头捉拿一个临阵脱逃者，现在他也不得不那么做，否则就有可能赔上自己的性命。①

　　罗马军队这一策略的精神直到今天仍然存在于西点军校的荣誉准则之中。该校的考试无人监考，作弊属于重大过失，作弊者会被立即开除。不过，由于学生们不愿意"告发"自己的同学，学校规定，发现作弊而未能及时告发同样违反荣誉准则。这一违规行为同样会导致开除。一旦发现有人违反荣誉准则，学生们就会举报，因为他

----

　　① 假如临阵脱逃者得到授权，可以杀死那些站在他的身边却未能及时惩罚他的士兵，那么，惩罚临阵脱逃者的动机就会变得更加强烈。这么一来，假如一个士兵未能及时杀死一名临阵脱逃者，就有两个人有权对他实施惩罚：站在他身边的士兵以及临阵脱逃者，后者可以通过惩罚未能惩罚自己的士兵捡回一条小命。

们不想由于自己保持缄默而成为同样违规的同伙。与此相仿，刑法也将未能举报罪行者作为罪犯同谋予以处罚。 160

受托谈判代理人

假如一名工人声称自己不能接受任何低于 5% 的工资涨幅，凭什么老板应该相信他一定不肯退让而接受 4% 的工资涨幅呢？摆在桌面上的银子完全可以引诱人们回头再作一次谈判。

如果这名工人有别人代为谈判，他的地位就会有所改善。工会领袖担任谈判者的时候，其地位可能不够灵活。他可能被迫坚守自己的许诺，否则就会失去工会会员的支持。这名工会领袖要么从其会员那里得到一份有条件的委托，要么公开宣布自己的强硬立场而使自己的声望面临考验。实际上，工会领袖变成了一个受托谈判代理人。他作为一个谈判者的权威建立在他的地位之上。有时候他根本无权妥协，批准合同的必须是工人们，而非这名工会领袖。有时候，这名工会领袖若是做出妥协，可能导致他下台走人。

在实践中，我们不仅关注承诺实现后的结果，同样关注其实现方法。假如一名工会领袖自愿用其声望换取某种地位，你应不应该（会不会）把他的这种屈辱行为当做受到外界压力而不得已为之的行为对待呢？将自己绑在铁轨上企图阻止列车前进的人，他能得到的同情可能比不上并非出于自愿而被别人绑在铁轨上的人得到的同情。

第二种受托谈判代理人是机器。没有多少人会跟一台自动售货机讨论价格问题；讨价还价成功者更是寥寥无几。[①] 161

---

① 据美国国防部统计，过去 5 年中有 7 名军人或军人家属由于摇晃自动售货机，希望它吐出饮料或硬币，结果被倒塌下来的自动售货机砸死，另有 39 人由于同样的行为而受伤（*The International Herald Tribune*，June 15，1988）。

这就结束了我们关于建立成功承诺的八种方法的讨论。在实践中，任何特殊情况都有可能需要不止一种方法。以下是两个例子。

只有一次生命可以献给你的祖国

怎样才能使敌人相信，你的士兵一旦听到召唤就会毫不犹豫地为祖国献身？假如战场上的每一个士兵都会对献身之举的得失进行一番理性的考虑，那么，世界上大多数军队早就完蛋了。我们必须找到其他办法，其中包括上面说过的许多例子中的办法。我们已经提到破釜沉舟的策略，以及在阻止临阵脱逃行为的过程里惩罚与团队合作所起的作用。现在我们集中讨论激励单个士兵的办法。

这个过程从新兵训练营开始。世界各地的武装部队的基本训练其实都是一次伤痕累累的历程。新兵遭到虐待、羞辱，同时面临巨大的体力与精神压力，这些压力如此巨大，以至于要不了几个星期，他的个性就会发生改变。在这一历程当中学会的一个重要习惯是自动自觉而不问是非地服从。为什么袜子必须叠好或者床铺必须整理，而且要按照一个特定方式完成，完全没有理由可言，唯一理由就是军官下了这样的命令。这么做的目的是，将来听到更加重要的命令时，士兵也会照样服从。一旦训练出不问是非的士兵，这支军队就会变成一台战斗机器；承诺就会自动形成。

这么一来，每一个士兵似乎都缺乏理性的表面现象就能会聚成一种策略的理性。莎士比亚（Shakespeare）深明此道。在阿金库尔（Agincourt）战役打响的前夜，亨利五世（Henry Ⅴ）这样祈祷：

噢，战神！请让我的士兵之心坚硬如钢；

使他们不再恐惧；*现在就拿走他们*

思量的本领，假如敌人的数量

使他们心惊胆战……（斜体为笔者所加）   162

接下来是将自豪感灌输到每一个士兵的头脑中去：为祖国自豪，为当兵而自豪，还有，可能是最重要的一点，为自己所在部队的传统而自豪。美国海军陆战队、英国军队的著名军团以及法国外籍军团就是这一做法的范例。部队在过去的重大战役中做出的重大贡献代代相传；英勇献身的事迹人人传颂。部队之所以不断重复自己的历史，目的就是让新兵对这一传统产生一种自豪感，下定决心在相似的重要关头无所畏惧，勇往直前。

部队指挥官同样需要对他的士兵有一种更加个人化的自豪感。按照莎士比亚的说法，亨利五世在哈佛洛尔这样激励他的部队："不要让你们的母亲蒙羞；现在就向你们称为父亲的人证明他没有白生了你。"自豪感通常是一种精英主义情感；它表现为从事大多数人做不到的事情或拥有大多数人不具备的东西。这么一来，我们再次听见亨利五世在阿金库尔战役爆发之前对他的部队发表讲话：

我们虽然人数很少，却是快乐的少数，我们情同手足；

因为今天跟我一起浴血奋战者

就是我的兄弟……

此刻躺在床上的英格兰绅士们

会感到自己受到诅咒，所以不能赶到这里

> 而且他们也会感到英雄气短，一旦听见别人说起
> 在圣克里斯平的日子与我们并肩作战。

要实现承诺还可以把团队合作、签订合同以及破釜沉舟的方法混合起来运用。让我们再次回到莎士比亚笔下的亨利五世在阿金库尔战役爆发之前的讲话：

> 那些无心打仗者，
> 请他离开；他的通行证应该签发，
> 连同其护送的王冠，一起放进他的背包；
> 我们不会在他的陪伴下死去，
> 他却要担心他的情谊随我们而亡。

当然，没有人愿意公开接受这一临阵豁免的提议，因为这么做实在太丢人了。不过，即便如此，这些士兵通过拒绝这一提议，在心理上已经破釜沉舟，切断了回家的退路。他们已经签订了一份毫无疑问的合同，宣布谁也不能苟且偷生。亨利五世非常清楚应该怎样激励他的部队以及怎样将他们投入战役中，而他的远见卓识换来了战场上的胜利，虽然当时他的士兵数量远远少于敌人的数量。

你难以拒绝的提议

我们听见一个"你难以拒绝的提议"的机会不仅仅限于影片《教父》（*The Godfather*）中。只要稍作变化，我们就会发现，这种机会经常出现，其出现的频率令人吃惊。

我们的朋友拉里（Larry）参加过一次求职面试。整个过程看上去相当成功。接近尾声的时候，他听见对方问道，在他打算求职的公司当中，这一家排在第几位。在回答之前，他被告知该公司只录取将其排在第一位的求职者。假如该公司是他的第一选择，该公司人员希望他在得到该公司安排的某个职位之前就答应接受这个职位。[①]遇到这么一个"你难以拒绝的提议"（这是因为，假如你拒绝，他们就不会给你安排一个职位），拉里应该怎么办？

借助博弈论如同 X 射线一般精准的洞察力，我们可以窥破个中奥妙。该公司宣称它只会雇用那些将它排在第一位的求职者。不过，这一压力策略产生的效果与其宣称的说法恰恰相反。一方面，假如该公司真的想雇用将它排在第一位的求职者，那么，它就不应该把能不能给予一个职位与求职者将它排在第几位挂起钩来。假如在一场面试结束之际，该公司确实成为拉里的首选，那么它就可以指望拉里会接受它安排的职位。没有一家公司需要担心一个最想在它那里工作的求职者会拒绝它安排的职位。另一方面，假如该公司是拉里的第二选择，但拉里的首选公司尚未提供任何职位，那么，他大约还是会愿意接受第二选择的公司提供的职位，以免最后一无所获。假如该公司声称自己只会雇用那些首先接受它安排的职位的求职者，其效果等同于雇用那些实际上没有把它排在第一位的求职者。 164

更加符合实际的情况以及该公司的真实意思是："我们希望你可以为我们工作。假如你把我们排在第一位，我们知道我们一定可以得到你。不过，假如你把我们排在第二位，我们就可能失去你。为了在你没把我们当成首选的情况下也能得到你，我们希望你预先同

---

① 对于初级职位，各大公司确定的起薪标准其实非常接近。因此，他可以在公司提出一个职位之前预计自己将会得到什么。

意接受我们的职位提议，否则你什么也得不到。"认识到了这一点，我们就会发现，这不像是一个可信的威胁。该公司如此希望雇用拉里，以至于不论拉里把它排在第几位，它也要得到他。与此同时，它却宣称，若是拉里拒绝预先接受它安排的职位而只愿以后再接受这个职位，它就不会再给他职位。这种情况是可能的，却不大会发生。

我们的朋友拉里解释说，他刚刚开始找工作，手头资料太少，没法排出一个先后次序。该公司人员提醒他说，除非他预先接受这个职位，否则他们不会给他安排任何职位。面试是在星期三进行的，他走的时候没有得到任何职位。星期五，他从他的电话录音里得到了一个职位。到了下星期一，又来了一个口信，重申了这个职位。星期三，来了一封电报，其中还提到只要签约就能得到一笔奖金。面对一个你很想雇用的人，你想立下一个可信的承诺，说你不会给他安排一个职位，其实是很困难的。

该公司若想使其威胁变得更加可信，应该怎样做？这里，团队合作大有帮助，不过我们说的不是通常意义上的团队合作。假如存在几个有权决定雇用与否的人，那么，你若是没能立即接受他们提出的职位，原来同意选你的联盟就有可能破裂，转而青睐另一个求职者。正如我们将在关于投票的第10章看到的那样，候选人的先后次序可能影响最终决定。这么一来，一个委员会的决定就有很大的偶然性，因为它不能许诺，若是条件相同，得出的结果也会一样。正是委员会不能确保自己"理性"决策的事实，使这个"接受或者放弃"的威胁显得可信。

165

一个现在有效而将来未必继续有效的提议，可以阻止人们在买东西的时候到处比较。立体声音响商店和汽车经纪人用这一策略取得了很好的效果。不过，这些销售员怎样才能使自己的威胁，即一定会在明天拒绝一个他们今天愿意接受的价码变得可信呢？答案在于销售量可能上升，现金流的问题可能缓解。就像他们喜欢挂在嘴边的，这是千载难逢的好机会。

案例分析之六：你会不会宁可向 IBM 租一台电脑？

经过了一场超过 12 年的漫长战斗，美国政府对 IBM 一案成为反托拉斯法一颗拔不掉的眼中钉。其中一个议题是围绕 IBM 出租而非出售其大型计算机的政策展开的。

美国政府认为，IBM 把重心放在短期租赁的做法设置了一道进入屏障，使其独享了垄断的好处。IBM 辩解说这一做法完全是为消费者利益着想。它认为，签订一份短期租赁合同后，消费者就不必担心自己使用的机器可能过时，从而享有灵活性，并且可以在有需要的时候改变合同，同时还可在合同中规定由 IBM 负责保养出租的机器（因为它负责确保出租的机器正常运转），而这家财力雄厚的公司还提供贷款融资服务。[16]

许多人认为这番辩护相当令人信服。不过，租赁做法还有一个策略优势，双方似乎都没有注意到。假如 IBM 对其大型计算机只是出售而绝不出租，你认为大型计算机的价格会有怎样的变化？

案例讨论

即便是一个没有外部对手的公司，也不得不担心怎样跟以后的自己竞争。每次推出一款新的计算机，IBM 都能以非常高的价格把首批产品卖给那些迫不及待想尝试最新技术成果的消费者。一旦这款计算机的大批量生产可行，就会出现一种诱惑，促使公司降价，从而吸引更多消费者。生产这款计算机的主要成本在开发阶段已经发生了，此后每多卖一台，其所得基本上就是利润。

166

这里有一个问题：假如消费者估计 IBM 差不多要降价了，他们就会稍等一下再购买。一旦大多数消费者都在观望，IBM 就有动机加速减价进程，希望早日俘获消费者。这个想法首先是由芝加哥大学法学教授罗纳德·科斯（Ronald Coase）提出的。他认为，对于耐用产品，一个垄断者实际上是在跟以后的自己竞争，从而使市场变得富有竞争性。[17]

租赁做法作为一个承诺机制，使 IBM 得以维持较高的价格。租赁合同使 IBM 的降价成本大大增加。一旦它的机器短期出租，任何一次降价就都要告知全体消费者，而不仅仅限于那些尚未购买其机器的消费者。从现有消费者群体损失的收入，可能超过新的租赁合同带来的收入。相反，假如现有消费者群体拥有 IBM 的机器，这个结果就不会出现，因为已经花大价钱买下这台机器的消费者不会得到现金返还。

这么一来，租赁做法就变成一个小步前进的例子。前进的步幅等于租赁时间。租赁时间越短，步幅也越短。假如步幅太大，消费者就不相信 IBM 会把价格维持在较高水平；他们会等待降价，等一段时间就能以较低价格购买同样的机器。不过，假如 IBM 只在短期可续约租赁合同的基础上出租它的机器，它就能以相当可信的方式将价格维持在较高的水平，这时，消费者没有理由观望，IBM 就能赚取较高的利润。

作为大学教授和作者，我们在教科书市场上也遇到了同样的问题。假如承诺有可能存在，出版商一定会通过每五年推出一部新版

教科书的方式提高利润，而不是沿用现在通行的三年周期。周期越　167
长，这部教科书在二手教科书市场上的价值就越高，相应地，新版
推出之际学生的购买积极性也会越高。问题在于，一旦出现二手教
科书，出版商就有很强的动机想通过推出新版削弱二手教科书的竞
争。由于人人都知道这样的事情一定会发生，因此，学生们可以用
较低的价格买到二手教科书，因而也就不那么愿意花钱购买新版了。
出版商的解决办法与 IBM 的解决办法一样：应该出租教科书，而不
是出售教科书。

168　　　1986 年的全国棒球联赛冠军争夺战在纽约大都会队（New York Mets）与休斯敦星象队（Hou ston Astros）之间展开，依靠击球手莱恩·戴克斯特拉（Len Dykstra）在第九局面对投手戴夫·史密斯（Dave Smith）的第二投击出的一个本垒打，纽约大都会队赢得了关键的一仗。赛后，两位球员都被问到究竟发生了什么事。[1] 戴克斯特拉说："他在第一投投了一个快球，我击球出界。当时我有一种奇怪的想法，觉得他接下来会投一个下坠球 *，他确实那样做了。这个球的路线我看得非常准确，我的出手也非常准确。"而史密斯的说法则是："只能归结为一点，即这是一个糟糕的投球选择。"换言之，他也认为戴克斯特拉可能猜到，因为第一投是一个快球，接下来史密斯可能改变投球速度。"如果我再投一次会怎么样？当然是（又）一个快球。"

假如日后出现同样的情形，史密斯是不是应该采取再投一个快球的策略呢？当然不是。击球手可以看穿史密斯这一层次的思考方

---

* 用中指与无名指夹住而投出的球，通常会在飞行过程中急速下坠。——译者注

式，早就等着迎接一个快球。这个时候，史密斯应该转向另一个层次的思考方式，投出一个下坠球。击球手可以看穿并利用投手的一切有规则的思考与行动方式，反过来也一样。对双方而言，唯一合理的行动方针是力求做到不可预测。①

169

遇到这些情况，策略思维的一个经典错误在于，认为只要将自己摆在对手的位置，就能预测对手的行动。在戴维·哈伯斯塔姆（David Halberstam）的著作《1949年夏天》（*The Summer of '49*）里，当作者描述17岁的特德·威廉斯（Ted Williams）初次体会策略思维的重要意义的时候，我们就看到了这样的错误。[2]

和其他许多年轻球员一样，威廉斯也对变化球感到一筹莫展。他一直应付不来。有一次，一名投手用一个曲线球使他出局。威廉斯对自己的表现极为恼火，一路小跑回到外场休息区自己的座位上。圣迭戈的一名投手曾是大联盟球员，他向威廉斯大喊了一声："嘿，小伙子，他究竟是怎么把你打出去的？""一个该死的慢曲线球。"威廉斯答道。"你能不能击中他的快球？"投手问。"没问题。"威廉斯答道。"你觉得下一次他会怎样对付你？"投手问。出现了一个短暂的沉默。特德·威廉斯从没想过应该怎样对付他自己——那是投手们思考的问题。"一个曲线球。"他答道。"嘿，小伙子，"投手说，"为什么你不回到

---

① 要想做到不可预测，投手必须随机选择一系列精确的投球。他不能投出不精确的球。一个不精确的投手当然不可预测，因为他自己都不知道球会飞向何处。若是缺少精确性，投手就没办法决定什么时候应该投什么类型的球，以及不同类型的球应该保持怎样的相对频率。精确而不可预测的投球的一个绝妙例子是不旋转球。由于这种球几乎不会旋转，球面上的缝合线会在空中飞行过程中引发相当突然的路线变化，结果没有人可以很有把握地预测它的落点。不过，话又说回来，没有几个投手可以投出好的不旋转球。

场边等待下一次机会呢？"威廉斯照办了，结果击出了一个漂亮的本垒打。由此展开了一项针对投手思维的长达25年的研究。

显然，这个投手没有认识到不可预测的必要性，当然，威廉斯也没有认识到，这是因为，假如威廉斯想过应该怎样向自己投球，他就不会在他意识到自己早有准备的时候仍然投出一个曲线球！本章将阐述在双方都想压倒对方的时候会出现什么情况。即便你的猜测不能始终正确，至少也可以看出其中的概率。

正确估计并回应不可预测性不仅在棒球场上非常有用，在其他领域也是一样。只要一方喜欢准确地预料将发生的事情，而另一方却竭力避免被预测，不可预测性就会变成策略的一个关键因素。美国国税局想要审查那些逃税者，而逃税者竭力想避免遭到审查。在孩子们中间，大孩子通常不喜欢小孩子当自己的"跟屁虫"，小孩子却喜欢跟在大孩子后面。入侵的军队想方设法企图选出一个绝妙的攻击点，发动一场出其不意的袭击，守军则想方设法企图确定进攻发生的地点，并在那里布下重兵，严阵以待。

在夜总会、饭店、服装和艺术方面的引领时尚者希望保持与众不同的地位，普通大众却期盼能跟他们待在一起。最终，所谓"入时"的场所会被发现。不过，到了那时，明星们早就有了新的聚会处。这有助于解释夜总会的生命周期为什么这样短暂。一家夜总会一旦取得成功，就会引来无数好奇的捧场客。这会把引领时尚者赶跑，使他们不得不另找一个新的消遣去处。正如约吉·贝拉 *（Yogi Berra）所说："那地方实在太挤了，谁也不想去。"

尽管棒球投手的投球选择或者国税局确定谁该接受审核也许不

---

* 美国著名棒球选手兼球队经理。——译者注

可预测，却还是有一些规则可以指导这类选择。一定数量的不可预测性不应该完全听天由命。实际上，选择投这种球而非那种球的概率，或者选择这个人而非那个人进行审核的概率，可以通过整个博弈的细节精确地确定下来。"虽然这实在疯狂，却也不是毫无办法。"下面我们就来解释这个办法。

怎样使输赢机会相等？

你们当中有许多人一定还记得小学时玩过的一个游戏，叫做"一、二、三射击"或者"手指配对"。在这个比赛中，其中一个选手选择"偶数"，另外一个选手则得到"奇数"。数到三的时候，两个选手必须同时伸出一个或者两个手指。假如手指的总数是偶数，就算"偶数"选手赢；假如手指的总数是奇数，就算"奇数"选手赢。假设输者给赢者1美元。我们可以通过计算得出与策略选择相关的输赢图表（如图7-1所示）。

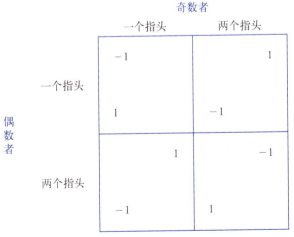

图 7-1　偶数者和奇数者的得益

171   假如两位选手的行动不是随机的，这个博弈就**没有**均衡点。设想一下，假如"奇数"选手一定出一个指头，"偶数"选手就一定会用一个指头奉陪到底。现在，逻辑开始逆转。既然"奇数"选手确信他的对手一定会出一个指头，他就会改出两个指头。这将使"偶数"选手转而报以两个指头。这么一来，"奇数"选手就会出一个指头。于是我们又回到了开始的地方，这种循环推理看来简直是没完没了。

检验随机性是不是必要的一个简单办法，是考察让对手在出招**之前**看到你的行动究竟有没有害处。假如随机性必不可少，先行者就会处于不利地位。设想一下，在"一、二、三射击"的游戏里，你若是先行会出现什么情况？你将永远是输家。

并非任何随机性都会奏效。假设"奇数"选手有 75% 的时间选择出一个指头，另外 25% 的时间选择出两个指头。那么，"偶数"选手若是一直选择出一个指头，就能在 75% 的时间取胜，平均每场游戏赢得 $0.75 \times 1 + 0.25 \times (-1) = 0.50$ 美元。类似地，"偶数"选手若是选择出两个指头，平均每场游戏就会输掉 0.50 美元。因此，"偶数"选手会选择一直出一个指头。不过，"奇数"选手应该选择出两个指头，而不是前面提到的 75∶25 的混合策略。在双方不断揣摩对方策略的连续多轮的较量中，这种混合策略将会一败涂地。

172   换言之，随机性存在一种**均衡模式**，必须加以计算。在这个例子中，整个局面是如此对称，以至于各个选手的均衡混合策略应该都是 50∶50。我们这就验证一下：假如"奇数"选手出一个指头和两个指头的机会是各一半，那么，"偶数"选手无论选择出一个还是两个指头，平均每场游戏将会赢得 $0.50 \times 1 + 0.50 \times (-1) = 0$ 美元。因此，假如他的策略也是 50∶50，那么他的平均所得就是 0 美元。同样的证明反过来也适用。因此，两个 50∶50 混合策略对彼此都是最佳选择，它们合起来就是一个均衡。这一解决方案的名称叫做"混合策略"均衡，反映了个人随机混合自己的策略的必要性。

若是换了其他更一般的情况，这个均衡混合的对称性就不会显得如此明显，但仍有一些简单规则可以用来计算。我们以网球比赛为例子说明这些规则。

有人要打网球吗？

网球的首要策略教训之一，就是不到最后一瞬不要选定一个方向。否则，对手可以利用对你的猜测，将球击向另一方。不过，哪怕你看不出对手的移动，预测一下也是大有好处的。假如发球者总是瞄准接球者的反手，接球者就会早有准备，开始向那个方向移动，从而可以更好地将球打回去。因此，发球者应该努力使自己的发球变得不可预测，不让接球者准确预计他的目标。相反，接球者启动的时候不能完全倾向于奔向这一方或者那一方。与手指配对游戏不同，网球选手不应该将不可预测性等同为输赢机会相等。参与者可以通过系统地偏向一边而改善自己的表现，只不过这样做的时候应该确保对方不能预见。

为了具体阐述这个问题，我们设想有这么一对具备特殊技巧的网球选手。接球者的正手稍微强一些。假如他的预计正确，他的正手回球有90%的机会获得成功，而反手回球的成功率只有60%。当然，假如他跑向一方而对方发出的球飞向另一方，那么，回球的质量就会大打折扣：假如他跑向反手一方，而对方发出的球飞向他的正手一方，他能及时转向而成功回球的概率只有30%；反过来，他的成功率只有 20%。我们可以用图 7-2 显示上述情况。

发球者一心要使对方回球成功的概率越低越好；接球者的目标恰恰相反。比赛开始前，两位选手要选择自己的作战计划。他们各自的最佳策略是什么？

假如发球者永远瞄准对手的正手，接球者就会预计到球会朝自己的正手而来，从而有 90% 的概率回球成功。假如发球者永远瞄准对手的反手，接球者也能预计到球会朝自己的反手而来，从而有 60% 的概率回球成功。

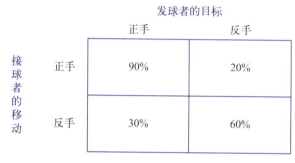

图 7-2　接球者成功回球的概率

发球者只有打乱自己的瞄准目标才能降低接球者回球成功的概率。这么一来，他会让接球者永远处于猜测之中，也就没有办法尽享准确预测的优势了。

假设发球者在每次发球前都会在自己的脑子里抛一枚假想的硬币，根据硬币出现正面或者反面决定自己的发球应该瞄准对手的正手还是反手。现在我们考察接球者若是向正手方移动会出现什么情况。这一猜测准确的概率只有 50%。猜测准确的时候，正手回球的成功概率是 90%；而猜测出错的时候，接球者及时转向而成功回球的概

174

率只有 20%。因此，他的整体成功概率是 $\frac{1}{2} \times 90\% + \frac{1}{2} \times 20\% = 55\%$。通过类似的计算可以知道，若是向反手方移动，他的整体成功概率是 $\frac{1}{2} \times 60\% + \frac{1}{2} \times 30\% = 45\%$。

在发球者采取 50：50 混合策略的前提下，接球者若是从自己的角度出发，就能选出最佳回应策略。他应该向正手方向移动,这么做,成功回球的概率达到 55%。而在发球者看来，这个成绩与他永远将球发向一方得到的结果相比已经有所改善。对比一下，假如发球者永远将球发向一方，分别是接球者的正手方和反手方，那么，接球者的成功回球概率分别为 90% 和 60%。

另一个显而易见的问题是，发球者的**最佳**混合策略是什么？要回答这个问题，我们可将不同的混合策略的结果列成一个图表（如图 7-3 所示）。发球者瞄准对方正手方向的概率是一条从 0 到 100% 的水平线。对于所有这些混合策略，图中有两条线，一条显示接球者准备向正手方移动的成功回球概率，另一条则显示他准备向反手方移动的成功回球概率。举个例子：假如接球者准备向正手方移

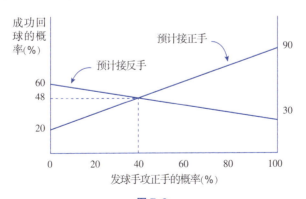

图 7-3

动，概率为 0 的向正手发球的策略（即 100% 地向反手发球的策略）就能使接球者的成功回球概率维持在 20% 的低水平，而 100% 地向正手发球的策略则会使接球者的成功回球概率达到 90%。接球者的成功回球概率从一端直线上升到另一端。

两条直线交于一点，在这一点上发球者只有 40% 的时间将球发向对方正手方。在交点的左边，接球者若是预计对方会将球发向反手方，那么他的成功回球概率就会提高；而在右边，他若是预计对方会将球发向正手方，成功回球概率也会提高。[①]

向正手和向反手发球维持在 40∶60 的混合策略，是唯一一个不会让接球者用上述方法占便宜的选择。只有选择这种混合策略，接球者无论选择防守正手还是反手，其成功回球概率都是一样的。两种情况都会留给接球者 48% 的成功回球概率。发球者若是采取其他任何一种混合策略，只要接球者善加利用，就能使自己的成功回球概率沿着图中的两条直线上升到交点之上，也就是超过 48%。因此，40% 的时间瞄准对方的正手就是发球者的最佳策略。

混合策略的确切比例是由基本行动配对而成的 4 种情况确定的。对于拥有不同的绝对优势和相对优势的选手，这里的数字 90、60、30 和 20 会相应发生变化，而他们的最佳混合策略也会随之不同。我们很快就会发现，这样一些变化可能导致一些令人惊讶的结果。这里的关键在于，你必须通过估计你真正参加的博弈的 4 种基本情况，确定自己的最佳混合策略。

这里有一条捷径，使你不必画出前面提到的图表也可以计算出

---

① 注意，一旦发球者选择向接球者正手方向发球的概率超过 40%（不是 50%），接球者如果将赌注压在正手方向，就能取得更好的成绩。哪怕发球者选择向接球者反手方向发球的概率还是较大，但他向两个方向发球的技巧却不相等。

均衡策略。这个简单的算术方法归功于 J. D. 威廉斯。[3] 回到基本情况的表格。对于发球者，如果选择瞄准对方正手的策略，就要观察对方选择两种不同的回应方式之一会使结果发生什么变化；我们得到 90 - 30 = 60。假设他瞄准对方反手发球，再做同样的计算，可得 60 - 20 = 40。将上述数字**倒过来排列**，就能得到最佳混合策略中采用这两种策略的概率。① 因此，发球者应该按照 40∶60 的比例瞄准对方的正手和反手。

现在我们改从接球者的角度考察同一场比赛。图 7-4 显示了他的不同选择会有什么不同的结果。假如发球者瞄准他的反手，那么，他回球的时候向反手方移动就能得到 60% 的成功回球概率，而向正手方移动的成功回球概率只有 20%。从 0 到 100% 改变向正手方移动的概率，就得到一条通过上述两点的直线。与前面的分析类似，若是发球者瞄准对手的正手，我们就得到一条从 30% 上升到 90% 的直线。这两条直线交于一点，在这一点，接球者向正手

177

---

① 我们可以用一点代数知识验证这个结果。假如纵列选手的得失情况如下图所示，左列对右列的均衡比例为 $(D-B):(A-C)$。纵列选手选择左列的概率是 p，那么，无论横行选手选择上或者下都没有关系；$pA+(1-p)B = pC+(1-p)D$ 意味着 $p/(1-p)=(D-B)/(A-C)$，如前所述。由于横行选手的得失是纵列选手的得失的负数，他的均衡混合策略就是上行对下行，即 $(D-C):(A-B)$。

纵列选手的选择

		左	右
横行选手的选择	上	A	B
	下	C	D

方移动的概率为 30%，无论发球者选择瞄准哪一方，他的成功回球概率始终维持在 48%。任何其他混合策略都会让发球者占便宜，使他得以选择更好的策略，将接球者的成功回球概率进一步降低到 48% 以下。

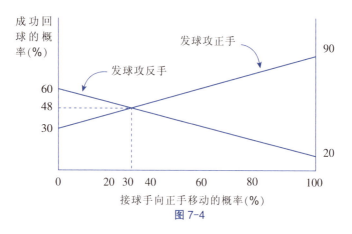

图 7-4

此外，我们也可以采用威廉斯的方法。表格显示了接球者两种不同选择可能导致什么不同结果。若向正手方移动，我们得到 90 − 20 = 70；向反手方移动，我们得到 60 − 30 = 30。将这两个数字倒过来排列就得到最佳混合策略的比例：30% 的时间准备向正手方移动，70% 的时间准备向反手方移动。

你可能已经注意到，从两位选手的不同角度计算最佳混合策略，会得到一个有趣的共同点：两次计算会得到同样的成功回球概率，即 48%。接球者若采用自己的最佳混合策略，就能将发球者的成功概率拉低到发球者采用自己的最佳混合策略所能达到的成功概率。这并非巧合，而是两个选手的利益严格对立的所有博弈的一个共同点。

178

这个结果称为最小—最大定理，由普林斯顿大学数学家约翰·冯·诺依曼（John von Neumann）与奥斯卡·摩根斯坦（Oscar Morgenstern）创立。这一定理指出，在零和博弈里，参与者的利益严格相反（一人所得等于另一人所失），每个参与者尽量使对手的最大收益最小化，而他的对手则努力使自己的最小收益最大化。他们这样做的时候，会出现一个令人惊讶的结果，即最大收益的最小值（最小最大收益）等于最小收益的最大值（最大最小收益）。双方都没办法改善自己的境况，因此这些策略形成这个博弈的一个均衡。

我们以网球比赛为例，并假设每个选手只有两种策略，以此证明这一定理。假如发球者想努力使接球者的最大成功率最小化，他应该在假设接球者已经正确预计到他的混合策略且会做出最优回应的基础上确定自己的行动。也就是说，接球者的成功率将是图 7-5 中两条直线的最大值。这个最大值的最小值出现在两条直线的相交处，该点的成功率为 48%。

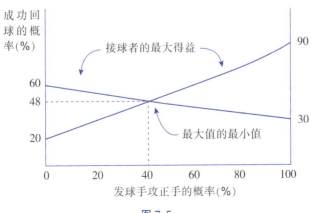

图 7-5

179　　现在我们从接球者的角度考察这个问题：他要努力使自己的最小收益最大化。如图 7-6 所示，假如接球者一半时间向正手方移动，一半时间向反手方移动，他的新的收益曲线就是原来两条直线的平均值，以点线显示。由于这条直线是向上延伸的，其最小值永远出现在左端，该点的成功率为 40%。无论接球者向两方移动的比例是多少，这条直线一定经过成功率为 48% 的那一点，这是因为发球者可以选择采用 40∶60 的混合策略。假如这条直线出现任何倾斜，那么，它的一端一定落在 48% 以下。只有在接球者的混合策略为 30∶70 的时候，这条直线才会变成一条水平直线，最小值变成 48%。因此，最大值的最小值等于最小值的最大值——48%。

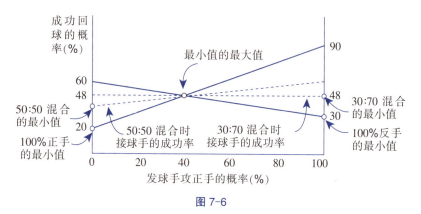

图 7-6

　　最小—最大定理的普遍证明相当复杂，不过，其结论却很有用，应该记住。假如你想知道的只不过是一个选手之得或者另一个选手之失，你只要计算其中一个选手的最佳混合策略并得出结果就行了。

　　我们的其他工具，比如威廉斯的方法和上述图表，能够很好地解决一切只有两个选手参加且他们各有两个策略的零和博弈。遗憾

180　的是，这些工具并不适用于任何非零和博弈，也不适用于选手数目

超过两个或者他们拥有的策略数目超过两个的零和博弈。经济学家和数学家发明了更加普遍的技巧，比如线性规划方法，可以找出最复杂的零和博弈的均衡策略。虽然这些技巧超出了本书的范围，我们还是可以利用其中得出的结果。

所有混合策略的均衡都具有一个共同点：每个参与者并不在意自己在均衡点的任何具体策略。一旦有必要采取混合策略，找出你自己的均衡混合策略的途径就在于使别人对他们自己的具体行动无所谓。虽然这听上去像是一种倒退，其实不然，因为它正好符合零和博弈的随机化动机：你想阻止别人利用你的有规则的行为占你的便宜。假如他们确实倾向于采取某一种特别的行动，从你的角度观察，这只能表示他们选择了最糟糕的方针。

说到这里，我们已经解释了采取混合或者随机策略的好处，以及这么做的策略必要性。基本要点在于，运用偶然性防止别人利用你的有规则的行为占你的便宜。将这一原理用于实践则是一个更微妙的问题。下面五个部分可以看做是运用混合策略的迷你指南。

为什么你应该选择正确的混合策略？

假如真能发现某个参与者打算采取一种行动方针，而这种行动方针并非其均衡随机混合策略，另一个参与者就可以利用这一点占他的便宜。在网球比赛的例子中，当发球者采取自己的均衡策略，按照40∶60的比例选择攻击对方正手方和反手方时，接球者的成功率为48%。如果发球者采取其他比例，接球者的成功率就会上升。举个例子：假如发球者很傻，决定把所有的球都发向对方较弱的反

181　手方，接球者由于早有预料，其成功率将会增至 60%。一般来说，假如接球者认识发球者，确切了解他有什么癖好，他就能相应采取行动。不过，这么做永远存在一种危险，即发球者可能是一个更出色的策略家，好比台球桌旁的骗子，懂得在无关紧要的时候装出只会采用糟糕策略的傻样，引诱对方上当，然后在关键时刻发挥本色，打接球者一个措手不及。一旦接球者以为看穿了对方的惯用手法，而放弃自己的均衡混合策略，一心要占对方便宜，就会上发球者的当。发球者乍看起来很傻的混合策略可能只是一个陷阱。只有采取自己的均衡混合策略才能避免这一危险。

　　与正确的混合比例一样重要的是随机性的本质。假如发球者向接球者正手方发出 4 个球，然后转向反手方发出 6 个球，接着又向正手方发 4 个球，再向反手方发 6 个球，如此循环，确实可以达到正确的混合比例。不过，这是一种有规则的行为，接球者很快就能洞察其中奥妙。他可以相应做出正确的移动，成功率因此上升为 $(4/10) \times 90\% + (6/10) \times 60\% = 72\%$。发球者若想取得最好效果，必须使每一次发球都不可预测。前面故事里提到的棒球选手戴克斯特拉与史密斯，似乎没意识到这个原则。

为什么不能依赖对手的随机化？

　　假如一个参与者选择的是他的最佳混合策略，那么，无论对手采取什么样的策略，他的成功率都是一样的。假设你是网球比赛例子里的接球者，而发球者已经选择了他的最佳混合策略，即 40∶60 的混合策略。那么，无论你向正手方还是反手方移动，又或是时而

正手方，时而反手方，你的成功回球率都是 48%。意识到这一点，
你可能打算免掉计算自己的最佳混合策略的麻烦，只随便选定一种
行动，并指望对手选择他的最佳混合策略。问题在于，除非你选择
自己的最佳混合策略，否则你的对手就没有动机选择他自己的最佳
混合策略。举个例子：假如你选择向正手方移动，他会转向攻击你
的反手方。为什么你应该选择自己的最佳混合策略？理由就是迫使
对方继续使用他的最佳混合策略。

182

你的技巧变化了，你的最佳混合策略怎样变化？

　　假设接球者努力改进自己的反手回球技巧，反手方的成功回球
率从 60% 上升为 65%。我们可以相应修改用于计算他的最佳混合策
略的图表。请看图 7-7。我们注意到，接球者向正手方移动的比例
从 30% 上升为 33.3%，而整体成功回球率也从 48% 上升为 50%。

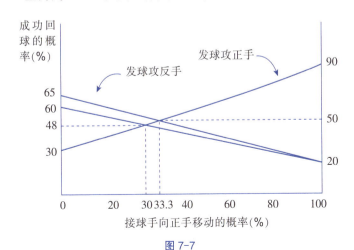

图 7-7

183   随着接球者的技巧不断改进，他的成功率自然也会提高。不过，出人意料的是，这一提高了的成功率是由减少使用改进了的反手技巧取得的。在第 1 章的妙手传说中，我们说过这样的事情有可能发生；现在我们就来解释一下。

原因在于两位参与者的策略的相互影响。当接球者更善于反手回球，发球者就会多向他的正手方发球（向正手发球的比率达到43%，而不是原来的40%）。为了适应这个变化，接球者也会多向正手方移动。反手技巧改进了，正手技巧的威力也因此释放出来。好比拉里·伯德的例子，随着他的左手投篮得分率上升，对方防守他的策略不得不发生同样的改变，结果反而给了他更多机会右手投篮。

同样的情况还有一个例子：假设接球者刻苦训练，提高自己的灵活性，从而他在向正手方移动后迅速转向接住反手球的准确度提高了。他对付反手球的成功率从 20% 上升为 25%。和前面提到的情况一样，他向正手方移动的机会也从 30% 上升到 31.6%（若用威廉斯的方法，向正手方和反手方移动的比例从原来的 30∶70 上升为35∶65）。接球者多向正手方移动的原因在于他在这边的技巧改善了。相应地，发球者将会减少攻击对方的反手方的次数，以此减少对方的得益。

怎样随机行动？

假如有人告诉你，你应该以相等的比例随机投出下坠球和快球，你该怎么办？一个办法是从 1 到 10 中随机挑选出一个数字。假如这个数字是 5 或在 5 以下，你就投快球；假如这个数字是 6 或在 6

以上，你就投下坠球。当然了，这在简化你的问题的方向上只走了一步而已。你怎样才能从 1 到 10 的十个数字里随机挑选出一个呢？

我们从一个更简单的问题开始，即写下连续抛一枚硬币可能得出的结果。假如这个序列的确是一个随机序列，谁要是打算猜测你究竟写的是正面还是反面，他猜中的机会平均不会超过 50%。不过，写下这么一个"随机"序列比你想象的要困难得多。 184

心理学家已经发现，人们往往会忘记这样一个事实，即抛硬币翻出正面之后再抛一次，这时翻出正面的可能性与翻出反面的可能性相等；这么一来，他们连续猜测的时候就会不停地从正面跳到反面，很少出现连续把宝押在正面的情况。假如一次公平的抛硬币连续 30 次翻出正面，抛第 31 次翻出正面的机会还是跟翻出反面的机会相等。根本没有"正面已经翻完"这回事。同样，在六合彩中，上周的号码在本周再次成为得奖号码的机会，跟其他任何号码相等。为避免一不小心在随机性里加入规律因素，我们需要一个更加客观或者更加独立的机制。

一个诀窍在于选择某种固定的规则，但要是一个秘密的而且足够复杂的规则，人们很难破解。举个例子：看看我们的句子的长度。假如一个句子包含奇数个单词，把它当做硬币的正面；假如一个句子包含偶数个单词，把它当做反面。这就变成一个很好的随机数字发生器。回过头来计算前面的 10 个句子，我们得到反、正、正、反、正、反、正、正、正、反。假如我们这本书不够轻便，没关系，其实我们随时随地都带着一些随机序列。比如朋友和亲属的出生日期的序列。若出生日期是偶数，当做正面；若是奇数，当做反面。也可以看你的手表的秒针。假如你的手表不准，别人没办法知道现在秒针究竟处于什么位置。对于必须使自己的混合策略比例维持在 50：50 的棒球投手，我们的建议是：每投一个球，先瞅一眼自己的手表。假如秒针指向一个偶数，投一个快球；假如指向奇数，投一个下坠球。实际上，秒针可以帮助你获得任何混合策略比例。比如，现在你要用40%的时间投快球而用另外60%的时间投下坠球，那么，请选择在秒针落在1~24之间的时候投快球，落在25~60之间的时候投下坠球。

独一无二的情况

185   至此为此，上述所有推理过程都适用于橄榄球、篮球或者网球这样的比赛，在这些比赛中，相同的情况多次出现，而且每场比赛对垒的都是相同的参与者。于是，我们就有时间和机会看出任何有规则的行为，并相应采取行动。反过来，很重要的一点在于避免一切会被对方占便宜的模式，坚持自己的最佳混合策略。不过，若是遇到只比一次的比赛，又该怎么办？

考察一场战役攻守双方的选择。这种情况通常都是独一无二的，彼此都不能从对方以前的行动中得出任何规律。但是，派出间谍侦察的可能性会引出一个随机选择的案例。假如你选择了一个具体的行动方针，却被敌人发现了你的打算，他就能选择对你最不利的行动方针。**你希望让他大吃一惊；最稳妥的办法就是让你自己大吃一惊。**你应该留出尽可能长的时间考虑各种可能的方案，直到最后一刻才通过一种不可预测的从而也是不可侦察的方法做出你的选择。这个方法包含的相对比例应该符合这样的要求：敌人就算发现了这个比例，也不能以此占据上风。不过，这其实就是我们前面已经讲过的最佳混合策略。

最后给你一个**警告**。即便在你采用了自己的最佳混合策略的时候，你还是有可能得到相当糟糕的结果。即便棒球投手戴夫·史密斯真的不可预测，有时候莱恩·戴克斯特拉还是可以碰巧猜中他会投什么球，将球击出场外。而在橄榄球比赛中，第三次死球且距离底线只剩一码的时候，稳扎稳打的选择是中路推进；不过，重要的是投出一个出其不意的球，迫使守方不敢轻举妄动。一旦这样的传球得逞，球迷和体育解说员们会为选择这一策略而欢呼雀跃，赞扬教练是一个天才。假如传球失败，教练就会遭到众人批评：他怎么可以把宝押在一记长传之上，而不是选择稳扎稳打的中路推进？

评判这名教练的策略的时机，是在他将这个策略用于任何特定 186 情况之前。教练应该公告天下，说混合策略至关重要；中路推进仍然是一个稳扎稳打的选择，其原因恰恰在于部分防守力量一定会被那个代价巨大的长传吸引过去。不过，我们怀疑，哪怕这名教练真会在比赛之前将这番理论通过所有的报纸和电视频道公告天下，只要他仍会在比赛里选择一个长传且不幸落败，他还是免不了遭到众人批评，就跟他此前根本没费心教给公众有关博弈论的知识差不多。

谎言的安全措施

假如你采用了自己的最佳混合策略，那么，另一个参与者能不能发现这一点无关紧要，只要他不能提前发现你通过自己的随机机制为某个具体情况确定的具体行动方针。对于你的随机策略，他无计可施，占不了你的便宜。均衡策略恰恰就是用来防止对方通过这样的方式占你的便宜。不过，假如出于某种原因，你没有采取自己的最佳混合策略，这时，保密就是关键。泄露这一信息会让你付出巨大代价。与此同时，你也有同样的机会使对手误解你的计划。

　　1944 年 6 月，盟军筹备诺曼底登陆的时候，想方设法让敌人相信攻击点会在法国北部的港口加来。最具创意的一招是把一个德国间谍变成一个双重间谍，却又不是一般的双重间谍。英国人费尽心机让德国人听说自己的间谍叛变了，却又不让他们知道这个消息是有意泄露的。为了使德国人知道自己作为一个双重间谍多么(不)可信，这个家伙向德国发回了一些最蹩脚的信息。德国人发现这些信息只要按照字面意思反过来理解就对了。这是关键的一步。当这名双重间谍报告说盟军将在诺曼底登陆时，他说的是实话，偏偏德国人反过来理解，认为这进一步确认了加来才是攻击点。

　　这个策略还有一个优点，即盟军登陆之后，德国人再也摸不透他们的间谍是不是一个真正的双重间谍。他一直是德国仅有的正确信息来源。随着他在德国人那边的可信度逐步恢复，英国人可以通过他发出错误信息，引诱德国人上钩。[4]

　　这个故事的问题在于，德国人本来应该可以预计到英国人的策略，并分析得知他们的间谍有可能叛变。使用混合或者随机策略的时候，你不是每一次都能愚弄对手，也不是任何一个特定时候都能让他上当。你能得到的最好结果是让他们不断猜测，且有时候可以引诱他们上当。在这方面，当你知道正在和你交谈的人出于自己的利益会有误导你的想法的时候，最佳选择可能是忽略他所说的一切，而不是按照字面意思理解或者断定应该反过来理解。

　　以下是关于商界两名竞争对手在华沙火车站狭路相逢的故事。

　　　　“你去哪儿？”一个人问。

　　　　“明斯克。”另一个人答。

"明斯克？你还真有种！我知道，你之所以告诉我说你要去明斯克，是因为你想让我相信你要去平斯克。可你没想到我当真知道你其实是要去明斯克。那么，你为什么要对我说谎呢？"[5]

行动确实胜过言语一筹。 通过观察你的对手的行动，你就能判断他想跟你说的事情究竟有几分可以相信。从我们列举的例子中可以看到，你不能单单按照字面意思理解对手所说的事情。但这并不表示在你努力识破他的真实意图时，应该忽略他的行动。一方按照怎样的比例混合其均衡策略，关键取决于他的得益。因此，观察一 188 个参与者的行动可以提供一些有关正在使用的混合比例的信息，同时这种观察也是一个很有价值的证据，有助于推断对手的得益。扑克游戏的叫牌过程就是一个很好的例子。

扑克玩家都知道采用混合策略的必要性。约翰·麦克唐纳（John McDonald）有这样的建议："扑克玩家应该隐蔽在自相矛盾的面具后面。好的扑克玩家必须避免一成不变的策略，随机行动，偶尔还要走过头，违反正确策略的基本原则。"[6] 一个"谨小慎微"的玩家难得大胜一回；没有人会跟他加码。他可能赢得许多小赌注，最后却不可避免会成为一个输家。一个经常虚张声势的"大大咧咧"的玩家，总会有人向他摊牌，于是也免不了失败的下场。最佳策略是将这两种策略混合使用。

假设你已经知道，一个经常遇到的扑克对手遇到手风顺的时候，会有2/3的机会加码，1/3的机会摊牌。假如手风不顺，则会有2/3的机会退出，1/3的机会加码。（一般而言，你在虚张声势的时候摊牌并不明智，因为你没有取胜的牌面。）于是，你可以画出图7-8，显示他采取各种行动的概率。

手上的牌的质量

	好	差
加码	2/3	1/3
摊牌	1/3	0
退出	0	2/3

行动

图 7-8

189　　在他出牌之前，你相信他拿到一手好牌和一手坏牌的可能性是相等的。由于他的混合概率取决于他拿到什么牌，你就能从他的叫牌方式中得到更多信息。假如你看见他退出，你可以肯定他拿到了一手坏牌。假如他摊牌，你就知道他拿到了一手好牌。但是这两种情形下，赌博的过程已经结束。假如他加码，他拿到一手好牌的概率就是 2：1。虽然他的叫牌不一定精确反映他拿到了什么牌，但你得到的信息还是会比刚刚开始玩牌的时候多。假如听到对方加码，你就可以将他拿到一手好牌的概率从 1/2 提高为 2/3。①

---

①　在听见对方叫牌的条件下，估算概率采用了一种称为贝叶斯法则的数学技巧。在听到对方叫"X"的条件下，对方有一手好牌的概率等于对方拿到一手好牌而又叫 X 的概率除以他叫"X"的总概率所得的商。于是，听见对方叫"退出"就表示他必然拿到一手坏牌，因为一个拿到一手好牌的人绝对不会"退出"。听见对方叫"摊牌"则表示他拿到一手好牌，因为玩家只会在拿到一手好牌的时候这么做。若是听见对方叫"加码"，计算就会稍微复杂一点：玩家拿到一手好牌且加码的概率等于 (1/2)×(2/3) = 1/3，而玩家拿到一手坏牌且加码，即虚张声势的概率为 (1/2)×(1/3) = 1/6。由此可知，听到对方叫"加码"的总概率等于 1/3 + 1/6 = 1/2。根据贝叶斯法则，在听见对方叫"加码"的条件下，对方拿到一手好牌的概率等于对方拿到一手好牌且叫"加码"的概率除以他叫"加码"的总概率所得的商，即 (1/3)÷(1/2) = 2/3。

出人意料

到目前为止，我们还只是将随机策略的应用集中在参与者利益严格对立的博弈上。在某种程度上显得更出人意料的还是找出随机行动的均衡的可能性，即便博弈的参与者存在共同利益。遇到这种情况，混合自己的策略可能导致各方得到更差的结果。不过，仅仅是结果更差并不表示这些策略就不是一个均衡：均衡是一种描述，不是一项指示。

混合自己的策略的原因来自合作失败。这个问题只出现在缺乏 190 一个独一无二的均衡的时候。举个例子：两个人打电话聊天，说到一半线路中断，他们并不总是清楚谁应该再拨过去。由于缺乏沟通的能力，两个参与者不知道将会出现怎样的均衡。用不那么精确的话来说，随机化的均衡是在合作均衡之间寻求一种妥协的方式之一。下面的故事将会解释这种妥协的本质。

德拉（Della）与吉姆（Jim）属于大家会在小说里看到的那种夫妻；确切地说就是在欧·亨利（O. Henry）小说《麦琪的礼物》（*The Gift of the Magi*）里的那对夫妻。"谁也不会计算"他们彼此的爱情。他们彼此都愿意——甚至迫切希望——为对方做出任何牺牲，换取一件真正配得起对方的圣诞礼物。德拉愿意卖掉自己的头发，给吉姆买一条表链，配他从祖先那儿继承下来的怀表，而吉姆则愿意卖掉这块怀表，买一把梳子，配德拉的漂亮长发。

假如他们真的非常了解对方，他们就该意识到，为了给对方买一份礼物，两人都有可能卖掉他或者她的心爱之物，结果将是一个悲剧性的错误。德拉应该三思而行，好好想想留下自己的长发等待吉姆的礼物会不会更好。同样，吉姆也不要考虑卖掉自己的怀表。

当然，假如他们两人都能克制自己，谁也不送礼物，又会变成另外一种错误。

这个故事可以用一个博弈表示（如图 7-9 所示）。

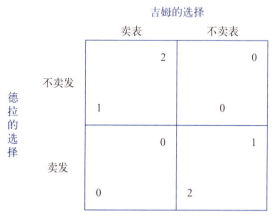

图 7-9　德拉与吉姆的得失

191　　尽管这对夫妻的利益在很大程度上是一致的，但他们的策略还是会相互影响。对于任何一方，两种错误都会得到坏的结果。为了具体说明这一点，我们给这个坏结果打 0 分。而在一个送礼物而另一个收礼物的两种结果中，假设各方均认为献出（2 分）胜过接受（1 分）。

德拉保住自己的头发而吉姆卖掉他的怀表是一种可能的均衡；各人的策略都是对对方策略的最佳回应。不过，若情况是德拉卖掉她的头发而吉姆保住自己的怀表，这也是一个可能的均衡。会不会存在一种彼此了解的共识，从而可在两种均衡中做出取舍呢？由于"出人意料"是礼物的一个重要特点，因此他们不会提前商量以达成共识。

混合策略有助于保住这个"出人意料"的特点，可要付出代价。

不难发现，各人都用 2/3 的机会选择献出而以 1/3 的机会选择接受，也能达到一个均衡。假设德拉选择了这么一个混合策略。如果吉姆卖掉了他的怀表，德拉有 1/3 的机会保住自己的头发（2 分），2/3 的机会卖掉自己的头发（0 分）。平均结果为 2/3 分。同样可以算出，如果吉姆保住自己的怀表，平均结果也是 2/3 分。因此，吉姆没有任何明确的理由，要在原来的两种均衡中做出取舍，或者采取任何混合策略。再次提醒一下，德拉的最佳混合策略的作用是使吉姆愿意继续混合自己的策略，反之亦然。

出错的概率相当大：9 次里面有 4 次，这对夫妻会发现对方卖掉了自己买礼物回来相配的心爱之物（正如欧·亨利的小说提到的那样），有 1 次大家都得不到礼物。由于存在这些错误，平均得分（两人各得 2/3 分）还比不上原来两种均衡得到的结果，在这两种均衡当中，各有一方送礼物而另一方收礼物（施者得 2 分，受者得 1 分）。这和网球比赛的例子不同，在网球比赛的例子里，各方确实可以通过混合自己的策略提高成功率。

192

为什么会有这种区别？网球是一个零和博弈，选手们的利益严格相悖。他们在独立选择混合策略的比例时会取得较好的结果。而在《麦琪的礼物》里，两夫妻的利益在很大程度上是结合在一起的。因此，他们必须协调他们混合策略的比例。他们应该抛一枚硬币，按照硬币翻出的结果决定谁该送礼物、谁该收礼物。这对夫妻有一个小小的利益矛盾：吉姆喜欢左上角的结果，而德拉喜欢右下角的结果。经过协调的混合策略可以使他们达成一个妥协，化解这个矛盾。若用一枚硬币决定谁送礼物而谁收礼物，那么各人的平均结果就都会变成 1.5 分。当然，"出人意料"这一元素也不存在了。

得势不饶人

　　到目前为止，我们提到的混合策略的例子几乎全都来自体育竞技场。为什么现实世界里见不到几个将随机行为应用到商界里去的例子呢？首先，假如企业文化说的是努力保持对结果的控制权，就不大可能推广让概率决定结果的主张。出了问题之后更是如此，因为随机选择行动的时候总会出现偶然问题。有些人认为，一名橄榄球教练应该选择假弃踢战术，以此迫使守方不敢轻举妄动；但在商界，类似的冒险策略一旦遭到失败，你就可能被炒了鱿鱼。不过，关键并不在于冒险策略总能成功，而在于冒险策略可以避免出现固定模式，并防止别人轻易预测自己的行动。

　　折扣券是运用混合策略改善企业业绩的一个例子。公司使用折扣券来建立自己的市场份额，想法是为了吸引新的消费者，而不仅仅是向现有消费者提供折扣。假如几个竞争者同时提供折扣券，消费者就没有特别的动机转投其他牌子。相反，他们满足于自己现在使用的牌子，并接受该公司提供的折扣。只有在一家公司提供折扣券而其他公司不提供的时候，消费者才会被提供折扣券的公司吸引过去，尝试这个新牌子。

　　诸如可口可乐与百事可乐这样的竞争对手之间的折扣券策略博弈，其实就跟吉姆和德拉的合作问题极为类似。两家公司都想成为提供折扣券的公司。但是，假如他们同时这么做，折扣券就不能发挥原来设想的作用，两家的结局甚至会比原来更糟。一个解决方案是遵守一种可预测的模式，每隔半年提供一次折扣券，几个竞争者轮流提供折扣券。这个方案的问题在于，当可口可乐预计到百事可乐快要提供折扣券的时候，它就应该抢先一步提供折扣券。要避免

193

他人抢占先机，唯一途径就是保持"出人意料"的元素，而这一元素来自一个随机化的策略。[①]

在商界还有其他例子可以说明我们必须避免陷入一个固定模式，防止对手轻易预测我们的行动。一些航空公司向愿意在最后一分钟买票的乘客提供优惠机票。不过，这些公司不会告诉你究竟还剩下多少座位，而这个数字本来有助于你估计成功得到机票的机会有多大。假如最后一分钟所剩机票的数量变得更容易预测，那么乘客利用这一点占便宜的可能性就会大得多，航空公司也会因此失去更多本来愿意购买全价机票的乘客。

在商界，随机策略的最广泛用途在于以较低的监管成本促使人们遵守规则。这已经应用于从税收审计、毒品测试到付费停车计价器的许多领域，同时解释了惩罚不一定要和罪行吻合的原因。

由付费停车计价器记录的违章停车的典型罚金是正常收费标准 194
的许多倍。设想一下，假如正常收费标准是每小时 1 美元，按照每小时 1.01 美元的标准进行处罚能不能让大家从此变得服服帖帖呢？有可能，条件是交警一定可以在你每次停车而又没向计价器投钱的时候逮住你。这样一种严格的监管方式可能变得代价高昂。交警的薪水将成为首要议题；此外，为了保证交警说到做到，必须经常检测收费机，这笔费用可能也是巨大的。

监管当局有一个同样管用、代价又小的策略，就是提高罚金数目，同时放松监管力度。比如，罚金若是高达每小时 25 美元，这时候，

---

① 一些有力的统计证据表明，可口可乐和百事可乐达成了某种发放折扣券的合作方案。据《60 分钟时事》（60 Minutes）报道，曾经有一段长达 52 个星期的时间，可口可乐和百事可乐分别发放了 26 期折扣券，其间没有出现两家同时发放折扣券的现象。若是没有事先约定，两家独立行事，那么，它们各自发放 26 期折扣券而不会出现同时发放现象的概率是 1/495 918 532 948 104——即 1 000 万亿次也不会出现 1 次。

哪怕 25 次违章只有 1 次会被逮住，已经足够让你乖乖付费停车了。一支更小型的警察队伍就能胜任这项工作，而收取的罚金也更接近弥补检测成本的水平。

这是又一个证明随机策略的用处的例子。在某些方面，这个例子与网球比赛的例子类似，但在其他方面存在区别。我们再次看到，当局选择一种随机策略的原因在于这么做胜过任何有规则的行动：完全不监管意味着浪费稀缺的停车空间，而 100% 的监管的代价又高得难以承受。不过，处于另一方的停车者不一定也有一个随机策略。实际上，当局希望通过提高侦察的概率和罚金数目，规劝大家遵守停车规则。

随机毒品测试与监管付费停车有许多相同点。若让每位职员每天都接受毒品测试，从而确定是不是有人用了毒品，这种做法不仅浪费时间，费用高昂，而且也没有必要。随机测试不仅可以查出瘾君子，还能阻止其他人由于觉得好玩而以身试"毒"。这么做和监管付费停车的例子一样，虽然查出瘾君子的可能性不大，但罚金很高。国税局的审查策略的一个问题在于，与被逮住的机会相比，罚金数目其实很小。假如监管属于随机性质，我们必须定出一个超过罪行本身的惩罚。规则在于，预期的惩罚应该与罪行相称，而这种心理预期应该将被逮住的概率考虑在内。

那些希望击败监管当局的人，也可以利用随机策略为自己谋利。他们可以将真正的罪行隐藏在许许多多虚假警报或罪行里，从而使监管者的注意力和资源大大分散，以至于不能有效发挥作用。举个例子：防空体系必须保证摧毁几乎百分之百的入侵导弹。对进攻方而言，击败防空体系的一个办法是用假导弹掩护真导弹。一枚假导弹的成本远远低于一枚真导弹。除非防守方真的可以百分之百地识

195

别真导弹和假导弹，否则防守方就不得不开动防空体系摧毁所有入侵导弹，不管它们是真是假。

发射哑弹的做法起源于第二次世界大战，那时人们其实不是有意设计假导弹，而是为了解决质量控制问题。正如约翰·麦克唐纳在他的著作《扑克、商业与战争中的策略》（*Strategy in Poker, Business and War*）中所说，"销毁生产过程中出现的次品炮弹的成本很高。有人想到一个主意，说生产出来的哑弹可以随机发射出去。对方的军队指挥官担不起任凭一枚延时起爆炮弹落在自己阵地的风险，而他也辨别不了哪些是不会爆炸的哑弹，哪些是真会爆炸的延时起爆炮弹。面对真真假假的炮弹，他不敢大意，只好竭尽全力摧毁发射过来的每一枚炮弹。"

本来，防守方的成本与可能被击落的导弹相比只是九牛一毛，但攻击方也有办法使防守成本高到难以承受的地步。实际上，这个问题正是卷入"星球大战"的各方所面对的挑战之一；他们可能找不到任何解决方案。

案例分析之七：霸王行动

1944 年，盟军正筹划一次解放欧洲的行动，而纳粹决心抵挡这一进攻。首次登陆有两个可能的地点：诺曼底海滩和加来港。若守军不堪一击，登陆必然取得成功。因此，德国人一定要将重兵布在其中一个地点。进攻加来的难度很大，却也更具战略价值。因为加来更接近盟军在法国、比利时乃至德国本土的终极目标。

假设成功的概率如图 7-10 所示。

196

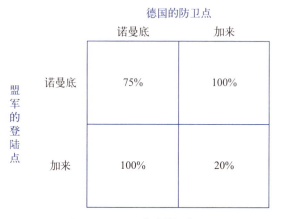

图 7-10　盟军成功的概率

得失结果用 0~100 分表示。盟军成功登陆加来得 100 分，成功登陆诺曼底得 80 分，无论在哪个地方失手，都得 0 分（德国人的得失结果正好与此相反）。

假设你同时扮演盟军最高统帅艾森豪威尔（Eisenhower）将军以及德国在法国的海岸防卫指挥官、陆军元帅隆美尔（Rommel），那么，你会选择什么策略？

案例讨论

首先，将成功概率的信息和成功的分值综合起来，画出一个平均得分图（如图 7-11 所示）。图中列出的分值是从盟军的角度得出的分值；德国人的得分可以看做这些数字的负数；因为双方的利益严格相悖。

基本的策略当中并不存在一个均衡，我们必须转向混合策略。用威廉斯的方法，盟军选择诺曼底或者加来登陆的机会应为（100－20）∶（80－60），即 4∶1，而德国人在诺曼底或者加来布防的机会应为（80 − 20）：（100 − 60），即 3：2。盟军若是采取自己的最佳混合策略，平均得分为 68。

德国的防卫点

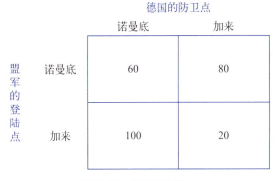

图 7-11　盟军得分图

　　我们选用的概率和分值可能存在部分合理的成分，也可能似是而非，但在分析这些问题的时候不大可能做到完全精确或教条主义。现在就让我们把上述结果同实际情况做个比较。回首当年，我们知道，盟军的混合策略高度倾向于诺曼底，而这正是他们的实际选择。而在德国人这边，策略倾向也差不多。因此，以下情况也就不会那么出人意料了：德国决策层被盟军的双重间谍诡计、不同级别指挥官的意见分歧以及一些纯粹的坏运气（比如命运攸关之际主帅隆美尔偏偏不在前线）搞得晕头转向。结果，他们终于没能在 D 日（大规模进攻开始日，D-Day）下午盟军进攻诺曼底并且眼看得手的时候，将全部后备部队投入诺曼底前线，却仍然相信一场更大规模的偷袭已经瞄准加来。即便如此，争夺奥马哈滩的决战还是一度陷入拉锯状态。不过，盟军终于夺取了奥马哈滩，巩固了他们突入诺曼底的阵地。接下来的故事也就不用我们重复了。 198

结 语

历史注记

博弈论是由普林斯顿大学伟大的学者约翰·冯·诺依曼首先提出的。早年，研究重点放在纯粹冲突的博弈（零和博弈）上。其他博弈则被当做一种合作方式进行考察，即参与者应该共同选择和实施他们的行动。这些方法不能涵盖现实当中的大多数博弈，在这些博弈里，人们各自选择行动，但他们之间的关系并非纯粹冲突。对于同时存在冲突与合作的一般博弈，我们提到的均衡概念归功于约翰·纳什。托马斯·谢林则扩展了相继行动博弈的分析，建立了策略行动的概念。

深入阅读

开先河的著作读起来总是趣味盎然。怀着这种想法，我们推荐约翰·冯·诺依曼与摩根斯坦的《博弈论与经济行为》（*Theory of Games and Economic Behavior*，普林斯顿大学出版社，1947），尽管其中的数学原理可能让人感到吃力。谢林的《冲突策略》（哈佛大学出版社，1960）超出了开先河著作的范围，直到今天仍然可以为我们带来有益的指点和思考。

　　若谈到一部有意思的零和博弈著作，J. D. 威廉斯的《完全策略大师》（修订版，麦格劳 - 希尔出版公司，1966）至今独领风骚。关于前谢林时代的博弈论，最透彻的高度数学化的解释来自邓肯·卢斯（Duncan Luce）与霍华德·拉法（Howard Raiffa）的《博弈与决策》（*Games and Decisions*，威立出版公司，1957）。 200

　　在博弈论的其他一般论著里，莫顿·戴维斯（Morton Davis）的《通俗博弈论》（*Game Theory: A Nontechnical Introduction*，第 2 版，基础书局,1983）可能是最容易读下去的著作。马丁·舒比克（Martin Shubik）的《社会科学中的博弈论》（*Game Theory in the Social Sciences*，麻省理工学院出版社，1982）则是一部更详细的、数学内容也更高深的著作。

　　还有一些很有价值的著作，讨论的是将博弈论应用于具体的情况。在政治领域,值得推荐的有史蒂文·布拉姆斯的《博弈论与政治》（自由出版社，1979）、威廉·赖克（William Riker）的《政治操纵的艺术》（*The Art of Political Manipulation*，耶鲁大学出版社，1986）以及彼得·奥德舒克（Peter Ordeshook）的更具技术意味的《博弈论与政治理论》（*Game Theory and Political Theory*，剑桥大学出版社，1986）。至于商界方面的应用，迈克尔·波特的《竞争战略》（自由出版社，1982）以及霍华德·拉法的《谈判的艺术与科学》（*The Art and Science of Negotiation*，哈佛大学出版社，1982）是两个很好的资源。

我们的遗漏责任

我们一直将零和博弈与非零和博弈的区别含糊带过。实际上，零和博弈的均衡有一些特点并不适用于非零和博弈，因此，这方面的严格阐述应该分别进行。

我们简化了许多案例，使每个参与者只有两个策略可以选择。这么做的前提是基本概念仍然可以大致进行阐述，不会出现重大遗漏。在多数情况下，引入更多策略只有纯粹的计算方面的意义。举个例子：3 个或 3 个以上的基本策略的随机化，可以交给一个简单的计算机程序完成。这里有一个新观点：均衡处只有一个子集的策略可能用得上（使用的概率为正数）。关于这一点，参见上述卢斯与拉法的著作。

我们一直忽略了称为"合作博弈"的内容，这种博弈的参与者共同选择和实施他们的行动，得出"核"或者"沙普利值"这样的均衡。我们这么做的原因在于，我们认为任何一个合作都应该作为一个非合作博弈的均衡结果出现，而在非合作博弈里，行动是由参与者独自决定的。这就是说，个人违背任何协议的动机应该可以辨认出来，并成为他们策略选择的一部分。不过，有兴趣的读者可以从戴维斯、卢斯与拉法以及舒比克的著作里找到合作博弈的处理方法。

从这里开始

第 3 部分着眼于建立几类策略互动的概念与技巧。其中包括讨价还价、投票选举、边缘政策以及激励设计。我们将再次通过例子和案例分析阐述策略原理，并以注释的形式向有兴趣进一步了解某些主题的读者列出推荐书目。

第3部分
THINKING STRATEGICALLY

第 8 章

边缘政策

1962 年 10 月，古巴导弹危机将整个世界拖到了爆发核战争的 205
边缘。苏联在反复无常的尼基塔·赫鲁晓夫的领导下，开始在古巴
装备核导弹，那儿距离美国本土只有 90 英里。10 月 14 日，我们的
侦察机带回正在建设中的导弹基地的照片。约翰·F. 肯尼迪总统在
他的政府内部进行了 10 天的紧张讨论，于 10 月 22 日宣布要对古
巴实施海上封锁。假如苏联当时接受这一挑战，此次危机很有可能
升级为超级大国之间一场倾巢而出的核战争。肯尼迪本人估计，发
生这种情况的可能性"介于三分之一到一半之间"。不过，经过几
天的公开表态和秘密谈判，赫鲁晓夫最后还是决定避免正面冲突。
为挽回赫鲁晓夫的面子，美国做了一些妥协，包括最终从土耳其撤
走美国导弹。作为回报，赫鲁晓夫则下令拆除苏联在古巴装备的导
弹，并且装运回国。[1]

赫鲁晓夫的目光越过了核导弹事件的边缘，却看到了他不想看
到的景象，因此宣布撤退。"边缘政策"一词看来就是为这么一种

206 策略设计的，这种策略将你的对手带到灾难的边缘，迫使他撤退。①
肯尼迪在古巴导弹危机中采取的行动，被普遍视为成功运用边缘政
策的典范。

我们普通人也会运用边缘政策，只不过不会产生那么深远的国
际影响罢了。比如公司管理层与工会可能面临一场毁灭性的罢工，
固执己见而不能达成妥协的夫妻可能离婚，意见不一的国会议员假
如不能通过预算案，就会让政府关门：这些案例的双方其实都会用
到边缘政策。他们故意创造和操纵着一个有着在双方看来同样糟糕
的结局的风险，引诱对方妥协。

边缘政策是一个充满危险的微妙策略，假如你想成功地运用这
个策略，你必须首先彻底弄明白它究竟是怎么一回事。我们的目标
就是以古巴导弹危机作为案例，帮助你把握边缘政策中的微妙之处。

肯尼迪政府发现苏联偷偷在古巴装备导弹，立即详细考虑了一
系列可能的行动：什么也不做；向联合国投诉（这一行动的实际效
果几乎就跟什么也不做一样）；实施封锁或隔离（这是实际选择的
方案）；向古巴的导弹基地发动空中打击；要么就是走极端，抢先
向苏联发动一场全面的核打击。

而在美国实施海上封锁后，苏联也有很多可能的回应方式。它
可以退让，并拆除导弹；停止从大西洋中部运输导弹（这是实际选
择的方案）；尝试在没有或有海上支援的情况下穿越封锁线；或者
走极端，抢先向美国发动一场全面的核打击。

在这一系列的行动与反行动里，一些可能的行动很显然是安全

① 托马斯·谢林或多或少发明了这个概念，也是首先对这一概念进行分析的学者。
本章内容从他的著作《冲突策略》（第七、八章）和《军备与影响》（第三章）中获益良多。
许多人会把边缘政策的英文 brinkmanship 错误地说成 brinksmanship，听上去更像是抢夺
一辆装甲车的技巧。

的（比如美国什么也不做或者苏联撤走导弹），而另外一些行动则带有明显的危险性（比如向古巴发动一场空中打击）。不过，在这 207 么大的范围里，我们怎么知道安全在哪儿终结，而危险又从哪儿开始呢？换言之，古巴导弹危机的边缘在哪里？是不是存在一条边界线，世界在这一边是安全的，一旦落到另一边就要遭受灭顶之灾？

答案当然是并不存在这么一个精确的临界点，人们只是看见风险以无法控制的速度逐渐增长。举个例子：假如苏联企图挑战美国的封锁，美国不大可能立即发射自己的战略导弹。但整个事件的紧张程度无疑会上升到一个新的水平，而人们的情绪也会变得越来越激动，可以预见，世界遭受灭顶之灾的风险也加大了。要想透彻地理解边缘政策，关键在于，必须意识到这里所说的边缘不是一座陡峭的悬崖，而是一道光滑的斜坡，它是慢慢变得越来越陡峭的。

在一定程度上可以说，是肯尼迪将全世界拖下了这个斜坡一点点；赫鲁晓夫不敢冒险再往下走，于是双方达成妥协，合力将全世界拉回到上面的安全之地。如果这就是肯尼迪的行动效果，那么我们至少可以含糊地说，这其实也是他的意图。[①] 现在我们就按照这个思路探讨边缘政策这一策略。

边缘政策的本质在于故意创造风险。这个风险应该大到让你的对手难以承受的地步，从而迫使他按照你的意愿行事，以化解这个风险。这么一来，边缘政策变成一个策略行动，属于我们在第 5 章

---

① 实际上，若将古巴导弹危机看做只有肯尼迪与赫鲁晓夫两人参与的博弈，很可能是个错误。任何一方还要应付内部"政治"这场博弈，即平民和军事当局不仅在各自内部相互争吵，彼此之间也不能达成一致。格雷厄姆·艾利森（Graham Allison）的《决策的本质》（*Essence of Decision*）将这场危机看做一个复杂的多人博弈（参见本章注释 [2]），从而使之成为一个引人注目的案例。接下去我们将会探讨这样一些参与者（和机构）会在边缘政策中起到怎样不可缺少的作用。

介绍的类型。和其他任何策略行动一样，边缘政策的目的是通过改变对方的期望来影响他的行动。实际上，边缘政策是一种威胁，只不过属于非常特殊的类型。要想成功运用边缘政策，你首先必须了解其独特之处。

208

我们通过三个问题分析这些独特之处：第一，为什么不直接用一种表示可怕结果一定会出现的确定性威胁你的对手，而只是借助一个单纯的风险来暗示可怕的结果可能出现？第二，最终确定风险是不是已经过去的机制又是什么？第三，这个风险的恰当程度应该如何把握？我们将依次回答这些问题。

为什么选择不确定性？

在美国希望苏联从古巴撤出导弹的前提下，肯尼迪为什么不直接威胁说，假如赫鲁晓夫不拆除那些导弹，他就会将莫斯科夷为平地？按照我们前面（第5章）介绍的术语，这将是一个令人信服的威胁；它必须具体说明对方退让的确切条件（将导弹撤回俄罗斯，还是装箱后搬上哈瓦那港的一条船）以及退让的最后期限。

问题在于，在实践当中，这么一个威胁不会有人相信，赫鲁晓夫不相信，其他什么人也不会相信。不错，这个威胁中提到的行动将会引发一场全球性的核战争，但这个危险本身实在太夸张了，以至于让人难以置信。假如导弹没有在最后期限之前撤离，肯尼迪一定不愿意将整个世界夷为平地，而更加愿意考虑延长留给苏联的最后期限，推后一天，再推后一天，如此下去。

在第6章，我们讨论过提高威胁的可信度的几个办法。在目前这个案例的具体情况下，动用一个自动装置看来就是最有把握的一个办法。[①] 这个办法就是影片《万无一失》（*Failsafe*）和《奇爱博士》的基础。在《奇爱博士》一片中，苏联安装了一个"末日毁灭机"，专门监测美国有没有越界，并由一套稳定的电脑程序确定了一系列 209 具体条件，一旦满足这些条件，这个装置就会自动从苏联方面实施报复行动。而在《万无一失》一片中，则是美国人拥有这样的"末日毁灭机"。读者若是看过这两部电影，一定明白肯尼迪总统为什么不能借助一个类似装置使他的威胁听上去更加可信。（我们强烈推荐没看过这两部电影的读者去看一看。）

从理论上说，在理想的情况下，一切都会按照计划发生。一台自动装置的存在可以使这个威胁更加可信。结果赫鲁晓夫退让了，这个威胁不必付诸实践，世界就免遭了灭顶之灾。假如某个威胁一定会奏效，那么它永远不必付诸实践，其规模大小并不重要，当真实践起来会让你遭受多大伤害也没关系。不过，在实践中，这个威胁能不能按计划奏效你不可能有绝对把握。

实际上，可能出现两种错误。第一，这个威胁可能失败。假设肯尼迪对赫鲁晓夫的心思的判断是完全错误的。赫鲁晓夫不肯退让，于是那台可怕的"末日毁灭机"就会自动启动，毁灭全世界，肯尼迪则会后悔当初居然安装了这么一个东西。第二，这个威胁即便在不应该付诸实践的时候也会实施。假设苏联退让，但这个消息传到"末日毁灭机"那里的时候偏偏晚了那么一点点。

由于这样的错误永远可能出现，肯尼迪一定不肯依赖于任何一个实施起来代价惊人的威胁。赫鲁晓夫若是知道这一点，根本不会

---

① 名誉不管用，因为威胁一旦付诸实践，末日就会来临。合同不管用，因为无论是哪一方，都会面对强大的诱惑，要求再谈判。依此类推。

相信这样的威胁，从而这些威胁也就不能阻吓他或迫使他就范。肯尼迪可以宣称有这么一台自动发射机，这台机器已经得到授权，假如苏联直到星期一还没有将导弹撤出古巴，它就要自行向莫斯科发射导弹；不过，赫鲁晓夫可以肯定，肯尼迪一定还有一个象征更高授权的按钮，这个按钮可以撤销这台机器发出的发射命令。

虽然表明战争必然爆发的**确定性**的威胁并不能让人信服，但表明战争可能爆发的**风险**或**概率**却可以变得可信。假如赫鲁晓夫不肯退让，就会出现一种风险，而不是一种确定性，表明导弹可能发射。这种不确定性降低了这个威胁的程度，从而使美国觉得这个威胁比较容易承受，因此在苏联看来也更加可信。

210　　　这跟我们在第 6 章提到的另一个提高可信度的办法相似，即小步前进。当时我们认为应该把一个大的承诺分解为一系列小的承诺。如果我打算卖给你一条价值 1 000 美元的重要消息，我可能不愿意仅凭你的承诺就和盘托出，而是一点一点地告诉你。相应地，你也会一笔一笔地付钱。同样的原则也适用于威胁。在这里每一步都包含一定的程度的风险。美国或苏联方面的每一次不让步都会加大爆发世界大战的风险，而他们的每一个小的让步则都会减少这个风险。假如肯尼迪愿意走得比赫鲁晓夫更远，那么肯尼迪的边缘政策就会取胜。

肯尼迪不能令人信服地威胁说他马上就要发动一场全面的核打击，但他可以通过某些正面交锋令人信服地将这种风险提高到一个新水平。比如，他可能愿意冒六分之一的爆发核战争的风险，以此换取苏联导弹一定撤出古巴。于是，赫鲁晓夫再也不能认为肯尼迪的威胁只不过是说说而已；假如肯尼迪使自己面临这样的风险有助于促使苏联撤走导弹，那么这么做其实符合他的利益。假如赫鲁晓夫认为这种水平的风险难以忍受，那么边缘政策就完满地达到了目的：它使肯尼迪可以选择一个大小更恰当的威胁，一个大到足以奏效而又小到足以令人信服的威胁。

我们还要考虑肯尼迪怎样才能以爆发战争的风险而不是爆发战争的确定性威胁对方。这里我们看到了前面提过的那道光滑的斜坡。

风险机制

怎样着手创造一个包含风险的威胁呢？在第 7 章，我们研究了有关混合行动的想法，提出了几种随机机制，若要从一系列混合行动当中选择一个行动，我们可以借助这些机制进行选择。现在我们　211也可以尝试同样的办法。举个例子：假设在古巴导弹危机期间，肯尼迪要以爆发战争的风险威胁对方，这种风险合适的可能性应该是六分之一。接着，他可以告诉赫鲁晓夫，除非苏联导弹在星期一之前撤出古巴，否则他就会投一个骰子，若是碰巧投出一个六，他就会下令美国军队发射导弹。

不过，与这一幕隐含的可怕情景相反，这一招未必行得通。假如赫鲁晓夫就是不肯就范，而肯尼迪也确实投出了一个六，但实际决策权还是在肯尼迪的手里。在末日来临前，他会有一种强烈的愿望，想再给赫鲁晓夫一个机会，也就是再投一次骰子（"我们来一个三局两胜吧"）。赫鲁晓夫早就看穿了这一点，也知道肯尼迪同样明白这一点。于是这个威胁的可信度一定会丧失殆尽，就好像从来没人提过这个精心设计的投骰子决定的机制一样。

这里必须看到：当一座陡峭的悬崖被一道光滑的斜坡取代时，就连肯尼迪本人也不知道安全的界线究竟在哪里。这就好比他在玩一场核战争的俄罗斯轮盘赌，而不是投一个骰子。有一个数字会引发大灾难，但他并不知道究竟是哪个数字。假如当真出现这个数字，他不可能改变主意再投一次。

在与理性的对手较量时，没人愿意越过核战争的边缘，却有可能由于一个错误而滑下那道光滑的斜坡。边缘政策创造了一种刚刚超出控制的情况，故意掩盖了那道悬崖。

因此，边缘政策的风险与混合行动的概率元素存在根本区别。假如你的网球发球的最佳混合比例是正手和反手各占 50%，而你在某一次特定发球前抛一枚硬币，若是翻出正面，你没有理由感到高兴或不高兴。你对自己的每一次行动毫不在意；真正重要的是每一次的不可预测性以及正确的混合比例。而边缘政策则是你愿意在事实发生前创造这个风险，却在时机来临时不愿意将这个风险付诸实践。要想让你的对手相信你威胁的后果一定会发生，你还要借助其他一些渠道。

最常见的是采取超出你的控制的行动。这不是"假如你不服从我，就会出现我会这么做的风险"的问题。相反，这是"假如你不服从我，就会出现不管到时候你我会不会感到后悔不迭都会发生这样的事情的风险"的问题。因此，边缘政策的可信度离不开一个约定机制；只不过这个机制包含一枚硬币或一个骰子，用于决定究竟出现什么结果。

这里引出了一个机器人或一台电脑按照骰子投出的数字自行行事的情形，但它却是一种不会变成现实的情形。不过，在许多情况下，担心"局势可能超出控制"的普遍的恐惧心理可以收到异曲同工之妙。肯尼迪没有必要确切说出世界末日的出现概率究竟有多大。

士兵和军事专家常常谈到"战争迷雾"，说的是双方在沟通中断、带有恐惧或勇敢的心理以及存在很大程度的普遍不确定性的情况下采取行动。同一时间发生的事情太多，因而没办法一直将每一件事都牢牢置于自己的掌握之中。这对创造风险有一定帮助。古巴导弹危机本身就提供了这么一个例子：比如，即便是总统也可能发现，一旦实施海上封锁，要想牢牢控制这一行动并不容易。肯尼迪想把封锁线从距离古巴海滩 500 英里处后撤到 800 英里处，目的是给赫鲁晓夫多留出一些时间。不过，美国人登上第一艘船"马库拉号"（苏联租借的黎巴嫩货船）进行检查的证据显示，封锁线从没移动过。[2]

国防部长麦克纳马拉（McNamara）也没能说服海军参谋长安德森（Anderson）修改海上封锁的标准操作程序。在格雷厄姆·艾利森的《决策的本质》一书中，麦克纳马拉这样跟安德森解释：

> 按照常规，封锁是一种战争行为，第一艘拒绝接受登船检查的苏联船只要冒被击沉的风险。不过，现在说的是一种带有政治目的的军事行动。必须用某种方式劝说赫鲁晓夫撤走，而不是刺激他采取报复行动。[3]

213

艾利森接着描述了他想象的这次会面的情景。"麦克纳马拉意识到这一逻辑没能说服安德森，于是转而详细询问对方：谁将首次实施拦截？会说俄语的美国军官在船上吗？遇到潜水艇又该怎样对付？……假如一名苏联船长拒绝回答关于所装货物的问题，他该怎么办？就在这时，这名海军军官拿起一本《海军规章手册》（*Manual of Naval Regulations*）在麦克纳马拉面前挥了一下，嚷道：'全在这上面了！'对此，麦克纳马拉答道：'我才不管约翰·保罗·琼斯*（John Paul Jones）会怎么做。我要知道你会怎么做。'安德森以下面这句

---

* 约翰·保罗·琼斯系美国海军指挥官，1812 年击败英国海军，被尊为"战争英雄"。——译者注

话结束了这次会面：'现在，部长先生，假如您和您的副手可以回到您的办公室去，海军就会执行封锁行动。'"

海上封锁的标准操作程序可能会施加超出肯尼迪计划范围的风险。因此，很重要的一点在于，认识到这种风险并非一个二人博弈，而苏联或美国也不能被看做是其中的一个个体参与者。肯尼迪的决策必须由自有一套程序的各方负责实施，这一事实使肯尼迪可以令人信服地表明确实会有一些事情超出他的控制。官僚机构自有一套行事方式，行动一旦发生就难以停止，以及组织内部存在相互冲突的目标，这些事实都是对肯尼迪有利的，他可以借此威胁说他要启动一个程序，而这个程序他自己也不能保证可以停止。

风险控制

214　　假如你想从某人嘴里套出一些独家新闻，你若威胁说他要是不老实招供你就会杀了他，你的威胁一定没人相信。他知道，一旦到了需要你兑现威胁的时候，你就会意识到你想要的秘密会跟他一起埋藏，从而你就会失去兑现威胁的动机。好莱坞电影为这一问题以及如何处理这一问题作了两个绝妙的描述。谢林引用过影片《牙买加疾风》（*High Wind in Jamaica*）中的一个场景。[4]"海盗船长查维斯（Chavez）想要他的俘虏说出财宝藏在哪里，于是他拿出一把刀搁在这个俘虏的喉咙上，以为这样就可以使他招供。过了一会儿，俘虏还是默不作声，船长的同伙反而笑起来，说：'假如你割断他的喉咙，他就没法向你招供。他知道这一点。他也知道你知道这一点。'查维斯把刀收起来，开始琢磨别的办法。"

假如查维斯看过《马耳他之鹰》，他本来也许可以扔掉那把刀子，转而尝试边缘政策。在那部影片里，斯佩德（汉弗莱·博加特饰）藏起了那只价值连城的鸟，而古特曼（悉尼·格林斯特里特饰）则绞尽脑汁要找出藏在哪里。

> 斯佩德向这个来自地中海东部的家伙微微一笑，和气地答道："你想要那只鸟吧。它在我的手里……假如你现在杀了我，你又怎能找到那只鸟？假如我知道你在得到那只鸟之前杀不了我，你又怎能指望吓唬我交出来？"

古特曼的回应是解释他打算怎样使自己的威胁变得令人信服。

> "我明白你的意思。"古特曼格格笑了。"这是一种态度，阁下，需要双方拿出最敏锐的判断，因为你也知道，阁下，男人若是急了，很快就会忘掉自己的最大利益究竟是什么，任凭他们的情绪指挥自己，失去自制力。"[5]

古特曼承认他不能以处死的办法威胁斯佩德。不过，他可以让斯佩德面对一种风险，即局势可能在僵持到极点的时候超出控制。结果会是什么就说不准了。不是古特曼存心要杀斯佩德，只不过确实可能发生事故。而死亡又是不可逆转的。古特曼不能承诺假如斯佩德不肯招供，他就一定大开杀戒。但他可以威胁说要让斯佩德处于一种境地，在这种境地下古特曼自己也不能保证是不是可以防止斯佩德遇害。① 这种让某人了解自己遭受惩罚的概率的本事应该足

---

① 这可以看做一种不合理行为的策略合理性，我们已经在第6章讨论过了。不过，现在讨论的关键特征是一种不合理行为的概率，而不是它的确定性。

以使这个威胁奏效，假如惩罚足够吓人的话。

这么一来，斯佩德丧命的风险越大，这个威胁就越管用。不过，与此同时，这个风险也会让古特曼感到越来越难以承受，从而变得越来越难以置信。古特曼的边缘政策在且只在一个条件下奏效：存在一个中等程度的风险概率，它使这个风险大到足以迫使斯佩德说出那只鸟的藏身之处，却又小到让古特曼觉得可以接受。这么一个范围只在斯佩德重视自己的生命胜过于古特曼重视那只鸟的时候存在，这是因为，迫使斯佩德招供的风险（即死亡）小于阻止古特曼下毒手的风险（即失去宝贵的信息）。边缘政策不仅在于创造风险，还在于小心控制这个风险的程度。

现在我们遇到一个问题。许多创造风险的机制不允许对这个风险的程度进行足够精确的控制。我们前面已经看到肯尼迪是怎样运用内部政治和标准操作程序确保局势可能超出他的控制的，且局势不会由于肯尼迪自己有心退让而受到影响。不过，同样是这些事情，使他难以确保这个风险不会上升到连美国自己也感到难以承受的程度。肯尼迪自己估计的这个风险——概率介于三分之一与一半之间——是一个具有较宽范围的风险，不由得让人担心这个风险究竟能不能得到有效控制。对于这个两难问题，我们没有任何完美的或普遍有效的答案。边缘政策通常会是一个很管用的办法，却同样可能变成某种冒险经历。

216

逃离边缘

还有最后一个方面的控制，是使边缘政策发挥效力所不可缺少的因素。受到威胁的一方通过同意边缘政策者的条件，必须有能力充分减小这一风险，通常是一路减小为零。斯佩德必须得到保证，只要古特曼知道那个秘密，他的心情就一定会马上平静下来，而赫鲁晓夫也必须得到确认，只要他一退让，美军就会马上撤退。否则，如果无论你做或不做，你都会遭到惩罚，也就不存在什么退让的激励了。

美国贸易政策的做法代表了一种缺乏控制机制的边缘政策。美国贸易当局企图以国会将要通过更具保护主义色彩的行动作为威胁，迫使日本和韩国向美国出口货物敞开大门（同时减少对美国的出口）。"假如我们不能达成一个适中的协议，国会就会立法限制进口，这对你们更加不利。"1981 年日本同意的所谓汽车自愿出口限制就是这么一个较量的结果。经常动用这样的战术存在一个问题，即这些战术可以创造风险，却不能将风险控制在一个必要的范围。一方面，只要立法者的心思转向其他一些事情，国会采取保护主义行动的风险就会降到一个很低的水平，以至于这个威胁一点也不管用。另一方面，假如国会正在讨论解决贸易赤字问题，那么这个风险要么会高到我们的政府自己也难以承受的水平，要么就是对外国的限制迟迟没有反应，从而同样变成一个没有效力的威胁。换言之，美国政府机构之间的相互制衡可以创造风险，却不能有效控制风险。

跌落边缘

无论怎样运用边缘政策，总有一种跌落边缘的风险。虽然策略 217
家们回顾古巴导弹危机的时候会把它当做边缘政策的一个成功应

用，但假如超级大国之间爆发一场战争的风险变成现实，我们对这一案例的评价就会完全不同。[6] 若是真的爆发了战争，幸存者一定会责怪肯尼迪完全没有考虑后果，毫无必要地就把一场危机升级为一场灾难。不过，说到运用边缘政策，跌落边缘的风险经常会变成现实。

在民主德国和捷克斯洛伐克出现民主示威时，当地共产党政府选择了向人民的要求屈服。在罗马尼亚，政府打算强硬抵制一场改革运动，包括动用暴力镇压以维持自己的统治。暴力几乎激化至爆发一场内战的程度，最后，总统尼古拉·齐奥塞斯库（Nicolae Ceausescu）由于对自己人民犯下的罪行而被处决。

核边缘政策

现在我们把这些概念放在一起，看看美国怎样将核边缘政策当做一个有效的阻吓手段。只有在冷战结束的今天，我们才能以一种冷静的、分析的态度回顾核边缘政策，而在这之前我们根本做不到。许多人认为核武器存在一种悖论，因为核武器象征的威胁太大，以至于完全用不上。假如核武器的使用不是合理的，那么这个威胁也不可能是合理的。这就跟放大了的古特曼与斯佩德的交易差不多。一旦失去了威胁的价值，核武器对阻吓小型冲突也就毫无用处。

这就是欧洲人担心北约的核保护伞可能抵挡不住苏联常规军队的暴风骤雨的原因。即便美国决心保卫欧洲，人们还是会继续争辩说，核武器的威胁若是遇到苏联的小型进攻，根本就不可信。苏联可以运用每次切一小片的"意大利香肠"战术，钻核武器威胁的这个空子。假设西柏林突发暴动，发生火灾。民主德国消防车紧急驰援，进入西柏林。美国总统是不是应该按下核按钮呢？当然不行。民主德国警察也来帮忙了。是不是应该按下核按钮呢？还是不行。民主德国警察留下来不走了，几天后民主德国军队前来换走了民主德国警察。整个入侵过程，攻方每次只增加那么一点点分量，幅度那么小，以至于守方根本没有理由发动一场大的报复行动。北约就这样一点一点重新确定自己的忍耐底线。最后，苏联人可能已经抵达特拉法尔加广场，被迫逃亡的北约总部还在琢磨自己究竟在什么时候错过了反击的机会。[7]

　　这个结论其实完全错了。美国就苏联在欧洲的常规入侵发动核报复的威胁是边缘政策之一。有两个办法可以绕过被迫重新确定忍耐底线的问题。这两个办法边缘政策都会用到。首先，你要设法让惩罚措施的控制权超出你自己的控制，从而断绝你自己重新确定忍耐底线的后路。其次，你要将悬崖转化为一道光滑的斜坡。每向下滑一步都会面对失去控制而跌入深渊的风险。这么一来，你的对手若要用"意大利香肠"战术避开你的威胁，就会发现他自己将不断面对一个很小的遭遇灭顶之灾的概率。他每切下一小片香肠，无论这一片有多小，都有可能成为引发万劫不复灾难的最后一片。**要使这种威胁变得可信，一个必不可少的要素在于，无论是你还是你的对手都不知道转折点究竟在哪里。**

　　一个很小的遭遇灭顶之灾的概率可以具有和一个很小的遭受惩罚的必然性同样的威胁价值。美国通过创造一个风险，即哪怕政府本身竭尽全力防止，导弹还是可能发射出去的风险，成功地运用了边缘政策。美国的威胁能不能付诸实践与它本身的意愿无关。核武器的威胁在于可能出现意外事故。当存在任何常规冲突都有可能使

219

局势激化到失去控制的可能性时，核阻吓就变得可信了。这一威胁不是一定发生，而是一种同归于尽的可能性。

随着一场冲突升级，引发一场核战争的一系列事件发生的可能性也在增加。最后，战争的可能性变得那么大，以至于终于有一方决定撤退。不过，战争的车轮一旦启动就不是那么容易控制的了。出人意料的、意外发生的、可能是偶然的也可能是疯狂的、超出领导人控制的行动，将为局势激化直至动用核武器铺设道路。麻省理工学院政治科学教授巴里·波森（Barry Posen）有过这样精辟的描述：

> 一般认为，激化要么属于合理的政治选择，因为领导层决定先发制人或要避免在一场常规冲突中败下阵来；要么就是一个事故，原因可能是机械故障、越权指挥或陷入疯狂。不过，从紧张的常规冲突的一般做法产生的激化并不属于上述两种类型：它既不是一个刻意的政策措施，也不是一个事故。可被称为"意外激化"的事情，其实更接近于要打一场常规战争的决策之外的一个完全没有料到的后果。[8]

220 核阻吓包含一个基本的得失结果。有能力发出同归于尽的威胁，本身就存在一种价值。毕竟，在人类进入核时代之后，我们享受了半个世纪没有爆发世界大战的和平。不过，把我们的命运交给概率去控制是要付出代价的。核阻吓要求我们接受某种同归于尽的风险。关于核阻吓的争论大部分集中在这种风险上。我们有什么办法可以降低爆发核战争的可能性，同时又不会削弱核阻吓的力量呢？

诀窍同样在于确保这样的普遍化的风险控制在有效的与可接受的界限内。本章我们已就怎样做到这一点给出了一些提示，不过，完全成功的边缘政策仍是一门艺术和一种冒险。

案例分析之八：大西洋上的边缘政策

一旦爆发战争，海军将突入挪威海，先是潜艇部队，然后是几艘航空母舰。他们将击退苏联舰队，攻击它们的本土基地，消灭港口以及任何位于航空母舰搭载的攻击飞机航程以内的阵地。

——约翰·莱曼（John Lehman），美国海军部长
（1981—1987 年在位）

威胁苏联核导弹潜艇等于发动核战争。局势很快就会激化。

——巴里·波森，麻省理工学院政治科学教授[9]

波森认为，美国海军在大西洋的政策很危险，也很容易使局势激化。一旦与苏联方面发生任何常规冲突，美国海军就想击沉苏联在大西洋的全部潜艇。这一策略的问题在于，目前美国尚不能分辨出核潜艇与常规潜艇。因此存在一个风险，即美国可能由于意外击 221 沉苏联一艘载有核武器的潜艇而在毫不知情的前提下越过了核阻吓的藩篱。到了这个时候，苏联一定觉得自己有理由向美国的核武器发动攻击，全面核战争一触即发，要不了多久双方就会开始互投核武器了。

海军部长约翰·莱曼为这个策略辩护，其说法就跟波森反对这个策略一样尖锐有力。他认识到一场常规战争可能升级为一场核战争。但他争辩说苏联也会认识到这一点！局势激化的可能性不断增

加是合理的，因为这可以首先降低爆发一场常规战争的可能性。

边缘政策究竟应站在哪一边？

案例讨论

我们对边缘政策的理解可能在两边都不讨好。假如目标是阻止一场核战争，那么这项政策应该没有任何影响。一场常规战争激化的可能性增加一点，应该正好被发动一场常规战争的可能性降低一点抵消。

一个比喻也许有助于说明问题。假设我们打算降低手枪的精确度，从而使决斗变得安全一点。可能出现的结果是决斗双方开枪前可能会走得更近。假设决斗双方都有同样的好枪法，干掉对方等于得到 1 分的奖励，而被干掉等于得到 −1 分的惩罚。那么，决斗双方的最优策略是不断接近对方，在击中对方的可能性达到 1/2 的时候开枪。一枪致命的可能性都是 3/4，与手枪的精确度无关。可见，改变规则不会改变结果，因为所有参与者都会调整自己的策略，设法抵消这一变化带来的影响。

要想阻止苏联人发动一场常规进攻，美国必须设法使他们面临这一进攻将会激化为核战争的风险。如果这一风险沿着某个方向变得越来越大，那么，苏联人在这个方向的前进就会变得越来越慢。美国（和苏联一样）也就更有可能提出和解，因为它们都清楚双方正面临越来越大的风险。

美国和苏联在评估自己的策略时，必须以策略的结果而不是行动为依据。另一个有助于思考这一问题的方法是，假设双方参加一场拍卖，只不过拍卖用的不是美元或卢布，而是发生灭顶之灾的概率。到了某一时刻，出价的数字变得越来越高。一方决定就此罢休，而不是进一步使局势激化最终走向同归于尽的结局，而同归于尽的概率为23%。不过，这一方也可能晚了一步，导致会给双方带来损失的概率变成了真实的恶果。

在美国和苏联的冲突中，出价就是这个冲突激化的概率。双方出价的时候怎么沟通取决于这个博弈的规则。不过，单纯改变这些规则并不能使边缘政策变成一个更加安全的博弈。假如美国改变它在大西洋的政策，苏联也会改变它的策略，并使它对美国的压力保持在同一水平。在一个更加安全的世界里，各国可以采取更加容易使局势激化的措施。只要威胁是一个概率，苏联总是可以调整自己的行动，使这个概率保持不变。

这一结论并不意味着你应该就此放弃，听任可能爆发核战争的风险的存在。要想降低这个风险，你不得不从一个更加根本性的层次着手解决这个问题：必须改变这个博弈。哪怕当年的法国和德国贵族改用精确度较低的手枪，也不能保证他们多活几年。相反，他们不得不修改扔下一只手套就决斗的荣誉守则。假如美国和苏联抱有同样的目的，那就修改这个博弈，而不是单单修改这个博弈的法则。

第 9 章

合作与协调

223　　　我们的晚餐并不是来自屠夫、啤酒酿造者或点心师傅的善心，而是源于他们对自身利益的考虑……［每个人］只关心他自己的安全、他自己的得益。他由一只看不见的手引导着，去提升他原本没有想过的另一目标。他通过追求自己的利益，结果也提升了社会的利益，比他一心要提升社会利益还要有效。

1776 年，亚当·斯密（Adam Smith）在《国富论》（*The Wealth of Nations*）中写下了这段话。从那时起，这段话就成为鼓吹自由市场者耳边的美妙音乐。人们因此认为，经济市场的效率意味着政府不要干预个人为使自己利益最大化而进行的自利尝试。一些鼓吹自由市场者倾向于将这一主张扩展到经济领域之外，就像伏尔泰小说《老实人》（*Candide*）中的庞格罗斯（Pangloss）医生，宣称"在这里每件事都要做到尽善尽美，达到一切可能存在的世界的极致"。

不幸的是，亚当·斯密的"看不见的手"适用范围相对较小。并不存在什么普遍假定，说只要每一个人都追求自己的利益，那么一切可能出现的世界都会取得最好的结果。即便是在经济事务这一更窄的范围内，"看不见的手"这一法则也有一些重要的说明和例外。

博弈论为思考个体之间的社会互动关系提供了一种自然的方式。每个人都有自己的目标和策略；我们把这些因素放在一起，考察博弈的均衡，其中策略是相互作用的。记住，没有什么假定宣称存在一个均衡一定是好事；我们必须就事论事，分析各种情况的结果究竟是个体对全体的战争，还是一切可能存在的世界的极致，抑或落在这两个极端中间。 224

为什么亚当·斯密认为这只"看不见的手"可能为社会带来好的经济结果呢？简单地说，他的推论过程是这样的：假如我买了一条面包，我就在使用一些从社会角度看来有价值的资源——小麦、能源、烤箱提供的服务、劳动，等等——这些资源被用来生产这条面包。阻止我过度使用这些资源的因素在于这条面包的价格。我只会在一种情况下买这条面包：这条面包在我眼里的价值超出我必须支付的价格。在一个运行良好的市场，价格等于所有这些资源的成本——除非价格可以抵消面包师傅的全部成本，否则他不会把这条面包卖给我，而竞争则使他不能向我多要一点钱。于是，我只会在一种情况下买这条面包：这条面包在我眼里的价值超出这些资源在社会其他人眼里的成本。这么一来，这个市场机制就能控制我买更多面包的欲望，使这种欲望维持在恰当的水平。这就好比价格是一种"罚金"，我要为自己使用了这些资源而向社会其他人做出补偿。而另一方面，面包师傅作为社会其他人的代表，则会由于向我提供了我所看重的面包付出了成本而得到补偿，因此又会获得恰当的激励继续生产面包。

我们估计，这一推论的简洁、清晰和完美，正是它如此引人注目的原因所在。实际上，这种简洁同样清晰地传达了这一推论存在局限性的信息。"看不见的手"至多也就适用于一切都能标出价格的情况。但在经济学以外的许多情况，甚至经济学内部的许多情况中，人们并不会由于损害社会其他人的利益而被征收罚金，也不会由于造福其他人而得到奖励。比如，生产商几乎不会由于将清洁的空气消耗殆尽而被迫支付一笔足够高的费用，也不会由于培训一名工人而得到补偿，而这名工人可能上完培训课就辞职，另找一份工作。在这里，污染是一种没有标价的货物（实际上也是一种不好的货物），而我们的问题在于，并不存在什么经济激励，可以调节一家公司制造大量污染谋求私利的做法。一家公司培训了一名工人，而这一货物并未在市场上交易，也就不存在什么价格可以指导这家公司的行动；这家公司必须使自己的成本与收益持平，它不可能找到其他人，心甘情愿为它支付这一服务的成本。在囚徒困境里，当一名囚徒坦白时，他伤害了他的同伴，却不会因此而缴纳罚金。由于存在许多没有标价或不作为市场交易的行为，自利行事者常常对其他人造成很大伤害而带来的好处却微乎其微的现象也就不足为奇了。

在这个广泛的主题下，"看不见的手"可能在许多方面是失灵的。每个人可能去做从个人看来最好的事情，却得到了从集体看来最坏的结果，好比囚徒困境的例子。实在有太多人会做错事，又或是每个人都太容易做错事。这些问题当中，有一部分可以使之顺应社会政策，另一部分则不大容易调节过来。本章各部分将依次讨论"看不见的手"失灵的不同类型。我们为每种类型都设计了一个中心例子，然后探讨相同的问题在更加广泛的领域是怎样出现的，以及可能怎样加以解决。

钟为谁而鸣？

20 世纪 50 年代，美国的常春藤联校面临一个问题。每个学校都想派出一支战无不胜的橄榄球队，结果发现各个学校为了建立一支夺标球队而过分强调体育，忽略了学术水准。不过，无论各队怎样勤奋训练，各校又是怎样慷慨资助，赛季结束的时候各队的排名却和以前差不多。平均胜负率还是 50/50。一个难以逃避的数学事实是，有一个胜者就要有一个负者。所有的加倍苦练都会付诸东流。

226

大学体育比赛的刺激性同等地取决于两个因素，一是竞争的接近程度以及激烈程度，二是技巧水平。许多球迷更喜欢看大学篮球比赛和橄榄球比赛，而不是职业比赛；大学体育比赛的技巧水平可能稍低一些，竞争却往往更刺激、更紧张。抱着这样的想法，各大学也变聪明了。他们组织起来，达成协议，将春季训练限定为一天时间。虽然球场上出现了更多失误，但球赛的刺激性却一点也没减少。运动员有更多时间准备功课。各方的结果都比原来更好，只有那些希望母校忘记学术水准，一心夺取橄榄球冠军的校友例外。

许多学生一定也想和自己的同学在考试之前达成同样的协议。只要分数还是以一条传统的"钟形曲线"为基础，那么，你的相对排名就比绝对的知识水平来得更重要。这和你知道多少没有关系，有关系的只是别人比你知道得少。胜过其他学生的诀窍在于学习更多知识。假如大家都勤奋学习，也都掌握了更多知识，但相对排名以及底线——分数——在很大程度上依旧会保持不变。即便全班同学真的一致同意将春季学习限定为一天时间（最好是在雨天），他们也会花较少的努力得到同样的分数。

这些情况的一个共同特征在于，成功是由相对成绩而非绝对成绩决定的。假如一名参与者改善了自己的排名，那他必然使另一个人的排名变得差了。不过，一人的胜利要求另一人的失败的事实并不能使这个博弈变成零和博弈。零和博弈不可能出现所有人都得到更好结果的情况。但在这个例子中却有可能。收益范围来自减少投入。尽管胜者和负者的数目一定，但对于所有参与者而言，参加这个博弈的代价却会减少。

为什么（有些）学生学习过于勤奋，产生这个问题的原因是他们不必向其他学生支付一个价格或补偿。每个学生的学习好比一家工厂的污染，会使所有其他学生觉得更难以呼吸。由于不存在购买和出售学习时间的市场，结果变成一场称为"老鼠比赛"的你死我活的残酷竞争：每个参与者都极为用功，却没有什么机会表现自己的努力成果。不过，没有一支球队或一个学生愿意成为唯一减少这种努力的人，他们也不愿意带头减少这种努力。这就好比参与者超过两个的囚徒困境。要想挣脱这个困境的藩篱，需要一种可强制执行的集体协议。

正如我们在欧佩克与常春藤联校的例子中看到的那样，诀窍在于建立一个卡特尔，限制竞争。高校学生面临的问题是卡特尔不容易查出作弊行为。对于这个学生集体，作弊者就是那个花更多时间学习，企图跑到别人前面去的学生。很难说得清谁有没有偷偷学习，除非等到他们在测验里"一枝独秀"的那一天。但那时已经太晚了。

在一些小镇，高校学生还真找到了一种办法，执行他们"不学习"的卡特尔协议：每天晚上大家聚集起来，在中央大街巡逻。谁若是在家学习而缺席，就会马上被发现，从而遭到排斥或更糟糕的惩罚。

很难安排一个自动执行的卡特尔协议。不过，若有一个外人专门负责执行这个限制竞争的协议，情况就会大为改观。而这正是香烟广告中发生的情况，虽然这一结果其实完全是无意造成的。过去，烟草公司经常花钱说服消费者"多走一英里"买它们的产品或"宁可打架也不换牌子"。这些各种各样的广告养肥了广告公司，但其主要目的却是防守——各家公司之所以做广告是因为其他公司在做广告。后来，到了1968年，法律禁止烟草广告在电视播放。烟草公司认为这一限制会损害它们的利益，要求废除。不过，等到迷雾散尽，烟草公司发现这一禁令实际上有助于它们免遭一个倒霉的下场，并且，由于烟草公司再也不必大笔花钱做广告，其利润状况因此大有改善。

那条人迹罕至的路线

从伯克利到旧金山，有两条主要路线可以选择。一是自驾车穿 228
越海湾大桥，二是搭乘公共交通工具，即"海湾地区快速运输"列车，简称BART。穿越海湾大桥的路线最短；假如不塞车，只需20分钟。但这样的好事很少遇到。大桥只有4车道，很容易就发生堵塞。[①]
现在我们假定（每小时）每增加2 000辆汽车，就会耽搁正在路上的每一个人10分钟时间。比如，只有2 000辆汽车的时候到达目的

---

① 有时候，在地震过后，大桥干脆全部关闭。

地需要 30 分钟；若有 4 000 辆汽车，所需时间则延长至 40 分钟。

BART 列车停好几个站，而且乘客必须走到车站等车。客观地说，这么走的话也要接近 40 分钟，但列车从不堵塞。若是乘客多了，公司就会加挂车厢，通行时间大致保持不变。

假如在运输高峰时间有 10 000 人要从伯克利前往旧金山，应该怎样将这些人合理分配到两条路线上去呢？每个人都会考虑自己的利益，选择最能缩短自己的旅行时间的路线。假如任由他们自己决定，40% 的人会选择自驾车，60% 的人会选择搭乘火车。最后大家的旅行时间都是 40 分钟。这个结果就是这个博弈的均衡。

通过探究假如这个比例发生变化，结果会有什么变化，我们可以进一步讨论这个结果。假定只有 2 000 人愿意开车穿越海湾大桥。由于汽车较少，交通比较顺畅，这条路线的通行时间也会缩短，只要 30 分钟。于是，在选择搭乘 BART 列车的 8 000 人当中，有一部分人会觉得改为自驾车可以节省时间，并且愿意这么做。相反，假如 8 000 人选择自驾车穿越海湾大桥，每人要花 60 分钟才能到达目的地，于是他们当中又有一部分人愿意改乘火车，因为搭乘火车花的时间没那么长。不过，假如有 4 000 人上了海湾大桥，6 000 人上了火车，这时候谁也不会由于改走另一条路线而节省时间：旅行者们达到了一个均衡。

我们可以借助一张简单的图（如图 9-1 所示）描述这个均衡，从本质上说，它很接近第 4 章描述的囚徒困境课堂实验的均衡。直线 AB 代表 10 000 名旅行者，从 A 开始表示开车穿越海湾大桥的人数，从 B 开始则为搭乘火车的人数。纵轴高度表示通行时间。上升的直线 DEF 表示穿越海湾大桥的通行时间怎样随着司机数目的增加而增加。水平直线则表示搭乘火车所需的固定不变的 40 分钟时间。

两条直线交于 E 点,意味着当穿越海湾大桥的司机数目达到 4 000 人,即线段 AC 的长度时,两条路线的通行时间相等。图解均衡是描述均衡的一种非常有用的工具;我们在本章后面的内容还会用到。

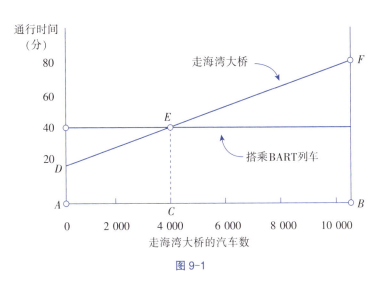

图 9-1

这个均衡对作为一个整体的旅行者们来说是不是最好的呢?并非如此。我们很容易就能找出一个更好的模式。假定只有 2 000 人选择走海湾大桥。他们每人可节省 10 分钟。至于另外 2 000 名改乘火车的人,他们的旅行时间和原来自驾车的时候一样,还是 40 分钟。另外 6 000 名继续选择搭乘火车的人也是同样的情况。这样整体旅行时间节省了 20 000 分钟(接近两星期)。

怎么有可能节省时间呢?或者换句话说,为什么可以自行决定而不必受到一只"看不见的手"引导的旅行者不能自发达成最佳混合路线的结果呢?我们再次发现,答案在于每一个使用海湾大桥者给其他人造成的损害。每增加一个旅行者选择海湾大桥,其

230

他人的旅行时间就会稍微增加一点。但是这个新增加的旅行者不必为导致这一损害而付出代价。他只要考虑自己的旅行时间就行了。

那么，这些旅行者作为一个整体的时候，什么样的旅行模式才是最佳模式呢？实际上，我们刚刚确定的那个模式，即 2 000 人选择海湾大桥，总共节省 20 000 分钟的模式，就是最佳模式。为了帮助理解这一点，我们再看另外两个方案。假如现在有 3 000 人选择走海湾大桥，这就意味着 3 000 辆汽车上桥，那么这一路线的通行时间就是 35 分钟，每人节省 5 分钟，但总共节省的时间只有 15 000分钟。假如只有 1 000 人选择海湾大桥，通行时间就是 25 分钟，每人节省 15 分钟，总共节省的时间一样，也只有 15 000 分钟。2 000人选择海湾大桥，每人节省 10 分钟的中间点就是最佳模式。

怎样才能达成最佳模式呢？信奉中央规划者打算只发 2 000 份使用海湾大桥的许可证。假如他们担心，这种做法不公平，因为持有许可证者只要 30 分钟就能到达目的地，而没有许可证的另外8 000 人则要花 40 分钟，那么他们可以设计一个精巧的系统，让这些许可证每月轮换一次，保证这 10 000 人轮流使用。

一个以市场为基础的解决方案要求人们为自己对别人造成的损害付出代价。假定大家认为每小时的时间价值为 12 美元，换言之，大家愿意花 12 美元换取一小时时间。于是我们可以在海湾大桥设立收费站，收费标准比 BART 列车票价高出 2 美元。这是因为，按照我们假定的条件，人们认为每多花 10 分钟时间等于损失2 美元。现在这个均衡旅行模式包括 2 000 人选择海湾大桥和 8 000人选择 BART 列车。每个使用海湾大桥的人要花 30 分钟时间到达目的地，外加多花 2 美元过桥费；每个搭乘 BART 列车的人要花 40

分钟时间到达目的地。在这个过程中我们收取了 4 000 美元过桥费（外加 2 000 张 BART 列车车票的收入），这笔钱可以纳入当地预算，造福每一个人，因为税收可以降低，而没有这笔收入就做不到这一点。

一个更加接近自由企业精神的解决方案则是允许私人拥有海湾大桥。大桥所有者意识到人们愿意花钱换取一条不那么堵塞的路线，以节省旅行时间，因此就会为这一特权开出一个价。他怎样才能使自己的收入最大化呢？当然是要使节省的时间价值最大化。

只有在"通行时间"标出价格的时候，那只"看不见的手"才能引导人们选择最优通行模式。一旦大桥上安装了利润最大化的收费站，时间就当真变成了金钱。搭乘 BART 列车者实际上是在向开车穿越海湾大桥者出售时间。

最后，我们承认，收取过桥费的成本有时候可能超出节省大家旅行时间带来的收益。创造一个市场并非免费午餐。收费站本身可能就是导致交通堵塞的一个主要源头。若是那样，忍受当初不那么有效的路线选择可能还好一些。

第 22 条军规？

第 3 章提到了具有多个均衡的博弈的一些例子。在马路的哪一侧行车以及谁应该重拨意外中断的电话的协定，就是其中两个案例。在这些例子中，选择怎样的协定并不重要，只要大家同意遵守同一协定即可。不过，有些时候一个协定会比另一个协定好得多。即便如此，这并不表示更好的协定一定会被采纳。如果一个协定已经制

232

定了很长时间，现在环境发生了变化，另一个协定更可取，这时要想改革尤其不容易。

大多数打字机的键盘设计就是一个很好的例子。直到 19 世纪后期，对于打字机键盘的字母应该怎样排列仍然没有一个标准模式。1873 年，克里斯托弗·斯科尔斯（Christopher Scholes）协助设计了一种"新的改进了的"排法。这种排法取其左上方第一行头六个字母而称为 QWERTY。选择 QWERTY 排法的目的是使最常用的字母之间的距离最大化。这在当时确实是一个很好的解决方案：有意降低打字员的速度，从而减少手工打字机各个字键出现卡位的现象。到了 1904 年，纽约雷明顿缝纫机公司（Remington Sewing Machine Company of New York）已经大规模生产使用这一排法的打字机，而这种排法实际上也已成为产业标准。不过，今天的电子打字机和文字处理器已经不存在字键卡位的问题。工程师们已经发明了一些新的键盘排法，比如 DSK（德沃夏克简化键盘），能使打字员的手指移动距离缩短 50% 以上。同样一份材料，用 DSK 输入要比用 QWERTY 输入节省 5%~10% 的时间。[1] 但 QWERTY 是一种存在已久的排法。几乎所有打字机都用这种排法，我们原来学习的也是这种排法，因此不大愿意再去学习接受一种新的键盘排法。于是，打字机和键盘生产商继续沿用 QWERTY。一个包含错误的恶性循环就此形成。[2]

假如历史不是这样发展，假如 DSK 标准从一开始就被采纳，今天的技术就会有更大的用武之地。不过，鉴于现在的条件，我们是不是应该转用另一种标准？这个问题需要进一步的考虑。在 QWERTY 之下已经形成了许多不易改变的惯性，包括机器、键盘以及受过训练的打字员。这些是不是值得重新改造呢？

233

从作为一个整体的社会的角度看，答案应该是肯定的。第二次世界大战期间，美国海军曾广泛使用 DSK 打字机对打字员进行再培训，使他们懂得使用这种打字机。结果表明，再培训的成本只要使用新型打字机 10 天就能全部得到弥补。

私营企业主愿不愿意做这个再培训的工作呢？假如他们知道这样做从经济角度上看是合算的，他们大概也会这样做。发现 DSK 的好处是一件代价不菲的事情。这就不难解释为什么没有几个私营企业主愿意提供再培训服务，却要由某个像美国海军这样的大型机构充当第一个吃螃蟹的人。

随着机械打字机被电子打字机和电脑键盘取代，即便是现有的 QWERTY 键盘存货也不能像以前那样阻挠改革，因为现在各键的排法只要改变一个小晶片或改写某个软件就能完全改变。不过，事实证明我们就是跳不出那个恶性循环。没有一个个人使用者愿意承担改变社会协定的成本。个人之间的未经协调的决定把我们紧紧束缚在 QWERTY 之上。

这个问题称为"见风使舵"效应，可以借助图 9-2 来解释。我们在横轴上显示使用 QWERTY 键盘的打字员的比例。纵轴则表示一个新打字员愿意学习 QWERTY 而非 DSK 的概率。如图所示，假如有 85% 的打字员正在使用 QWERTY，那么，一个新打字员选择学习 QWERTY 的概率就有 95%，而他愿意学习 DSK 的概率只有 5%。曲线的画法刻意强调了 DSK 排法的优越性。假如 QWERTY 的市场份额低于 70%，那么，大部分新打字员就会选择 DSK，而不是 QWERTY。不过，即便存在这么一个不利因素，QWERTY 还是很有可能成为均衡的优势选择。234

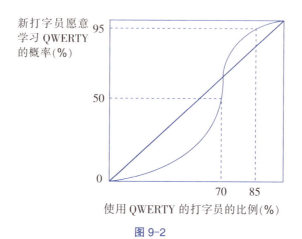

新打字员愿意
学习 QWERTY
的概率(%)

使用 QWERTY 的打字员的比例(%)

图 9-2

　　选择使用哪一种键盘是一个策略。假如使用每一种技术的人员比例随着时间流逝而保持恒定，就意味着达到了这个博弈的均衡。要想描述这个博弈趋向均衡并不容易。每一个新打字员的随机选择都在不断破坏这个体系。现代功能强大的数学工具，即随机逼近理论（stochastic approximation theory），使经济学家和统计学家可以证明这个动态博弈确实趋向一个均衡。[3] 我们现在就来介绍这些可能的结果。

　　假如正在使用 QWERTY 键盘的打字员的人数超过 72%（如图 9-3所示），我们可以预计，愿意学习 QWERTY 的人的比例甚至有可能超过这个数字。QWERTY 的势力范围一直扩张，直至达到 98%。在这一点，愿意学习 QWERTY 的新打字员的比例与 QWERTY 在使用者当中的优势比例相等，都是 98%，因此不再存在上升的动力了。①

235

① 假如正在使用 QWERTY 的打字员的人数超过 98%，这个数字将回落到 98%。在新打字员当中总是存在那么一小部分人，比例大约不超过 2%，愿意选择学习 DSK，因为他们有兴趣了解这个更胜一筹的技术，并不担心两者能不能兼容的问题。

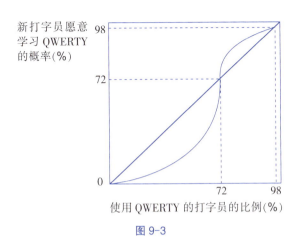

新打字员愿意学习 QWERTY 的概率(%)

使用 QWERTY 的打字员的比例(%)

图 9-3

反过来，假如正在使用 QWERTY 的打字员的人数跌破 72%，我们可以预计，DSK 将会后来居上。不足 72% 的新打字员愿意学习 QWERTY，而现有使用者人数下降的事实则使新打字员更有兴趣学习更胜一筹的 DSK 排法。一旦所有打字员都在学习 DSK，新打字员就没理由选择学习 QWERTY，于是 QWERTY 就会完全消亡。

这里的数学知识只说明我们将得到以下两个结果之一：要么人人使用 DSK，要么 98% 的人使用 QWERTY。但它没有说明究竟会出现哪一个结果。假如我们从零开始，即什么排法也没有的时候，那么，DSK 当然会有更大的机会成为占据优势地位的键盘排法。但实际情况并不是从零开始。历史很重要。历史上那个导致几乎 100% 的打字员都使用 QWERTY 的偶然事故，现在看来具有使自身永生不朽的本事，即便当初推动 QWERTY 发明的理由早已不存在。

如果霉运或向一个较差均衡收敛的事实一直维持下去，就有可能使每一个人都得到更好的结果。但这需要协调行动。假如大多数电脑生产商一致选择一种新的键盘排法，或者一个主要雇主，比如 236

联邦政府，愿意培训其职员学习一种新的键盘，就能将这个均衡完全扭转，从一个极端转向另一个极端。至关重要的一点在于，没有必要改变每一个人，只要改变临界数目的一部分人就可以了。只要取得一个立足点，更胜一筹的技术就能站稳脚跟，逐步扩张自己的地盘。

QWERTY 问题只是一个更具普遍意义的问题的一个小例子。我们之所以选择汽油引擎而非蒸汽引擎，选择轻水核反应堆而非气冷核反应堆，原因与其说是前者更胜一筹，倒不如说是历史上的偶然事故。斯坦福大学经济学家布赖恩·阿瑟（Brian Arthur）是将数学工具加以发展用于研究见风使舵效应的先驱者之一，他这样描述我们选中汽油驱动汽车的缘由。[4]

在 1890 年，有三种方法给汽车提供动力：蒸汽、汽油和电力，其中有一种显然比另外两种都更差，这就是汽油……（汽油的转折点出现在）1895 年由芝加哥《时代先驱报》（Times Herald）主办的不用马匹的客车比赛上。这次比赛的获胜者是一辆汽油驱动的杜耶尔，它是全部 6 辆参赛车辆当中仅有的 2 辆完成比赛的车辆之一，据说是它很可能激发了 R. E. 奥尔兹（R. E. Olds）的灵感，使他在 1896 年申请了一种汽油动力来源的专利，后来又把这项专利用于大规模生产"曲线快车奥尔兹"。汽油因此后来居上。蒸汽作为一种汽车动力来源一直用到 1914 年，当时在北美地区爆发了口蹄疫。这一疾病导致马匹饮水槽退出历史舞台，而饮水槽恰恰是蒸汽汽车加水的地方。斯坦利（Stanley）兄弟花了三年时间发明了一种冷凝器和锅炉系统，从而使蒸汽汽车不必每走三四十英里就得加一次水。可惜那时已经太晚了。蒸汽引擎再也没能重振雄风。

　　毫无疑问，今天的汽油技术远远胜过蒸汽，不过，这不是一个公平的比较。假如蒸汽技术没有被废弃，而是又得到了 75 年的研发，现在会变成什么样呢？虽然我们可能永远不会知道答案，但一些工程师相信蒸汽获胜的机会还是比较大的。[5]

237

　　在美国，几乎所有核电力都是由轻水反应堆产生的。不过，我们仍然有理由相信，另外两个选择——重水或气冷反应堆——本来很有可能成为更好的选择；假如我们对这几种技术的认识和经验相同，情况更有可能是这样。加拿大人凭借他们对重水反应堆的经验，用重水反应堆发电的成本比美国人用同样规模的轻水反应堆发电的成本低 25%。重水反应堆不必重新处理燃料即可继续运行。最重要的一点可能还是安全性的比较。重水反应堆和气冷反应堆发生熔毁的风险低得多，这是因为重水反应堆是通过许多管道而非一条核心管道分散高压的，而气冷反应堆在发生冷却剂缺失事故的时候，温度升高的幅度大大小于其他反应堆。[6]

　　罗宾·考恩（Robin Cowen）在他的 1987 年斯坦福大学博士论文中研究了轻水反应堆取得优势地位的原因。核电力的第一个使用者是美国海军。1949 年，当时的里科弗（Rickover）上校以注重实效的眼光做出了有利于轻水反应堆的决定。他有两个很好的理由：轻水反应堆是当时设计最紧凑的技术，这一考虑主要是为当时空间狭小的潜水艇着想；它也是发展最快的技术，这预示着该项技术可能被最早投入使用。1954 年，世界上第一艘核动力潜水艇"鹦鹉螺"号下水，结果确实不出所料。

　　与此同时，民用核动力成为一个必须优先考虑的问题。苏联人已于 1949 年成功引爆了他们的第一颗原子弹。作为回应，原子能专员 T. 默里（T. Murray）警告说："一旦我们充分意识到（能源缺乏的）那些国家在苏联赢得核动力竞赛的时候纷纷投靠苏联的可能性，就会清楚看到这根本不是什么攀登珠穆朗玛峰那样的赢得荣耀的比赛。"[7] 通用电气（General Electric）和西屋公司（Westing house）凭借它们制造为核动力潜水艇设计的轻水反应堆的经验，自然成为

238　发展民用核电站的最佳人选。在这个考虑过程中，经过实践考验的可靠性以及投入使用的速度，胜过了寻找最经济和最安全技术的想法。虽然最初选择轻水的时候只打算把轻水作为一种过渡技术，但这一选择却足以使轻水先行一步成为人们最早学会的技术，这一优势使其他选择再也无法赶上。

QWERTY、汽油引擎以及轻水反应堆的选择只不过是历史问题怎样影响今日技术选择的三个证明。不过，历史上有过的理由到了今天可能成为无关的考虑因素。今天，在选择相互竞争的技术时，类似打字机键卡位、口蹄疫以及潜水艇的空间限制这样的问题与最终选择的得失已经毫无关系。来自博弈论的重要启迪在于，早日发现潜力，为明天取得优势做好准备，这是因为，一旦某项技术取得了足够大的先行优势，其他技术哪怕更胜一筹，恐怕也难以赶上。因此，假如早期花更多时间不仅研究什么技术能适应今天的需要，而且考虑什么技术最能适应未来，那么未来就可能有很大的收获。

比超速驾驶传票还快

你开车应该开到多快？说得再具体一点，你要不要遵守限速规

则？和前面一样，要想找出问题的答案，你需要考察一个博弈，而在这个博弈里，你的决定会与其他所有司机的决定发生互动。

假如谁也不遵守这项法律，那么你有两个理由也违反这项法律：首先，一些专家认为驾驶的时候与道路上车流的速度保持一致实际上会更安全。[8] 在大多数高速公路上，谁若是开车只开到每小时55英里，就会成为一个危险的障碍物，人人都必须避开他。其次，假如你跟着其他超速驾驶者前进，那么你被逮住的机会几乎为零。警方根本没工夫去逮只占一个很小百分比的超速汽车，让它们统统停到路边，一一进行处理。只要你紧跟道路上的车流前进，那么总体而言你就是安全的。

假如越来越多的司机遵守法律，上述两个理由就不复存在。这时，超速驾驶变得越来越危险，因为超速驾驶者需要不断在车流当中穿过来又插过去。而你被逮住的可能性也会急剧上升。

我们可以用图9-4来讨论这个问题，这个图跟我们前面讨论从伯克利到旧金山的旅行路线问题差不多。横轴表示愿意遵守速度限制法律的司机的百分比。直线 A 和 B 表示每个司机估计自己可能

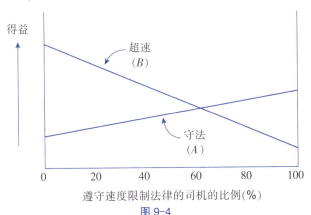

图 9-4

得到的好处，A 线表示遵守法律的好处，B 线表示违反法律的好处。我们的意见是，假如谁也不肯以低于法律限制的速度行驶（左端所示），你也不该那样做（这时 B 线高于 A 线）；假如人人都遵守法律（右端所示），你也应该遵守（这时 A 线高于 B 线）。和前面说过的一样，这里存在三个均衡，其中只有极端情况才会出现于司机调整各自行为的社会动态过程中。

240　　在两条路线之间选择的那个案例中，整个动态过程趋向收敛于中间的均衡。而在这里，趋势变成朝向其中一个极端。之所以出现区别，原因在于互动的方式。在路线选择的案例中，一旦越来越多的人跟随你的选择，无论你选择哪条路线，这条路线的诱惑力都会降低。而在超速行驶的案例中，跟随你的选择的人越多，这个选择的诱惑力就越高。

　　一个人的选择会影响其他人的普遍原理在这里同样适用。假如有一个司机超速驾驶，他就能稍稍提高其他人超速驾驶的安全性。假如没有人超速驾驶，那就谁也不想做第一个超速驾驶、为其他人带来"好处"的人，因为那样做不会得到任何"补偿"。不过，这里出现了一个新的变化：假如人人都超速驾驶，谁也不想成为唯一落后的人。

　　这一情况会不会受到限速规则调整的影响呢？这里的曲线是根据一个具体的限速规则描绘的，即每小时 55 英里。假定这一限速提高为每小时 65 英里。超越这一限速的好处就会减少，因为一旦超过某一点，车速若再加快就会变得非常危险，从每小时 65 英里加速为 75 英里与从每小时 55 英里加速为 65 英里相比，前者得到的好处比不上后者。而且，速度一旦超过每小时 55 英里，汽油消耗量就会随速度提高而呈级数上升。每小时 65 英里的油耗量可能只比每小时 55 英里超出 20%，但每小时 75 英里的油耗量很容易就比每小时 65 英里超出 40%。

　　立法者若是希望鼓励驾驶者遵守限速规则，他们可以从上述讨论中得到什么启示呢？不一定要把限速规则抬得很高，从而使大家乐于遵守。关键在于争取一个临界数目的司机遵守限速规则。这么一来，只要有一个短期的极其严格且惩罚严厉的强制执行过程，就能扭转足够数目的司机的驾驶方式，从而产生推动人人守法的力量。均衡将从一个极端（人人超速）转向另一个极端（人人守法）。在新的均衡之下，警方可以缩减执法人手，而守法行为也能自觉地保持下去。这一讨论隐含的更具普遍意义的启示在于，一个短暂而严厉的执法过程的效率，可能大大高于一个投入同样力量进行的长期而温和的执法过程。[9]

他们为什么离开？

　　美国城市没有几个种族混合居住的社区。假如一个地方的黑　241
人居民的比例超过一个临界水平，这个比例很快就会上升到接近
100%。假如这一比例跌破一个临界水平，我们可以预计，这里很快
就会变成白人社区。维持种族和谐居住需要一些富有独创性的公共
政策。

　　这种存在于大多数社区的实际上的种族隔离现象是不是种族主
义扩散的结果？今天，居住在城市的美国人大多赞成种族混居的社
区模式。① 困难更有可能在于，各家各户选择住所的博弈的均衡会

---

　　① 当然，无论人们喜欢怎样的种族混合比例，其实都是某种形式的种族主义，只不
过不如完全不能容忍其他种族来得极端而已。

导致隔离，即便人们实际上都能承受一定的种族混居也无济于事。这一见解源于托马斯·谢林。[10] 我们现在就来阐述这一见解，看它是怎样解释芝加哥郊区的橡树园何以成功维持一个种族和谐混居社区的。

　　承受种族混居的能力不是黑或白的问题；其中存在灰色地带。不同的人，无论是黑人或白人，对于最佳的混合比例是多少有着不同的见解。比如，很少有白人坚持认为社区的白人比例应达到95%甚至99%；但大多数白人在一个白人只占1%或5%的社区会感到没有归属感。多数人愿意看到一个介于上述两个极端之间的比例。

　　我们可以借助一个与QWERTY案例中相仿的图表（如图9-5所示）来说明社区动态发展的情况。纵轴表示一个刚刚迁入的新住户是白人的概率，这一数字以目前的种族混合比例为基础。曲线右上方表示假如一个社区变成了完全的种族隔离，即全是白人，那么

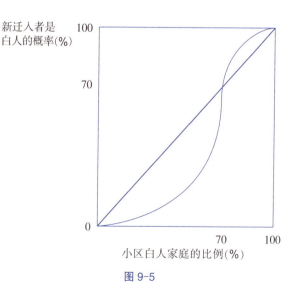

图 9-5

下一个迁入的住户就很有可能是白人。假如种族混合比例降到白人只有 95% 或 90%，那么下一个迁入的住户是白人的概率仍然很高。假如种族混合比例沿着这个方向继续变化，那么下一个迁入的住户是白人的概率就会出现一个急剧下降。最后，随着白人的实际比例降至 0，这个社区就变成了另外一种极端的种族隔离，即住户全是黑人，那么下一个迁入的住户也很有可能是黑人。

在这种情况下，均衡将出现在当地人口种族混合比例恰好等于新迁入住户种族混合比例的时候。只有在这个时候，这一动态均衡才能保持稳定。一共存在三个符合这一条件的均衡：当地居民全是白人或全是黑人的两种极端情况，以及两个极端中间存在种族混居现象的某个点。不过，到目前为止，这一理论还没告诉我们，上述三个均衡当中哪一个最有可能出现。为了回答这个问题，我们必须研究推动这一体系从一个均衡向上或向下移动的力量，也就是这种情况的社会动力。

社会动力将一直推动整个社区向一个极端的均衡移动。谢林将　243
这一现象称为"颠覆"。现在我们就来看看为什么会出现这种现象。

假定中间的均衡是 70% 的白人和 30% 的黑人。偶然地，一户黑人家庭搬走了，搬进来一户白人家庭。于是这一社区的白人比例就会稍稍高出 70%。如图 9-5 所示，下一个搬进来的人也是白人的概率就会高于 70%。这个新住户加大了向上移动的压力。假设种族混合比例变成 75：25。颠覆的压力继续存在。这时，新住户是白人的概率超过 75%，我们可以预计整个社区将会变得越来越隔离。这一趋势将一直发展下去，直到新住户种族比例等于社区人口种族比例。如图 9-5 所示，这一情况只在整个社区变成全白人社区的时候出现。假如反过来，变化过程从一户白人家庭搬走而一户黑人家庭搬进来开始，就会出现相反方向的连锁反应，整个社区将会变成全黑人社区。

问题在于 70∶30 的种族混合比例不是一个稳定均衡。假如这一混合比例或多或少遭到破坏，而这是很有可能发生的事情，就会出现向其中一个极端移动的势头。令人遗憾的是，无论到达哪个极端，都不会出现类似的回到中间的势头。虽然隔离是一个早已料到的均衡，但这并不意味着人们会在这一均衡过得更好。每一个人大约都希望住在一个混居社区。但这样的社区几乎不存在，即便找到了，多半也维持不下去。

这里我们再次看到，问题的根源在于一户人家的行动对其他人家的影响。从 70∶30 的比例开始，若有一户白人家庭取代一户黑人家庭，这个社区在打算搬进来的黑人家庭看来就会减少一分吸引力。但造成这一结果的人不会被罚款。用道路收费站打个比方吧，我们也许应该设立一个离开税。不过，这么做将与一个更具根本性的原则发生矛盾，这一原则就是选择在何处居住的自由。假如社会希望防止出现"颠覆"，就不得不另找其他政策方法。

假如我们不能向一户打算搬走的家庭收缴罚金，说他们对仍然住在那里的住户以及现在可能不想搬进来的住户造成了损害，那么，我们就要采取措施，降低其他人跟随照搬的激励。假如一户白人家庭走了，社区不该就此对外面的另一户白人家庭减少一分吸引力。假如一户黑人家庭走了，社区不该就此对外面的另一户黑人家庭减少一分吸引力。公共政策有助于阻止这个颠覆过程加速。

芝加哥橡树园作为一个种族和谐混居社区，提供了一个绝妙的例子，说明了什么样的政策管用。这一社区采用了两种手段：一是该镇禁止在房屋前院使用写有"出售"字样的招牌，二是该镇提供

244

保险，保证住户的房屋和不动产不会由于种族混合比例改变而贬值。

假如很偶然地，同一时间在同一条街道上有两所房屋出售，"出售"的招牌就会将这一信息迅速传遍整个社区，传给可能的买家。取消这样的招牌使我们有可能藏起这种有可能被视为坏消息的信息；在这所房屋出售之前，没有人需要知道有这么一所房屋要出售。结果是避免了恐慌（除非恐慌有正当理由，在这个案例中恐慌只是被延迟罢了）。仅有第一个政策并不足够。业主们可能还是担心，觉得他们应该趁着还能出手的时候卖掉自己的房屋。假如等到整个社区"颠覆"以后再卖，就拖得太久了，你很可能发现自己的房屋已经大大贬值。不过，假如该镇提供保险，这就不成问题了。换言之，这份保险消除了会加速颠覆过程的经济上的恐惧。实际上，假如这种保证可以成功阻止颠覆过程，不动产的价值就不会下跌，且这一政策完全不会加重纳税人的负担。

245

向一个全黑人均衡的颠覆在美国城市已经成为一个更加普遍的问题。不过，近年来的投资修缮，即仅向全富人均衡的颠覆开始成为主角。假如不加干预，自由市场常常会向一些令人不满的结果发展。不过，公共政策加上我们对颠覆过程的认识，将有助于阻止向颠覆方向发展的势头，从而使脆弱的平衡得以保持。

可能高处不胜寒

顶尖律师事务所通常会从自己内部资历较浅的同事当中选择合伙人，使之成为新的股东。没被选上的人必须离开，而且通常会转到一家不那么有名的律师事务所。在虚构的贾斯廷 - 凯斯律师事务所，选择标准是如此挑剔，以至于多年来根本选不出一个新股东。资历较浅的同事对职位停滞不前的状况提出抗议。股东们的回应则是推出一个看上去非常民主的新体系。

以下就是他们的做法：到了一年一度的决定股东人选的时候，10 名资历较浅的年轻同事的能力会按 1 到 10 打分，10 分为最高分。这些资历较浅的同事私下得知了自己的最后得分，然后被请进一个大会议室，他们将在那里自行投票决定成为股东的必需得分。

他们一致认为，大家都能当上股东是一个好主意，当然他们更愿意回到从前人人都不是股东的日子。于是他们将必需得分定为 1 分。接着，其中一个得分较高的同事建议将必需得分定为 2 分。他的理由是：这样可以提高整个股东团体的平均素质。这一建议得到 9 票赞成。唯一的反对票来自能力最差的同事，而这个人就这样失去了成为股东的资格。

246　　接下来，有人提议将标准从 2 分提高到 3 分。这时，还有 8 人得分高于 3 分，他们一致赞成这一改善整个股东团体的提议。只得 2 分者反对，因为这一提议使他失去了成为股东的资格。令人惊讶的是，得分最低的同事对提高标准的提议投了赞成票。无论这一提议能不能通过，他反正不能成为股东。不过，若是这一提议通过，他就能跟得分为 2 的同事一起成为落选者。这么一来，其他律师事务所虽然知道他落选了，却没办法搞清楚他究竟得了几分、有多大本事。他们只会猜测他可能得了 1 分或 2 分，而这一不确定性显然对他本人有利。于是，提高得分标准的提议以 9 票赞成、1 票反对获得通过。

以后每通过一个新的得分标准，都有人建议提高 1 分。所有得分超过这一建议标准的人都会投票支持，希望提高整个股东团体的素质（而又不必牺牲他们自己的利益），而所有得分低于这一建议标准的人也愿意投赞成票，希望自己的落选原因变得更加扑朔迷离。每一回合都只有一人反对，就是那个刚好处于现有得分标准、一旦建议通过就没有机会入选股东的同事。但他的反对以 1∶9 的悬殊比数败下阵来。

如此下去，直到得分标准一路上涨为满分 10 分。最后，有人建议将得分标准提高为 11 分，因为这样一来就没人可以成为股东了。所有 9 分或低于 9 分的同事都觉得这个建议不错，因为这个建议和前面的建议一样，可以使落选者的平均素质看上去更好一些。外人不会认为他们当不上股东就是一个水平低劣的信号，因为这家律师事务所里面谁也没有当选。唯一的反对票来自能力最高的同事，他可不想失去成为股东的资格。可惜，他的反对以 1∶9 的比分落败，没能扭转局面。

这一系列的投票最后使每一个人都回到起点位置，他们认为这个结果比大家都得到提升的结果更糟糕。不过，即便如此，这一系列投票的每一个决议还是以 9 票赞成、1 票反对的大比数通过。这个故事有两个启迪。

假如行动是一点一点推进的，那么，随着行动的逐步推进，每一步都有可能在绝大多数决策者眼里显得很有吸引力。但最后结果却使每一个人落得还不如原来的下场。理由在于，投票忽略了偏好的强度。在我们举的例子里，所有赞成者只获得一点点好处，而唯一的反对者却失去了很多。在这个包含 10 次投票的过程中，每一个资历较浅的同事都取得了 9 次小小的胜利，却在一次重大失败当中赔上了这些小小胜利带来的好处。我们在第 1 章谈到的贸易关税以及税收改革法案都是类似的例子。

247

　　单单某一个人认识到了这个问题并不意味着一个人的力量就能阻止这个过程。这是一道光滑的斜坡，实在太危险了，谁也不应该走到那里去。这个团体作为一个整体，必须以一种协调的方式向前展望、倒后推理，然后确立规则，避免向那道斜坡迈出第一步。只要大家同意将改革视为一个一揽子方案，而不是一系列的小步行动，那就是安全的。有了一个一揽子方案，各人都知道自己最后将会到达什么位置。一系列的小步行动起先可能显得很诱人，但只要出现一个不利的转折，就可能足以抵消整个过程的得益。

　　1989 年，美国国会在投票决定要不要为自己加薪 50% 的时候遭到失败，由此亲身领会了这一危险。最初，加薪看起来得到了参众两院的广泛支持。当公众听说他们的打算后，就向代表自己的国会议员发出了强烈抗议。结果，国会的每一位议员私底下都有了反对加薪的想法，假如他们以为即便自己投反对票，加薪提案也能获得通过。最好的结果当然是加薪提案在自己投反对票的情况下仍然获得通过。（对他们来说）不幸的是，国会有太多议员这么做，于是突然之间这个提案能不能获得通过变得扑朔迷离。眼看每一次偏差都会推动议员们沿着那道斜坡下滑一点点，投票反对的理由反而显得越来越充分：假如加薪提案未能获得通过，那么，可能出现的最坏情况就是被人记录在案，说你投票赞成加薪，这将使你付出政治代价，而且照样不能加薪。起初确实可能只有几个人出于私心希望改善自己在选民心目中的地位。但每一个偏差都在增强随大流的激励，没过多久，这个提案就胎死腹中了。

　　贾斯廷-凯斯的案例还有一个非常不同的启迪。假如你将要遭到失败，你可能愿意败在一项艰巨的工作上。失败会使其他人降低他们对你的前途的期望。这个问题有多严重，取决于你究竟败在什

248

么地方。没能跑完 10 公里显然会比没能爬上珠穆朗玛峰更容易遭到耻笑。关键在于，假如其他人对你的能力的了解确实非常重要，那么，你最好增大自己失败的机会，从而降低遭到失败的严重性。向哈佛大学而不是一般当地大学提出入学申请的人，邀请全校最受欢迎者而不是一个普通学生做你的正式舞会伴侣的人，采用的就是这一策略。

　　心理学家在其他场合也见过这样的行为。有些人害怕正视自己的能力的极限。在这种情况下，他们的做法是提高自己失败的机会，从而回避自己能力的极限问题。比如，一个成绩处在及格线边缘的学生可能不肯在一场测验前夕复习，这样的话，若是他考不及格，人们只会说那是因为他没花时间学习，不是能力不足。虽然这么做不正当，还会引起反效果，但在你和你自己进行博弈的时候，并不会有"看不见的手"保护你。

政治家与苹果酒

　　两个政党就要决定自己究竟处于自由—保守意识形态划分表的哪一个位置。首先是在野党提出自己的立场；然后执政党进行回应。

　　假定选民平均分布在整个划分表的各个区间。为使问题具体化，我们把各个政治立场定为从 0 到 100，0 代表极左派，而 100 代表极右派。假如在野党选择 48，中间偏左，执政党就会在这一点到中点之间做出选择，比如 49。于是，喜欢 48 及 48 以下的选民就会投在野党的票；占据人口 51% 的其他人就会投执政党的票。执政党就会取胜。

　　假如在野党选择高于 50 的立场，那么执政党就会在这一点和

249

50 之间站稳脚跟。这么做同样可以为执政党赢得超过 50% 的选票。

基于向前展望、倒后推理的原则，在野党可以分析出来自己的最佳立场在中点。① 在这个位置，鼓动向右和鼓动向左的人在数目上势均力敌。而执政党的最佳策略就是模仿在野党。两党选择的立场完全一致，于是，它们将在只有议题关系大局的情况下各得一半选票。这一过程的失败者是选民，他们得到的只是两党互相附和的回声，却没能做出政治抉择。

在实践中，两党不可能选择完全一致的立场，但大家都在想方设法靠近中点。这一现象最早是由哥伦比亚大学经济学家哈罗德·霍特林（Harold Hotelling）在 1929 年发现的。他指出经济和社会事务存在相似的案例："我们的城市大得毫无经济效益，其中的商业区也太集中。卫理公会以及基督教长老会的教堂简直一模一样；苹果酒也是一个味道。"[11]

假如出现三个政党，还会不会存在这种过分的相似性？假定它们轮流选择和修改自己的立场，也没有意识形态的包袱约束它们。原来处于中点外侧的政党会向它的邻居靠拢，企图争夺后者的部分支持。这种做法会使位于中点的政党受到很大压力，以至于轮到它选择自己的立场的时候，它会跳到外侧去，确立一个全新的立场，赢得更广泛的选民。这个过程将会继续下去，完全没有均衡可言。当然，在实践中，政党肩负相当大的意识形态包袱，选民也对政党怀有相当大的忠诚，从而会防止出现此类急剧的转变。

但在其他场合，立场并非一成不变。考察三个正在等出租车去

①　恰如高速公路的情况那样，道路中间的位置称为中线。选民的偏好不一定相同，因此在野党选择 50% 的选民在自己右边而 50% 的选民在自己左边的中庸立场。这一中线位置不一定是平均位置。中线位置是指两边各有同等数目政治呼声的一点，而平均位置则着眼于不同政治呼声之间有多大差距。

曼哈顿的人。最靠近住宅区的人最先拦截到开往闹市区方向的出租车，最靠近闹市区的人最先拦截到开往住宅区方向的出租车，而站在两区之间的那个人就会被排挤出局。假如站在两区之间的人不想等车，他就会向远离闹市区的方向前进。而在出租车到达之前，可能根本没有一个均衡；没有一个人甘心待在两区之间任凭别人排挤出局。这里，我们看到了一个非协调决策过程的另外一种相当不同的失败；这一过程可能根本得不出一个确定的结果。遇到这种情况，社会必须找出一个不同的协调方式，以达到一个稳定的结果。

股市与选美

以下是人们广泛引用的约翰·梅纳德·凯恩斯（John Maynard Keynes）说过的一段话，他在这段话里对当时的股市与报纸选美做了比较。

> 专业投资大约可以比做报纸举办的比赛，这些比赛由参加者从 100 张照片当中选出 6 张最漂亮的面孔，谁的答案最接近全体参加者作为一个整体得出的平均答案，谁就能获奖；因此，每个参加者必须挑选并非他自己认为最漂亮的面孔，而是他认为最能吸引其他参加者注意力的面孔，这些其他参加者也正以同样的方式考虑这个问题。现在要选的不是根据个人最佳判断确定的真正最漂亮的面孔，甚至也不是一般人的意见认为的真正最漂亮的面孔。我们必须做出第三种选择，即运用我们的智慧预计一般人的意见

251

认为一般人的意见应该是什么。[12]

这与谁是最漂亮的女人无关。你关心的是怎样预测其他人认为谁最漂亮，又或是其他人认为其他人认为谁最漂亮……

若是听见凯恩斯将股市比做一个选美比赛的故事，我们必须强调他所说的选美比赛根本不是普通选美比赛。若换作一个普通选美比赛，最漂亮的参赛者应该胜出；裁判不必策略地调整自己的行为。与此相仿，在股市里，我们可以想象，回报最高的股票，其价格也最高。凯恩斯的伟大之处在于解释了策略行动如何能在股市和报纸选美比赛中压倒现实情形，并确定谁是胜者。

在报纸选美比赛中，读者必须同时设身处地从其他读者的角度思考问题。这时，他们选择胜者与其说取决于真正的或绝对的美丽的标准，倒不如说是努力找出大家的期待是不是落在某个焦点之上。假如某个参加选美的女子比其他女子漂亮很多倍，她就可以成为这么一个万众瞩目的焦点。不过，读者的工作就没那么简单。假定这100个决赛选手看起来简直不相上下，最大的区别莫过于头发的颜色。在这100人当中，只有1个红头发的姑娘。你会不会挑选这位红头发的姑娘？

读者的工作是在缺乏沟通的情况下，确定人们究竟将会达成怎样的共识。"选出最漂亮的姑娘"可能是书面规则，但这可比选出最苗条、头发最红或两只门牙之间有一条有趣的缝隙的姑娘艰巨得多。任何可以将她们区别开来的东西都可以成为一个焦点，使大家的意见得以会聚一处。出于这个理由，当我们发现当今世界最美丽的模特其实并不具备完美体态时，我们就不会感到惊讶；实际上，她们只是近乎完美而已，却都有一些有趣的瑕疵，这些瑕疵使她们各具特色，成为焦点。

股市投资具有一些类似的特点。一只股票若是在**原有**价格上的 252
需求超过供给，其价格就会上升。[①] 要想在股市赚钱，你的目标是
确定其他人认为哪几只股票的价格就要上升。一直以来，他们都是
通过同时设身处地从别人的角度考察这个问题得出自己的结论。只
要他们确实这么做，一切就会如常运行。

股价可能被哄抬至荒谬的水平，然后重重地跌回现实当中。与
历史上一些投机泡沫破裂导致的价格大跌相比，1987 年 10 月的股
灾只不过是九牛一毛。从 1634 年到 1638 年，荷兰的郁金香球茎价
格上升了好几千个百分点，然后以更快的速度跌至原来的水平。这
一事件如今被称为郁金香球茎狂热。[13]

这里我们要说明的问题是，均衡可能轻易借助莫名其妙的想法
或一时兴起的狂热达成。没有什么基本原则可以保证最漂亮的参赛
者会被选中，又或是最优秀的股票一定会最快升值。其中存在一些
沿着正确方向移动的力量。预测的高回报就和选美比赛参赛者的肤色
差不多，充其量只是许多必要但无论如何并非充分的条件之一，这种
条件可以用来制约局势陷入莫名其妙的想法或一时兴起的狂热之中。

复 习

本章我们讨论了许多博弈案例，这些博弈的输家多于赢家。未
经协调的选择之间相互影响，导致了整个社会的一个糟糕结果。现

---

① 指出股市大跌是由大举抛售造成的晚间新闻评论可能忘了一件事：记住，只要有
一个卖家，就一定会有一个买家。

在我们简要回顾这些问题，而读者也可以借助后面的案例分析，实际运用前面提到的方法。

首先我们讨论了各人只能二选其一的博弈。其中的一个问题是似曾相识的多人囚徒困境：每一个人都做了相同的选择，却也是错误的选择。然后我们看到了另一些博弈，在这些博弈里，一部分参与者做了一个选择，另一部分参与者做了另一个选择，但若是把全体参与者作为一个整体，从这个整体的立场出发考察，这两种选择都没有达到最优比例。原因在于其中一个选择可能对其他人产生更大的影响，而做出这个选择的人没有预先将这个影响考虑在内。接下来我们遇到另外一种情况，在这种情况下，无论哪个极端，即无论选择这个方向或那个方向，都是一种均衡。要想做出选择，或确保做出正确的选择，我们需要能指导人们行为举止的社会习俗、惩罚或制约。即便如此，强大的历史力量仍有可能使这个团体陷入错误均衡的困境。

我们又回到了包含好几种选择的情况，看到了这个团体可能怎样自愿滑下那道光滑倾斜的道路，直到达成让全体参与者一致感到遗憾的结果。而在另一些例子中，我们发现了一种过度相同的趋势。有时候可能由于人们彼此加强对他人想法的预计而达到一个均衡。若在其他案例中，均衡可能根本就不存在，我们不得不另觅途径，以达成一个稳定的结果。

这些故事的关键在于，自由市场并不总能正常运行。存在两个根本问题。一是历史因素。我们选择汽油引擎、QWERTY 键盘和轻水核反应堆的经历，可能迫使我们不得不继续使用这些相对比较差的技术。历史上出现的偶然事故不一定可以由今天的市场加以修正。若是我们向前展望的时候发现其中一个技术一旦占据支配地位，有可能变成一个潜在的问题，政府就有理由在技术标准确立之前制定

有关政策，鼓励开发更加多样化的技术。又或者，假如我们已经使 254
用了一个相对比较差的标准，公众政策可以引导大家协调一致地从
一个标准转向另一个标准。将度量衡的英寸和英尺转为公制就是一
个例子；另一个例子是为了充分利用日光而协调一致转用夏时制。

出现相对比较差的标准，与其说是技术上的问题，不如说是行
为上的问题。有关的例子都有一个均衡，在那一点上，大家一致在
税单上做手脚或超速驾驶，甚至在事先约定的时间之后1小时才赶
到晚会现场。若要从一个均衡转向一个更好的均衡，最有效的办法
可能是借助一场短期而严厉的运动。诀窍在于促使达到临界点数目
的人发生转变，然后，随大流效应就能达成一个可以自动维持下去
的均衡。相反，长期施加一点点压力的做法不可能达到相同的效果。

自由主义的另一个普遍问题在于，生活当中很有影响的事情有
很多发生在经济市场之外。从一般礼节到清洁空气，这些东西并没
有价格，从而也就没有什么"看不见的手"引导人们的自利行为。
有时候，创造一个价格可以解决这个问题，好比解决海湾大桥堵塞
问题的例子。但是有时候，给物品标价会改变它的本质。比如，一
般而言，捐献的血液应该比购买的血液更好，因为那些急于卖血换
钱的人很可能自己的身体也不是那么健康。本章介绍的协调失败的
案例，其本意在于说明公共政策的作用。不过，在继续深入阅读本
书之前，请先看下面的案例。

<hr>

案例分析之九：牙医分布的解决方案

在这个案例分析里，我们会考察"看不见的手"在城市和乡村 255

之间分配（或错误分配）牙医的协调问题。在许多方面，这个问题看上去与我们前面提到的有关自己开车还是搭乘火车从伯克利到旧金山的问题密切相关。"看不见的手"能不能把正确数目的人手分配到各个地方去呢？

我们经常听到一种观点，说牙医短缺作为分配不当产生的问题，实际上没有那么严重。好比假如我们任凭大家自行决定究竟开车还是搭乘火车，可能会有很多人愿意选择开车跨越海湾大桥的路线。现在面对的问题，是不是有很多牙医更加愿意选择城市而不是乡村呢？假如真是这样，这是不是意味着社会应该向想在城市开业行医的牙医征收一定费用呢？

为了达到这个案例分析的目的，我们大大简化了牙医的抉择问题。假定住在城市的吸引力和住在乡村一样大。牙医的抉择单单取决于经济上的考虑，也就是说他们会去自己赚钱最多的地方。这个抉择是基于自利的本性做出的，就如同旅客在伯克利与旧金山之间选择交通方式一样；牙医一心想使自己的收益最大化。

由于存在许多缺少牙医的乡村，这表明乡村具有容纳更多牙医开业行医而又不至于导致拥挤的空间。于是在乡村行医就好比搭乘火车。在最理想的情况下，一个乡村牙医赚的钱都比不上他在大城市的同行，但在乡村行医却是一种更加稳妥的、能获得超过平均工资水平收入的方式。乡村牙医的收入及其社会价值随着他们人数的增加基本保持不变。

在城市行医更像是开车跨越海湾大桥：只有你一个人这么做的时候当然非常愉快，但一旦城市变得拥挤，就不那么美妙了。一个地区的首位牙医当然具有极高的社会价值，他的生意可以做得很大。不过，假如周围出现许许多多牙医，就有可能出现拥挤和价格竞争。

假如牙医人数增长过快，他们将不得不开始争夺病人，且他们的才能也将得不到充分发挥。假如城市牙医的数目增长得再快一些，他们的收入可能还比不上乡村的同行。简言之，随着城市牙医的数目增加，他们提供的服务的边际价值就会下降，收入也会随之下降。

256

　　我们可以用一个简单的图表（如图 9-6 所示）来反映这个情况，你会发现，结果跟自己开车还是搭乘火车的例子差不多。假定有 10 万名新牙医要在城市和乡村之间进行选择。直线 AB 的长度表示 10 万名新牙医。新的城市牙医的数目就是 A 右边的长度，而新的乡村牙医的数目就是 B 左边的长度。以 C 点的情况为例：AC 长度等于 AB 长度的四分之一，那么 C 点表示新的城市牙医 25 000 人，新的乡村牙医 75 000 人。

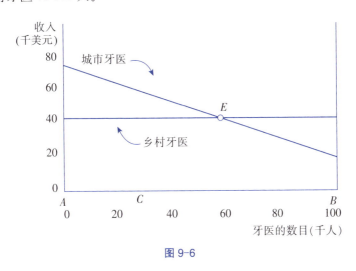

图 9-6

　　向下的直线（代表城市牙医）以及水平直线（代表乡村牙医）显示了两种选择的经济优势。在 A 点，人人选择在乡村行医，城市牙医的收入就会超过乡村牙医。在 B 点，情况完全相反，人人选择在城市行医。

职业选择的均衡出现在 E 点，此时两种选择的经济回报完全相等。为了证明这一点，我们假定职业选择在城乡间的分布始于 E 点左边的 C 点。由于在 C 点，城市牙医的收入高于乡村牙医的收入，我们可以预计，会有越来越多的新牙医选择城市而不是乡村。这一变化将使牙医在城乡间的分布向 C 点的右方移动。假如我们从 E 点右方的一点开始考察，在该点城市牙医的收入比不上乡村牙医，变动过程正好相反。只有在达到 E 点时，下一年的职业选择才会与今年的情况大致相仿，而整个体系也将稳定下来，达到一个均衡。

不过，这一结果对整个社会是不是最好呢？

案例讨论

正如前面提到的选择交通方式的例子，这一均衡不能使牙医的收入总和达到最大。不过，社会不仅关注牙医行业的行医者，同样也关心消费者。实际上，假如不加干预，对于作为一个整体的社会，E 点是最好的市场解决方案。

理由在于，只要多一个牙医选择在城市行医，就会出现两个副作用。这个后来者会拉低所有其他牙医的收入，使所有正在行医的牙医受损。不过，降低价格对消费者倒是一件好事。两个副作用正好相互抵消。这种情况与选择交通方式的例子的区别在于，没有人会从海湾大桥堵塞导致行驶时间的增加中得到好处。假如副作用是价格（或收入）改变，那么购买者就会得到好处，生产者则会遭受相应的损失。这是一个净零效应（zero net effect）。

从社会的角度看，一个牙医不应该担心降低同行的收入。每一个牙医应该设法使自己的收入达到最高。由于每一个人都做出自利的选择，从而在不知不觉之间实现了牙医在城市与乡村的恰当的分布。于是，两个职业都能得到同样的收入。[①]

当然，美国牙医联合会可能不这么看。面对城市牙医收入的减 258 少与消费者就医支出的节省，它可能更重视前者。从牙科职业的角度看，确实存在一种分配不当，太多牙医都挤在城市行医。假如能有多一些的牙医在乡村开业，那么，在城市行医的潜在优势就不会被竞争和拥挤"浪费"一空。从整体来看，假如我们有可能将城市牙医的数目维持在自由市场水平以下，那么牙医的收入总和就会提高。虽然牙医们不能向选择在城市行医者收取费用，不过，创立一笔基金用于补贴愿意投身乡村的牙科学生，倒是符合这个职业的利益的。

[①] 或者说，住在城市的成本应该高于住在乡村的成本，这一差别相应体现为城市牙医和乡村牙医的收入的差别。

第 10 章

投票的策略

259　　民主政府的基石在于尊重人民通过投票箱表达的意愿。不幸的是，这些崇高伟大的想法实现起来并不那么容易。和其他类型的多人博弈一样，投票当中也会出现策略问题。投票者常常不愿表达自己的真实倾向。无论是少数服从多数的规则，或是任何其他投票机制，都不能解决这个问题，因为现在尚不存在一个完美无缺的体系，可以将个人的倾向会聚成人民的意愿。[①]

这意味着问题的关键在于博弈的结构。比如，当美国国会需要在许多不相上下的法案之间做出抉择时，投票表决的次序就有可能

[①] 这一深刻结果是由斯坦福大学教授肯尼思·阿罗（Kenneth Arrow）得出的。他的著名的"不可能"定理指出，任何一个体系，若要将人们对三个或三个以上的选择的倾向会聚成一项集体抉择，一定不能同时满足以下几个最基本的要求：(1) 传递性，(2) 全体一致性，(3) 不相关选择的相互独立性，(4) 非独裁性。传递性的要求是，假如人们在 A 和 B 之间选择 A，在 B 和 C 之间选择 C，那么人们在 A 和 C 之间必然选择 A。全体一致性的要求是，假如人们在 A 和 B 之间一致倾向于 A，那么人们就会选择 A 而非 B。不相关选择之间的相互独立性的要求是，人们在 A 和 B 之间做的选择并不取决于是不是存在另外一个选项 C。非独裁性的要求是，没有任何人可以每次都得逞，因而不存在独裁的力量。

对最后结果产生重大影响。现在，让我们更加仔细地考察投票过程，探讨什么时候一个投票者的投票会起关键作用。

打破平局

现在的总统选举已经强调了副总统选择的重要性。此人距离总 260 统宝座只有一步之遥。不过，大多数总统候选人完全忽略了选票上的第二个名字，而大多数副总统看来并不喜欢自己的位置。无所事事地等上 4 年或 8 年时间，等待自己的老板驾鹤西去，这当然不是随便什么人都适合从事的职业。[①] 约翰·南斯·加纳（John Nance Garner）作为富兰克林·罗斯福（FDR）总统的首任副总统，曾经非常简洁地表达过这样的想法："副总统职位实在乏善可陈。"

美国宪法只有一个条款规定副总统的一切实际行动。第 1 章第 3.4 节提到："美利坚合众国副总统担任参议院主席，却不得投票，除非参议员分为势均力敌的两派。"这种主持工作属于"礼节性质，无所事事的礼节性质"，而在大多数时候副总统都会将这一工作转交由参议院多数党领导人指定的资历较浅的参议员轮流负责。究竟是打破投票平局的责任重要呢，还是礼节的意味更重？

乍看上去，无论逻辑推理还是现实证据都支持礼节的观点。副总统的一票其实并不重要。打成平局的投票很少出现。最有可能出现平局的情况是，每一个参议员二择其一的可能性相等，且参与投

---

① 毫无疑问，他们可以对比英国查尔斯（Charles）王子的更加糟糕的处境自我安慰一番。

票的参议员数目为偶数。这么看来,每12次投票可能包含1次平局。[1]
当然,参议员的实际投票与随机发生的情况相距甚远。只有当两党
大致处于均势,或者出现了一个特别容易引起分歧的议题而使部分
党派发生分裂时,副总统这一票才会计算在内。

261 　　最积极打破投票平局的副总统是美国首任副总统约翰·亚当斯
(John Adams)。他在8年任期里曾经29次打破平局。这并不出奇,
因为他那时的参议院只有20名成员,与今天拥有100名成员的参
议院相比,出现平局的概率几乎高出3倍。实际上,在美国建国头
200年间,总共只有222次机会让副总统投票。后来,理查德·尼
克松(Richard Nixon)在艾森豪威尔手下当副总统的时候成为最积
极打破投票平局的副总统,总共投过8次打破平局的票,与此同时,
1953—1961年期间,参议院总共做出了1 229个决议。打破平局的投
票次数下降同时反映了一个事实:两党体系更加稳固,很少出现一个
可能引起党派分歧的议题。

　　不过,这么一个关于副总统的一票只有礼节意义的描述却有误
导的性质。副总统这一票的影响力比其使用频率更为重要。仔细衡
量一下,就会发现副总统这一票的重要性大致相当于任何一名参议
员的投票。

　　一个理由在于,副总统的投票一般只在决定最重要和最具决定
意义的议题时起作用。比如,老乔治·布什(George Bush)作为副
总统,曾经投票挽救了政府的化学武器计划(两次)和MX导弹计划。
这表明我们应该更仔细地研究一张选票究竟何时才会起作用。

　　一张选票可能有两种效果:一是决定结果,二是成为影响胜利
或失败比数的一种"声音",却不能扭转结果。而在一个类似参议

---

[1] 或者对立派别的参议员看对方有几人缺席,己方也安排几人缺席。

院这样的决策团体里，第一种效果更加重要。

为了说明副总统目前地位的重要性，我们设想副总统作为参议院主席得到了一张普通选票。什么时候这张选票会有更大的影响力呢？若是决定重要的议题，所有 100 名参议员都会设法参加。[①] 假如这 100 名参议员形成了 51 对 49 或比数更加悬殊的两派，那么，无论副总统投什么票，结果都不会改变。结果取决于副总统这第 101 票的唯一机会在于，参议院分成了 50 对 50 的两派，就像现在这样，而只有副总统拥有唯一打破平局的选票。

我们承认，上述关于副总统的选票影响力的描述，没有将现实的各方面情况考虑在内。这些情况当中，有一些可以削弱副总统的影响力，有一些则相反。一个参议员的影响力大部分源于他们在各个委员会的工作，而副总统并未参与这些委员会。但是另一方面，副总统还有总统的否决权撑腰。

我们关于副总统的投票的讨论引出了一个应用范围更广泛的重要启示：任何人的选票只在这一票形成或打破平局的时候可以影响结果。设想不同情况下你的选票究竟有多重要。你在一场总统选举中究竟有多重要？在你们城市的市长选举中呢？在自己参加的俱乐部秘书长选举中呢？

就像参议院那样，若是每一个投票者二择其一的概率相等，那么，出现其他选民形成平局而要由你这一票决定胜负的概率就会达到最大值。数学计算显示，出现平局的概率与投票者数目的平方根成反比：投票者增加 100 万倍，出现平局的概率就会缩减为原来的

---

① 对于一个参议员数目固定的参议院，出现 50 人投赞成票而另外 50 人投反对票的情况的最大概率等于 $(1/2)^{50} \times (1/2)^{50}$。用这个数目乘以从 100 人当中寻找 50 个支持者的方法总数，我们得到的结果大致等于 1/12。

1/1 000 倍。在参议院，共有 100 名投票者，我们知道，在最容易形成平局的情况下出现平局的概率约为 1/12。而在有 1 亿选民参加的总统选举中，这一概率就会降低到 1/12 000。由于我们采用的是选举人团制度，你决定你所在州的选举人的投票结果的概率大大增加。不过，人口很少大致平均分成两派的事实却引出了相反的结果，哪怕一个候选人或另一个候选人的微小优势都能戏剧性地降低出现平局的概率。因此，你不妨认为这个 1/12 000 的数字是你可以在一场总统选举中发挥影响的概率的一个乐观估计。鉴于这些情况，你究竟还值不值得花时间投票呢？

263　　要想弄清这个问题，我们先举一个具体例子。假定有一个候选人叫做"软心肠先生"，他许诺要将最低工资从每小时 3.50 美元提高为 5.00 美元，而另一个候选人叫做"硬心肠先生"，则反对提高最低工资。假定你恰好有一份只付最低工资的工作，每年工作 2 000 小时，你希望可以在保住这份工作的前提下提高工资，那么，"软心肠先生"能为你的钱包带来每年 3 000 美元的增幅，"硬心肠先生"则做不到。4 年时间这个数字就会变成 12 000 美元。不过，你这一票可以带来这个结果的可能性只有 1/12 000，因此你从你这一票可能得到的收益只有 1 美元。假如你必须牺牲哪怕 20 分钟的有薪工作时间才能完成投票，那么你的投票并不值得。调查发现，大多数人认为他们闲暇时间的价值只有有薪工作时间的一半。因此，若是闲暇时间参加投票，超过 40 分钟就不值得了。

　　即便你不大可能改变投票结果，你仍然可以将你的声音加入群众中。不过，会不会有人听到呢？虽然 1 亿比 0 是一个一边倒的胜利，却没有一个明显的分界线，说明什么时候只要一张选票改变立场就会导致一边倒，从而取得胜利。而且，如果有足够多的人改变立场，一边倒的局势就会转为平局，继而转为失败，最后变成完全相反的一边倒。这个缺少分界线的理论可以追溯到希腊哲学家芝诺(Zeno)，是他提出了这个有关一次取一粒沙砾而聚沙成塔的似是而非的理论。没有一粒沙砾可能将无塔变成有塔，这似乎不错，然而，足够的沙砾也可以将一个鼹鼠丘变成一座小山。一张选票好比一粒沙砾。很难想象单单这额外的一票怎么能够扭转别人对结果的看法。[1]

　　这里我们看到，个人收益与成本的计算不是激励人们投票的决定性因素。不过，为了维持民主的正常运转，人们参加投票至关重要。这就是我们需要社会调节的原因。从小学的公民课程到选举前夕呼唤公民的爱国热情，社会总是想方设法使大家出来参加 　264
投票——即便每一个投票者本人对选举结果没有任何重大影响。[2]
在爱国热情并不足够的时候，法律就会要求人们参加投票，这正是发生在包括澳大利亚在内的其他几个国家的情况。

中点的选民

　　到目前为止，我们的重点一直放在具有两种选择的选举上，这

---

① 哪怕某一个人对于结果的看法只是发生轻微改变，对一个广大团体施加的一个微小影响也仍然有可能变得大到足以起某种关键作用的地步。

② 决定选举结果的一个更加廉价也可能更具代表性的方法大概是搞一个民意调查。现在的做法是搞一个冠冕堂皇的民意调查，任何人只要愿意参加就可以参加。统计学理论告诉我们，假如1万人的随机抽样调查的结果是一个候选人占有5%的优势（即获得5 250张或更多张选票），那么，哪怕最后有1亿人投票，其投票结果发生逆转的概率也会不足1比100万。假如投票结果再接近一点，我们将不得不扩大民意调查的规模。虽然民意调查可能大大降低投票成本，但民意调查被滥用的可能性也很高。选择一个随机的投票者是一个难上加难的问题。

一类型的选举除了投票（赞成）和不投票（赞成）两种选择外，再也没有什么策略可言。假如你决定投票，你就应该把票投给你最喜欢的那个候选人。这是因为，你的选票将在打破得票均势之际发挥最大作用，你当然希望自己的一票真实地反映你的偏好。[①] 对于具有两种以上选择的选举，需要决定的则是要不要投票以及投谁一票。这个时候，把票投给你最喜欢的那个候选人的策略不再是正确的选择。

在 1984 年的民主党党魁选举上，杰西·杰克逊（Jesse Jackson）的支持者们遇到了利用选票发送信号的问题。他们早就估计到杰西不可能胜出。民意调查显示，加里·哈特（Gary Hart）和沃尔特·蒙代尔遥遥领先。这时出现了一种激励，要求选民把票投给遥遥领先者，以免浪费自己的选票。这个问题到了 1988 年争取民主党总统候选人提名的时候更是变本加厉，因为当时有 7 个候选人竞争民主党总统候选人的资格。支持者们不想把自己的选票或竞选资助款项浪费在毫无希望的候选人身上。这么一来，那些宣布谁正领先的民意调查和媒体报道，就有了左右局势、使自己的预言变成现实的真正潜力。

还有一个理由可以说明选票为什么未必反映偏好。要想避免你的选票淹没在众人的选票里，一个办法就是别出心裁：选择一个极端的立场，与众人划清界限。谁若是认为这个国家过分自由化，可以把票投给一个温和保守派候选人。要么，她也可以转向极右派，支持林登·拉罗奇（Lyndon LaRouche）。好比候选人做出妥协，采

---

① 这里再次出现了一种情况，即你可能会在乎候选人取得多大的胜利。具体而言，你大概希望你的候选人胜出，但只要胜出一点即可（出于诸如克制一下他的妄自尊大脾气之类的原因）。若是这样，你大概愿意在你相信他一定会赢的时候，选择把票投给他的对手。

取中间立场那样，使自己的选票显得比实际意愿更极端可能符合某些选民的利益。这种战术只在一定程度范围内有效。假如你走过了头，大家会认为你是一个想入非非的疯子，结果没人理睬你的意见。关键在于，在能与理性外表相适应的范围内选择最极端的一种立场。

为了更确切地说明这一点，假定我们可以用 0 到 100 的横轴表示从自由派到保守派的不同程度，并将各候选人置于这条横轴上。青年斯巴达克联盟奉行极左路线，位于 0 附近，而林登·拉罗奇则采取最保守的立场，接近 100。

选民通过在这条横轴选定一点表达自己的偏好。假定选举的胜者就是位于全体选民立场的中间值的候选人。你可以这么看待这一情况：通过谈判和妥协，领先的候选人的立场总会选在反映整个选举的中间值的一点上。讨价还价的本质在于提出折中方案解决分歧。

现在，假设你自己就是一个中间派：假如你能控制大局，你倾向于选择一个位于 50 的候选人。但结果可能是这个国家其实比中间值稍微倾向保守派那边一点。假如没有你，平均值可能达到 60。具体而言，你就是每 100 个选民当中被抽出来参加民意调查，确定中间立场的那一个人。 266

假如你说出自己的真实偏好，候选人会调整自己的立场，转向 $(99 \times 60 + 50)/100 = 59.9$。反过来，假如你夸大自己的主张，说你想要 0，那么最后结果就会变成 59.4。通过夸大你的主张，你对候选人的立场的影响力提高了 5 倍。在这里，为维护自由主义而采取极端做法不是什么歪门邪道。

当然，你不是唯一这么做的人。所有其他低于 60 的自由派都会宣称自己想要 0，与此同时那些高于 60 的保守派则会为 100 而奋斗。到了最后，选民会出现两极分化，虽然候选人还是愿意选择某个中间立场。妥协的程度取决于主张转向各种方向的选民的相对数量。

这种取中间立场的做法有一个问题，即希望同时将偏好的强度和方向考虑在内。人们在谈到方向的时候会有实话实说的激励，但在谈到强度的时候就会夸大其辞。同样的问题也出现在妥协的过程中：假如这就是解决分歧的法则，大家都会采取一个极端的立场。

解决这个问题的一个方案可以追溯到20世纪20年代和当时哥伦比亚大学的经济学家哈罗德·霍特林。与选择中庸或中间立场相反，候选人选择中点立场，在那一点上，希望这位候选人左倾或右倾的选民数目刚好相等。与中庸立场不同，中点立场并不取决于选民偏好的强度，只取决于他们偏好的方向。为了找出这个中点，候选人可以从0开始，不断向右移动，只要大多数选民支持这一移动。而在中点，支持继续向右的力量刚好被希望向左的力量抵消。

267 一旦某位候选人采取中点立场，没有任何选民再有任何歪曲自己偏好的激励。为什么？只有三种情况需要考虑：（1）倾向中点左边的选民；（2）刚好位于中点的选民；（3）倾向中点右边的选民。若是第一种情况，夸大左倾的做法不会改变中点的位置，因此这个立场算是最后确定了。这名选民可以改变结果的唯一办法就是支持向右移动，但这刚好与他自己的利益南辕北辙。而在第二种情形下，无论怎么说，选民的理想立场已经被采纳了，夸大自己的偏好不会带来任何好处。第三种情形与第一种情形相仿。再向右移对中点毫无影响，再向左移又会与自己的利益发生矛盾。

这一论点的阐述方式暗示了选民知道全体选民的中点在哪里，无论他本人处于该点右边还是左边。不过，愿意实话实说与究竟出现什么结果没有关系。你可以把上述三种情形当做三种可能性进行思考，之后就会意识到，不管出现什么结果，选民还是希望诚实表达自己的立场。采取中点立场的法则的优点在于，没有一个选民愿意歪曲自己的偏好；诚实投票是每一个人的优势策略。

采取中点立场的唯一问题在于它的应用范围非常有限。这一策略只在一切都可以简化为一维选择的前提下可以采用，比如对自由派和保守派的选择。不过，并非所有情形都可以这样简单划分。一旦选民的偏好超过一维，就不会再有什么中点可言。在这个时候，操纵这一体系的可能性就变成现实了。

天真的投票

最常用的选举办法是简单多数投票。不过，少数服从多数的结 268 果具有似是而非的特征，首先发现这一现象的是两百多年前的法国大革命英雄孔多塞（de Condorcet）侯爵。

为了纪念他，我们就用法国大革命作为背景，解释他提出的少数服从多数原则的根本矛盾之处。攻陷巴士底监狱之后，谁将成为法国的新平民主义领导者呢？假定有三个候选人竞选这个位置，分别是罗伯斯庇尔（Robespierre）先生、丹东（Danton）先生以及拉法日（Lafarge）夫人。人民划分为三个同等规模的集团，分别代表左、中、右，其偏好如表 10-1 所示。

表 10-1

	左派的偏好	中间派的偏好	右派的偏好
第一选择	丹东	拉法日	罗伯斯庇尔
第二选择	拉法日	罗伯斯庇尔	丹东
第三选择	罗伯斯庇尔	丹东	拉法日

若是罗伯斯庇尔对丹东的选举,那么前者会以2比1的比分胜出。若是罗伯斯庇尔对拉法日的选举,后者会以2比1胜出。不过,换了是拉法日对丹东的选举,则丹东会以2比1胜出。因此,这里并不存在全面超出的胜者。谁将最后胜出,取决于哪一场选举最后进行。更常见的情况是,这样没完没了的循环使我们没有办法确认究竟哪种选择代表了人民的意愿。

若是投票循环包含在一个更大的问题中,事情就会变得更加复杂而难以处理。大多数人的意愿可能使每一个人都落得更糟糕的下场。为了说明这个问题,我们对上面提到的偏好进行更新和扩展。假定《白雪公主》里的七个小矮人成为一场选举的候选人。[①] 选民划分为三个同等规模的集团,分别为左、中、右。各个集团的偏好如表10-2所示。

表 10-2

	左派的偏好	中间派的偏好	右派的偏好
第一选择	开心果	爱生气	糊涂蛋
第二选择	喷嚏精	糊涂蛋	开心果
第三选择	爱生气	开心果	瞌睡虫
第四选择	糊涂蛋	害羞鬼	喷嚏精
第五选择	万事通	瞌睡虫	爱生气
第六选择	害羞鬼	喷嚏精	万事通
第七选择	瞌睡虫	万事通	害羞鬼

请注意,开心果、糊涂蛋、爱生气之间的循环次序与上面提到的罗伯斯庇尔、丹东、拉法日之间的循环次序完全相同。

假如我们从开心果对糊涂蛋的选举开始,糊涂蛋胜出,接下来爱生气击败糊涂蛋,喷嚏精又击败爱生气。然后瞌睡虫击败喷嚏精,

---

① 这个故事若与1988年民主党总统候选人初选前期有任何雷同,纯属巧合。

害羞鬼又击败瞌睡虫，最后是万事通击败害羞鬼。真是出人意料。少数服从多数的投票结果使我们一路经过开心果、糊涂蛋、爱生气直到万事通，而与此同时每一个选民都认为开心果、糊涂蛋和爱生气其实都比万事通更好。

怎么会发生这样的事？上述选举的结果实际上都是三分之二多数胜出。那些支持胜出一方者，其地位可以提升 1 步，而那些支持失败一方者，其地位平均倒退 4 步。所有选民各赢 4 次、输 2 次，最后结果其实比最初情形净退了 4 步。

这时候，你有理由反驳所谓这些选民应该为自己的不幸遭遇负责的说法；他们是以一种短视的方式投票。他们在决定每一对候选人的胜负之际，以为这就是唯一的选举，没能把它当做一系列投票的一部分。假如选民能够向前展望、倒后推理，他们一定不会落到选出万事通的结局。说得不错，但是，存在一个投票循环的事实却 270 使最后结果大受投票过程的影响。下一节我们将讨论怎样通过控制这个过程决定最后结果。

法庭的秩序

按照美国法庭的运转方式，首先必须裁定被告无罪或有罪。只有在裁定被告有罪之后才能判定刑罚。表面看来这可能是一个相对次要的程序问题。不过，这一决策的顺序可能意味着生与死的差别，甚至定罪与无罪开释的差别。我们以一名被控犯有死罪的被告为例解释这一观点。

有三种过程可供选择以决定一个刑事案件的结果。每一种过程都有其优点，你可能愿意基于某些潜在的根本原则选择其中一种。

（1）现实状况：首先裁定无罪或有罪，若是有罪再考虑合适的惩罚。

（2）罗马传统：听取证词之后，从最严厉的惩罚开始，一路向下寻找合适的惩罚。首先考虑要不要判处死刑，假如不要，考虑要不要判处终身监禁。这么一路研究下来，假如没有一种刑罚合适，那么该名被告就会被无罪开释。

（3）强制判刑：首先确定该项罪名的合适的刑罚，然后确定应不应该判处该名被告有罪。

这些做法只有一个过程上的差异：首先确定哪一个问题。为了描述这一差异可能具有怎样的重要性，我们考虑一个只有三种可能结果的案例：死刑、终身监禁以及无罪开释。[1] 这个故事是以一个真实案例为基础的；这是公元前一世纪罗马律师小普利尼（Pliny）为图拉真（Trajan）皇帝效命时遇到的一个两难问题的现代翻版。[1]

该名被告的命运掌握在三名法官手里。他们将投票决定如何判决。这一做法非常管用，因为这三名法官的意见完全相左。

第一位法官（甲法官）认为被告有罪，而且应该判处可能判处的最高刑罚。该名法官力求判处死刑。终身监禁是他的第二选择，而无罪开释在他看来则是最差的结果。

第二位法官（乙法官）同样认为被告有罪。不过，该名法官坚决反对死刑。他的第一选择是终身监禁。以前判处的死刑至今仍然让他感到寝食难安，因此，他宁可看到被告无罪开释，也不愿意看到被告被处死。

第三位法官（丙法官）是唯一认为被告无罪的人，并且因此力

---

① 即便存在更多不同的可能性，我们也会看到相似的结果。

求判处无罪开释。他与第二位法官不同，认为终身监禁比死刑更残酷。（对此被告也持同样观点。）结果，假如不能判处无罪开释，他的第二选择将是判处被告死刑，而终身监禁则是他最不愿意看到的结果。

上述情况如表 10-3 所示。

表 10-3

	甲法官的偏好	乙法官的偏好	丙法官的偏好
第一选择	死刑	终身监禁	无罪开释
第二选择	终身监禁	无罪开释	死刑
第三选择	无罪开释	死刑	终身监禁

若是按照现实状况的体系，投票首先决定的是无罪或有罪。不过，这些法官都是老于世故的决策者。他们懂得向前展望，倒后推理。他们正确地预计到，假如被告证明有罪，投票结果就是以 2 比 1 决定判处死刑。这就意味着，原本的投票其实是要决定判处无罪开释或死刑。投票结果是以 2 比 1 决定判处无罪开释，其中乙法官投了决定胜负的一票。

情况不一定按照这一路线发展。法官们可能选择跟随罗马传统，从最严厉的罪名开始，一路减轻下去。他们首先决定要不要判处死刑。假如选择了死刑，接下来也就没有什么决定要做的了。假如死刑遭到否决，余下的选择就是终身监禁和无罪开释。法官们通过向前展望，意识到终身监禁将成为第二阶段的投票结果。通过倒后推理，第一个问题实际上简化为生与死的选择。投票结果是以 2 比 1 决定判处死刑，只有乙法官投了反对票。

第三种合理的做法是，首先决定本案罪行的合适的惩罚。这里

272

我们按照强制惩罚的路线思考。一旦确定了刑罚，法官们必须决定本案被告是不是犯有这个罪行。在这个例子中，假如首先确定的刑罚是终身监禁，那么被告就会被判定有罪，因为甲法官和乙法官都会投票判定被告有罪。不过，假如首先确定的是死刑，那么被告就会被判定无罪开释，因为乙法官和丙法官都不愿意判定被告有罪。这么一来，刑罚的选择最后简化成终身监禁与无罪开释的选择。投票结果是判处终身监禁，只有丙法官投了反对票。

你已经注意到这个故事的意义非同小可，大概还会由于上述三种结果很可能完全取决于投票次序而感到心烦意乱。因为你对法庭运转方式的选择很可能取决于最后结果，而不是潜在的根本原则。

273

老于世故者

少数服从多数原则的问题，超出了通过控制先后次序操纵结果的范畴。甚至老于世故的投票者也能深谋远虑，同心协力以超越自身。下面，我们对里根总统提名的最高法院大法官候选人的传奇故事稍加修改，以解释这一观点。

博克（Bork）法官是第一提名人。大家都知道，金斯伯格（Ginsberg）和肯尼迪（Kennedy）也名列前茅，假如博克的提名没能在参议院获得通过，他们很可能就会得到提名。假如参议院对他们三个一概表示否决，大法官的职位很可能一直空缺，直到下一任总统提名填补为止。

假定这个决定掌握在三名权势非凡的参议员手里。为避免损害任何一位现实人物的声望的嫌疑，我们姑且将这三人称为甲、乙、丙。

他们对四种可能结果的偏好如表 10-4 所示。

表 10-4

	甲的偏好	乙的偏好	丙的偏好
第一选择	肯尼迪	金斯伯格	空缺
第二选择	空缺	肯尼迪	博克
第三选择	博克	空缺	金斯伯格
第四选择	金斯伯格	博克	肯尼迪

我们首先发现，他们**一致**认为，与其提名博克，不如就让大法官职位空缺下去。但即便如此，假如上表反映的就是他们的偏好，而参议员们正确预计到提名顺序是博克、金斯伯格和肯尼迪，那么，结果就将是博克的提名获得通过。

我们沿着整棵决策树倒推回去，就能得到投票的模式，如图 10-1 所示。

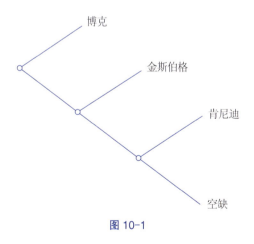

图 10-1

假如投票从最底端的任命肯尼迪或让职位空缺下去开始，这一回合肯尼迪就会胜出。通过向前展望，倒后推理，参议员们完全可以预计到，假如金斯伯格落败，肯尼迪就会胜出。因此，假如博克落败，竞争就会在金斯伯格与肯尼迪之间进行。而在金斯伯格对肯尼迪的投票中，金斯伯格将以 2 比 1 胜出。

当然，实际情况并非这样发展，其中有几个理由。没有人非常确切地知道下一个候选人会是谁。随着大家对候选人的情况了解增多，偏好也会发生改变。参议员们的偏好可能不再是我们这里显示的样子。同样重要的是，我们完全忽略了大家相互投赞成票博得好感的可能性。

这其实是一个出现大家相互投赞成票博得好感的绝妙机会。有三次 2 比 1 的投票结果。每一位参议员都有两次胜出，一次落败。每一次胜出都能使他们的地位提升一步，但每一次落败将使他们退后三步。赢得两个小战役而输掉一个大战争完全没有好处。共同得益的可能性为大家相互投赞成票博得好感的做法打开了大门，假如偏好发生这样的变化，我们估计博克的提名不会获得通过。

历久不衰的名人

继入主白宫之后，入选位于纽约库珀斯敦的棒球名人堂大约就是第二个最引人注目的全国性的荣耀了。棒球名人堂的成员是由选举产生的。每次都有一组符合参选资格的候选人，即具有 10 年比赛经验且退役已经 5 年的选手。[①] 选举者是棒球记者联合会的成员。

---

① 但是，假如该名球员已经在年度选举名单上出现过 15 次而仍然未能入选，他将失去参选资格。对于其他并不符合参选资格的球员，还有另外一条捷径通向选举：一个老球员委员会将考虑特殊个案，有时也会每年选举一两个候选人。

每一个投票者可以投票给最多 10 名候选人。所有得票超过寄回总
票数 75% 的候选人即可当选。

这一做法有一个问题，即选举者没有正确的激励，将票投给他
们真正推崇的候选人。每一个投票者只能投票给不超过 10 名候选
人的规则，迫使选举者不得不同时考虑候选人的资格和优点。一些
体育记者可能觉得某位候选人应该入选，但假如他不大可能入选，
却又不想把自己这一票浪费在他的身上。这一问题同样出现在总统
候选人初选的过程中，实际上也出现在任何一个选举中，只要在这
个选举当中，投票者是以一个固定数目的选票选择向候选人投票。

两位博弈论专家提出了一个替代办法用于选举。史蒂文·布拉姆 276
斯和彼得·菲什伯恩（Peter Fishburn）分别是政治学家和经济学家，他
们认为"赞成投票"（approval voting）能使投票者表达自己的真实偏好
而不必考虑自己推崇的候选人究竟能不能入选。[2] 按照"赞成投票"
的规则，每一个投票者想投多少人的票就投多少人的票。把票投给这
一个人不会成为把票投给任意数目的其他人的障碍。这么一来，把票
投给一个没有什么希望胜出的候选人毫无害处。当然了，假如人们想
投多少人的票就投多少人的票，最后究竟谁会当选呢？与棒球名人堂
的选举规则相仿，这里的规则可以是事先确定一个获胜者应得到的选
票的比例；或者事先确定获胜人数，得票多者依次填满全部席位。

"赞成投票"的影响已变得越来越广泛，许多专业团体都使用了
这一方法。若是棒球名人堂使用这种方法，情况又会怎样？若是国
会改用"赞成投票"决定哪一个支出项目应该包括在年度预算里，
会不会得到更好的结果？我们将在确定一个获胜比例的前提下考察
与"赞成投票"相关的策略问题。

假定入选不同体育项目的名人堂是由"赞成投票"决定，所有

得票超过一个固定百分比的候选人都会入选。乍看上去，投票者没有掩饰自己偏好的激励。候选人之间不是相互竞争的关系，一切只看他们得到的票数能不能达到选举规则确定的必要百分比，而这个百分比是衡量素质的一个绝对标准。假如我认为里奇·杰克逊（Reggie Jackson）应该入选棒球名人堂，我若是不投票给他，只会降低他入选的机会；假如我认为他不该入选，却违背自己的意愿投票给他，只会增加他入选的机会。

277　　　但是，哪怕选举规则没有明确规定，在投票者看来，候选人之间也可能还是存在相互竞争的关系。这种情况经常发生，因为投票者对于名人堂的规模或结构各有各的想法。假定丹·马里诺（Dan Marino）和约翰·埃尔维（John Elway）同时入选橄榄球名人堂的候选名单。我认为马里诺是一个更加出色的四分卫，虽然我也承认埃尔维同样达到了入选名人堂的标准。不过，在我看来更重要的是，同一年不应该有两名四分卫同时入选。我的估计是，其他投票者对埃尔维的评价可能更高一些，无论我投谁的票，他都可能入选，但马里诺的情况就悬乎一点，我若是投他的赞成票，很可能就会送他进入名人堂。若是按照自己的真实偏好投票，意味着我要投马里诺一票，而这很可能导致他们双双入选的结果。在这种情况下，我就有了隐瞒自己的偏好而改投埃尔维一票的激励。

　　　在投票者看来，两个球员也有可能变成互补，而非相互竞争。我认为杰夫·博伊科特（Jeff Boycott）和森尼尔·加瓦斯卡（Sunil Gavaskar）都没有资格入选曲棍球名人堂，但我同时认为，假如其中一人入选而另一人落选，就是极大的不公平。如果按照我的判断，哪怕我不肯投票给博伊科特，其他投票者也会投他一票，而我这一票对加瓦斯卡能否入选显得至关重要，因此我就有了隐瞒自己的偏好而把票投给加瓦斯卡的激励。

　　相反，若是采用配额规则，显然就会使候选人处于相互竞争之中。假定棒球名人堂每年只能入选两名新人。每一位投票者将得到两张选票；他可以分别投给两名候选人，也可以全部投给一名候选人。统计候选人的得票，得票最高的两名候选人入选。现在，假定存在三名候选人——乔·迪马杰奥（Joe DiMaggio）、马弗·斯隆贝里（Marv Throneberry）和鲍伯·维克尔（Bob Uecker）。[①] 大家都认定迪马杰奥高出一筹，但投票者却由于对另外两名候选人存在意见分歧而形成了两个同等规模的派别。我认为迪马杰奥一定入选，于是，作为马弗·斯隆贝里的球迷，我会把自己手里的两张选票全部投给他，以此增加他的胜算，压倒鲍伯·维克尔。当然了，其他人也在打同样的小算盘。结果呢，斯隆贝里和维克尔入选，而迪马杰奥一票也得不到。

278

　　只要总预算是有限的，或者国会议员和参议员对预算规模有很强的偏好，那么很自然的，政府支出项目之间就会存在竞争关系。我们留给各位思考的问题是，在我们的联邦支出项目里，假如可以套用上面的例子，究竟哪一个属于迪马杰奥的类型？哪一个会像斯隆贝里和维克尔那样走运？

爱一个可恶的敌人

　　其他情况下也会出现歪曲个人真实偏好的激励。一个例子是当

---

　　① 马弗·斯隆贝里是 1962 年大都会队的一垒手，当时的大都会队可能是棒球史上最糟糕透顶的球队。他的表现对球队的名声起了很大的坏影响。至于鲍伯·维克尔，他在棒球场上的表现还不如他在米勒淡啤酒广告中的表演更为人所知。

你占有先行之利时，你就会抓住机会，以此对别人产生影响。[3] 以各基金会的慈善捐款为例。假定有两个基金会，各有 25 万美元的预算。它们收到了三份需要捐助的申请：一是来自一个组织，希望捐助无家可归者，二是来自密歇根大学，三是来自耶鲁大学。两个基金会一致认为向无家可归者捐助 20 万美元是它们的首选目标。至于其他两份申请，第一个基金会愿意向密歇根大学投入更多的钱，而第二个基金会比较偏爱耶鲁大学。假定第二个基金会抢先一步，将它的总预算中的 25 万美元全部捐给耶鲁大学，那么，第一个基金会别无选择，只好独力承担捐助无家可归者的责任，从自己的预算里拨出 20 万美元给他们，余下只有可怜的 5 万美元留给密歇根大学。假如两个基金会平均分摊捐助无家可归者的款项，那么，密歇根大学和耶鲁大学将各得 15 万美元。换言之，第二个基金会若是抢先行动，实际上通过迫使第一个基金会独力捐助无家可归者，将10 万美元从密歇根大学转到了耶鲁大学。从某种意义上讲，第二个基金会其实歪曲了自己的真实偏好，没有向自己的首选目标（无家可归者）捐助一分钱。不过，这一策略承诺仍然服从于它的真实利益。实际上，这一类型的资助博弈相当普遍。① 通过抢先一步，小型基金会可以施加更大影响，从而使原本排在第二位的捐助目标也能得到资助。大型基金会，尤其是联邦政府，落得别无选择的境地，只好资助最迫切需要资助的项目。

279

---

① 一个更加明显的例子是马歇尔奖学金与罗兹奖学金之间的策略博弈。马歇尔基金会的目的是要成为对谁该获得奖学金前往英国留学具有最大影响的机构。假如某人具有同时获得马歇尔奖学金和罗兹奖学金的潜力，马歇尔基金会倾向于让这个人成为罗兹奖学金获得者；这样的话，这个人照样可以去英国留学，马歇尔基金会却不必花一分钱，而且可以用这笔钱多选送一名学生。因此，马歇尔基金会总是等到罗兹奖学金宣布最后结果之后才开始最后一轮选拔。

这种重新安排轻重缓急次序的策略，与投票过程存在一种直接相关的联系。《1974 年预算法》出台之前，国会曾经多次使用同样的鬼把戏。并不重要的支出项目首先投票，首先获得通过。这么一个一个项目讨论下来，钱越来越少，气氛越来越紧张，甚至到了剑拔弩张的地步，但是，这时余下的支出项目实在太重要了，以至于谁也不能投票否决。为了解决这个问题，国会现在首先投票决定预算总额，然后再具体考虑应该怎样分配。

只要你可以指望别人以后会为你挽回局面，你就会有一种歪曲自己的真实偏好的激励，夸大自己的要求，利用他人的偏好做文章。你可能愿意冒着失去你自己想要的某种东西的风险获得某种好处，只要你还可以依靠别人承担挽回局面的代价。

迫使他人为你挽回局面的原理，可以带来出其不意的结果，从你认为最糟糕的结果一直到你最满意的结果都有可能。我们以一家公司的董事局为例进行说明。该公司面临敌意收购，董事们准备投票表决。他们的当务之急在于如何应对。一共提出了四种选择，每一种都有支持者。

该公司的创办人兼总裁希望找到一个保住该公司免遭分拆的办法。他的首选是在公司章程中加入一个"毒丸"条款[*]。这个"毒丸"条款规定，任何外来者如果没有事先得到董事局的同意，不能取得该公司的控制权。

然而，董事局的两名年轻成员认为目前局势更加紧急。他们认 280 为收购已经无法避免，从而希望集中精力寻求达成一个比较容易接受的收购合同。他们倾向于采取行动寻找一位白衣骑士，即该公司管理层和董事局一致认为比较容易接受的收购者。

---

[*] 意指公司为免遭吞并而向对方索取极高代价的阻挠性条款。——译者注

管理层在董事局的代表则提出了第三种可能性，即目前在任的经理们愿意通过管理层收购（即 MBO），进而收购该公司。

董事局的第五名成员是一个来自外界的董事。他对于现在面临的收购持一种审慎乐观的态度，争辩说我们还有时间观察对方出价将会有什么变化。

上述四种选择一一讨论之后，每一个人都清楚地知道其他人究竟站在（或坐在）哪种选择一边。比如说，创办人属于行动派；他最糟糕的结果是坐等观望。两位年轻董事对第五名董事的意见表示赞同，即 MBO 提议毫无吸引力；一旦管理层与一名外来收购者展开角逐，就会引发利益冲突以及内部人士之间的私下交易，毕竟经理们才是最彻底的内部人士。各种偏好如表 10-5 所示。

表 10-5

	创办人的偏好	两名年轻董事的偏好	管理层的偏好	外来董事的偏好
第一选择	毒丸	白衣骑士	MBO	坐等观望
第二选择	MBO	毒丸	毒丸	白衣骑士
第三选择	白衣骑士	坐等观望	坐等观望	毒丸
第四选择	坐等观望	MBO	白衣骑士	MBO

面对这些选择，董事局必须做出抉择。每一个人都知道，投票过程很可能影响最后的结果。即便如此，他们还是认为，在决策过程中存在一个自然的次序：先是比较采取行动的积极方案，然后决定最佳方案是不是值得采纳。他们首先比较 MBO 与白衣骑士，然后取其中得票高者与毒丸进行比较。若是确定了最佳行动方案，他们就要决定是不是值得采纳，是不是胜过坐等观望。

整个投票问题可用下面的树表示（如图 10-2 所示）。

281

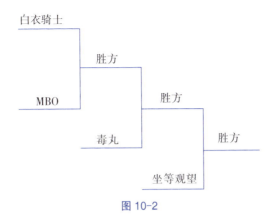

图 10-2

这棵树应该让你想起将一部分选手列为种子选手的网球巡回赛。我们现在就把"坐等观望"列为最后决赛的种子选手，"毒丸"列为半决赛的种子选手，而"MBO"和"白衣骑士"完全没被列为种子选手。

拳击和象棋比赛也是这样进行的。你必须克服一系列挑战，才能最后走到现任世界冠军面前。美国的总统选举也是这样进行的。只要存在一位在任的总统，一般情况下，他一定会成为他所在党的（下一届）总统候选人。反对党则要进行初选，确定谁将在最后大选中与现任总统较量。党内初选、紧接而来的党内提名乃至最后的总统大选，可以视为一系列排除性的选举。不过，现在还是让我们回到董事局的会议室来。

我们假定，5 名董事局成员具备足够的远见，可以意识到自己在连续各轮投票中的行动会产生什么后果，并且按照他们的真实偏好进行投票。倒后推理使这个问题变得易于解决。你可以找到答案，发现白衣骑士方案将会最终胜出（你也可以直接跳读下一段落寻找　282

答案），不过，这不是我们讲这个故事的用意。我们的用意在于向读者解释创办人怎样通过做出一个歪曲偏好的承诺的办法，使最后结果在他看来有所改善。

白衣骑士方案怎么会在具有远见的投票中胜出呢？最后投票一定是在坐等观望与另外某种方案之间进行。而在这最后一轮投票中，每一个人都有诚实投票的激励，因为这将决定最后结果。很容易就能算出 3 种可能性：

- 坐等观望对毒丸，毒丸胜，4 比 1。
- 坐等观望对 MBO，坐等观望胜，3 比 2。
- 坐等观望对白衣骑士，白衣骑士胜，3 比 2。

现在我们回到前一轮。对立双方要么是毒丸对白衣骑士，要么是毒丸对 MBO。若是第一种情况，大家更倾向于毒丸和白衣骑士，而不是坐等观望。因此，无论第二轮哪一个方案胜出，都会得到采纳。董事局成员喜欢白衣骑士胜于毒丸，3 比 2。

若是第二种情况，投 MBO 一票实际上等于投坐等观望一票。董事局成员可以预计到，假如 MBO 压倒毒丸成为入选的行动方案，它将在下一轮与坐等观望较量时落败。因此，在决定究竟投毒丸还是 MBO 一票的时候，董事局成员其实是在毒丸和坐等观望之间进行选择，结果是毒丸胜出，4 比 1。这么一来，第一轮较量实际上是在毒丸与白衣骑士之间进行。白衣骑士以 3 比 2 的比分胜出，并且成为以后各轮的选择。

一旦创办人意识到将会发生什么事情，他就有一个策略可以帮助他得到自己最想要的结果，即毒丸。现在我们就来看一下，假如

283

创办人"采纳"外来董事局成员的偏好，又会发生什么事情。当然了，他的这一偏好转变必须可信，而且要让所有其他投票者知道。假定创办人干脆把自己的投票权交给那位外来董事，自己离开了会议室。

乍看上去，这么做简直就是疯狂，因为他将采纳的偏好几乎与他的真实偏好完全相反。但是看看效果吧。投票结果会变成下面的情况：

- 坐等观望对毒丸，毒丸胜，3 比 2。
- 坐等观望对 MBO，坐等观望胜，4 比 1。
- 坐等观望对白衣骑士，坐等观望胜，3 比 2。

唯一可以压倒坐等观望的行动方案是毒丸。从一开始，董事局成员就应该预计到，假如毒丸也会输掉，最后结果就是坐等观望。不过，MBO 和白衣骑士的支持者都倾向于毒丸，而不是坐等观望。他们被迫投票给毒丸，因为这是他们唯一可行的选择；于是毒丸胜出。

通过将自己的支持转向对立面，创办人有能力做出一个可信的威胁，说要么是毒丸，要么是坐等观望。结果呢，除了死心塌地支持坐等观望的人，其他人统统抛弃了白衣骑士方案（使其再也不能击败坐等观望），转而支持毒丸方案。表面看来，这一票的改变使坐等观望的支持者的力量加倍，实际上却导致一个在他们看来更加糟糕的结果——毒丸入选，而不是白衣骑士。当然，假如那位外来董事能够洞察这一博弈，他应该拒绝成为创办人的代理人。

如果你认为这个故事有点牵强，请看 1988 年威斯康星州总统选举初选时发生的一个类似事件。该州州长是共和党人，他说，在民主党候选人当中还是要数杰西·杰克逊最有意思。许多评论员认为这是一个马基雅维利式的为达目的不择手段的做法，目的是让共和党人在民主党初选之际越界投票给杰克逊，从而为布什在 11 月的选284 举制造一个更容易击败的对手。很显然，哪怕没有这点帮助，乔治·布什要想击败迈克尔·杜卡基斯（Michael Dukakis）也是小菜一碟。

案例分析之十：全取或全失

杜松子酒与苦艾酒：有些人喜欢直接饮用，有些人喜欢混合起来喝，即做成马提尼酒喝。我们见过这两种偏好类型的例子。在橄榄球名人堂选举中，有人喜欢埃尔维或马里诺，却不能接受两个人同时入选，而在曲棍球名人堂选举中，有人认为只有博伊科特与加瓦斯卡一起入选，形成一个马提尼酒式的组合，才是最令人满意的结果。

那么，预算通过的过程又有什么分别呢？怎样才能加以改善呢？一个建议是赋予总统逐项否决的权力。

> 我们再次请求国会：赋予我们与 43 名州长同样的工具，即逐项否决权，这样我们就能裁掉柳条手工艺品和猪肉 * 这些无法独立获得通过的项目。
>
> ——罗纳德·里根，国情咨文，1987 年 1 月 27 日

---

* 前者指政府为收买民心而出资兴办的项目，其实没有多少实际用处；后者指政治家用于收买选民而拨出的资金或创造的职位，通常都是被白白浪费，收不到效果。——译者注

不过，这一权力给了总统可能还不如没给。为什么？

案例讨论

一个理由在于，假如没有逐项否决权，总统必须接受国会交给他的全部预算；他不能做零零碎碎的修改使其更加符合自己的偏好。这么一来，国会内部所达成的妥协就会得到保障，不必担心总统可能继续挑剔一番，选出他想要留下的部分。一旦国会预计到它将会失去一切无法独立获得通过的项目，那么表决通过一个预算的过程就会变得更具火药味，而且可能无法达成妥协共识。与以往相比，国会可能更不愿意交给总统一个马提尼酒式的预算，假如它在交给国家之前可以自行再度调配的话。 285

因此，拥有逐项否决权的总统，其权力最后反而可能受到削弱，原因在于，与以往相比，国会更不愿意（或更难以）向他提交建议书。一个简单的例子有助于解释这一点：里根总统想为"星球大战"计划争取资金。对里根而言不幸的是，共和党未能掌握国会控制权。必须收买民主党投赞成票。预算向民主党提供了一揽子社会福利计划，从而使防务开支相对变得比较容易接受。民主党向预算投赞成票的意愿其实落在这一揽子计划上。假如民主党认为里根可以动用逐项否决权，裁掉这些社会福利计划（以"猪肉"的名义），它就不愿意拨给他"星球大战"需要的资金。

关于逐项否决权对削减赤字的作用的争论，最好的解决办法就是考察州一级的经验。哥伦比亚大学经济学家道格拉斯·霍尔茨-埃金对这一历史证据进行了研究：

地方长官的否决权由来已久。在美国内战期间，南方邦联总统拥有逐项否决权，但没有行使，而在 1860 —1900 年间，45 个州里共有 28 个州采纳了逐项否决权的做法。到了 1930 年，48 个州里共有 41 个州有了一个规定逐项否决权的条款。艾奥瓦州和西弗吉尼亚州在 1969 年采纳了逐项否决权的做法。[4]

即便如此，在仔细研究了所有这些例子之后，霍尔茨 - 埃金教授看不出来在州长拥有逐项否决权的州，其预算赤字有任何减少的迹象。

第 11 章

讨价还价

一个刚刚当选的工会领导人走进该公司董事局会议室，开始他 286
接手的第一桩严峻的讨价还价。他被周围的环境震住了，以至神经
紧张，手足无措，最后含糊不清地说出了他的要求："我们要求得
到每小时 10 美元，否则……""否则什么？"老板咄咄逼人。工会
领导人答道："9 美元 50 美分。"

没有几个工会领导人会这么快就降低自己的要求，而老板们通
常需要借助日本人的竞争，而不是他们自己的权威威胁对方，说服
对方维持薪水不变。不过，上述情景还是提出了几个有关讨价还价
过程的重要问题：会不会达成一致？能不能友好地达成一致，还是
非得来一场罢工不可？谁将得到双方争夺的这张利益大饼的多大部
分？

在第 2 章，我们讲过一个简单的故事，说的是两个小孩就如何
分配一块冰激凌蛋糕而争吵不休。由于蛋糕会在你来我往的争吵之
间一点一点融化，双方因此会受到激励，以尽快达成一致。不过，

这个双方都同意的分配方案的基础在于，若其中一方使蛋糕融化，将会发生什么事情。这个例子形象地描绘了向前展望、倒后推理的策略原理。当然，在这个故事里，讨价还价过程的许多现实条件都被简化，目的是使这个原理变得更加突出。本章将会用到同一个原理，只不过同时还会强调在商业、政治和其他领域的讨价还价过程中出现的一些问题。

287 　　我们从简要复习工会与管理层就工资展开的谈判的基本概念开始。为了做到向前展望、倒后推理，从未来某个固定点开始考察会比较方便，因此，现在就让我们设想一家拥有自然资源的公司，比如一个夏季度假村的酒店。其旺季持续 101 天。每开门营业一天，这家酒店就能赚到 1 000 美元的利润。旺季开始之际，职工工会与管理层就工资问题发生了矛盾。工会提出自己的要求。管理层要么接受，要么拒绝，并于次日提出一个反建议。酒店只能在达成一致之后开门营业。

　　首先，假定讨价还价已经持续太久，以至于哪怕下一轮可以达成一致，酒店也只剩下旺季的最后一天可以开门营业。实际上，讨价还价不会持续那么长时间，却由于有了向前展望、倒后推理的逻辑，实际发生的事情就受制于从这个逻辑极端开始的一个思维过程。假定现在轮到工会提出自己的要求。这时，管理层应该全部满足，因为这总比一无所获要强。于是工会就能全取 1 000 美元。[①]

　　现在考察旺季结束前倒数第二天，轮到管理层提出反建议。它知道，工会可以继续拒绝这个建议，让这个过程一直持续到最后一

---

　　① 我们当然可以做出一个更符合实际情况的假设，即管理层一定需要某个很小的份额，比如 100 美元，但这么做充其量只会使我们的计算复杂化，且不会改变这个故事的基本概念。

天，同时得到 1 000 美元。因此管理层不能提出低于这一数字的反建议。与此同时，工会在最后一天不可能得到比 1 000 美元更高的收益，管理层也就没有必要在倒数第二天提出任何高出这一数字的反建议。这么一来，管理层在这个阶段提出的反建议已经非常明确：最后两天的 2 000 美元利润当中，它要得一半；换言之，双方每天各得 500 美元。

从这里再倒退一天进行倒后推理。借助同样的逻辑，工会提出给予管理层 1 000 美元，自己要求 2 000 美元；这意味着工会每天得到 667 美元，而管理层只得到 333 美元。我们用表 11-1 显示整个过程。

表 11-1　连续多轮的工资讨价还价　　　　单位：美元　288

余下天数	建议方	工会份额		管理层份额	
		总金额	每天的金额	总金额	每天的金额
1	工会	1 000	1 000	0	0
2	管理层	1 000	500	1 000	500
3	工会	2 000	667	1 000	333
4	管理层	2 000	500	2 000	500
5	工会	3 000	600	2 000	400
⋮					
100	管理层	50 000	500	50 000	500
101	工会	51 000	50	550 000	495

工会每一次提出一个建议，它都有一个优势，而这个优势源于它是提出最后一轮全取或全失建议的一方。不过，这个优势随着谈判回合增加而逐步削弱。在一个持续 101 天的旺季开始之初，双方的地位几乎完全一样：505 美元对 495 美元。假如管理层是提出最后一个建议的一方，或者没有严格规定，如限制每天只能提出一个

建议，双方必须是交替提出建议，等等，双方的份额比例就差不多。[1]
本章的附录将会说明这一框架怎样普遍化，变成可以同时解释没
有事先确定最后期限的谈判。我们之所以对交替提出建议加以限
制，同时提出一个已知的期限，只是出于有助于大家向前展望的考
虑。只要提议与提议之间相隔的时间很短，而讨价还价的期限又很
长，这些条件就会变得无伤大雅——在上述情况下，向前展望、倒
后推理将引出一个非常简单而又引人注目的法则：中途平分总额。

此外，谈判过程的第一天就会达成一致。由于双方向前展望，
可以预计到同样的结果，它们就没有理由不达成一致，否则双方每
天共损失 1 000 美元。并非所有工会对管理层的讨价还价都会以圆
满的结局收场。谈判破裂确实有可能发生，工人罢工或业主停业屡
见不鲜，还有可能达成偏向其中一方的协议。但是，我们只要进一
步分析前面提到的例子，对其前提做一些必要的修改，就能解释这
些事实。

谈判中的锄强扶弱体系

决定如何划分利益大饼的一个重要因素是各方的等待成本。虽
然双方可能失去同样多的利益，一方却可能有其他替代做法，有助
于部分抵消这个损失。假定工会与管理层谈判期间，工会成员可以
外出打工，每天挣 300 美元。于是，每次轮到管理层提出反建议的
时候，出价不仅不能低于工会将在次日得到的收入，同时当天的数
目至少要达到 300 美元。我们用一张新的表格（如表 11-2 所示）表
示这一变化，其中的数字显然更加有利于工会一方。这次谈判仍然

从旺季第一天开始，没有任何罢工，但工会的结果却大有改善。

这一结果可以看做平均分配原则的一个自然修正，使双方有可 290
能从一开始就已经处于不同地位，好比高尔夫球比赛的做法，为强
手设置不利条件，为弱者设置有利条件，锄强扶弱。工会从 300 美
元开始，这是其成员在外打工可能挣到的数目。余下只有 700 美元
可以谈判，原则是双方平均分配，即各得 350 美元。因此，工会得
到 650 美元，而管理层只得到 350 美元。

表 11-2　连续多轮的工资讨价还价　　　　　　　　单位：美元

余下天数	建议方	工会份额		管理层份额	
		总金额	每天的金额	总金额	每天的金额
1	工会	1 000	1 000	0	0
2	管理层	1 300	650	700	350
3	工会	2 300	767	700	233
4	管理层	2 600	650	1 400	350
5	工会	3 600	720	1 400	280
⋮					
100	管理层	65 000	650	35 000	350
101	工会	66 000	653	35 000	347

在其他情况下，管理层也有可能处于有利地位。比如，管理层
一边与工会谈判，一边发动不愿参加罢工的工人维持酒店营业。不
过，由于这些工人的效率比较低或者要价更高，又或是由于某些客
人不愿意穿越工会竖立的警戒线，管理层每天得到的营业收入只
有 500 美元。假定工会成员在外面完全没有收入。这时工会愿意尽
快达成协议，根本不会当真发动一场罢工。不过，发动不愿罢工者

维持酒店营业的前景会使管理层处于有利地位，它将因此得到每天750 美元的收入，工会只得到 250 美元。

假如工会成员有可能外出打工，每天挣 300 美元，同时管理层可以在谈判期间维持酒店营业，每天挣 500 美元，那么，余下可供讨价还价的数目只有区区 200 美元。管理层最后得到 600 美元，而工会得到 400 美元。一个具有普遍意义的结论是：谁能在没有协议的情况下过得越好，谁就越是能从讨价还价的利益大饼中分得更大一块。

"这对你的伤害大于对我的伤害"

291　　一旦一名策略谈判者发现，外部机会越好，他能从讨价还价当中得到的份额也越大，他就会寻找策略做法，希望改善他的外部机会。与此同时，他还会留意到，真正影响大局的是他的外部机会与他的对手的外部机会的相对关系。他即便做出一个承诺或威胁，导致双方的外部机会同时受到损害，也还是可以从讨价还价中得到更好的结果，前提是相比之下，他的对手的外部机会受到更严重的损害。

在我们提到的例子里，假如工会成员可以外出打工，每天挣 300 美元，而管理层则通过由不愿参加罢工者维持酒店营业，每天挣 500 美元，那么，讨价还价的结果是工会得到 400 美元，管理层得到 600 美元。现在，假定工会成员放弃外出打工的 100 美元，转而加强设置警戒线，阻止客人进入酒店，导致管理层每天少收 200美元。于是，讨价还价一开始，工会的起点是 200 美元（300 美元减去 100 美元），管理层的起点则为 300 美元（500 美元减去 200 美元）。两个起点相加得到 500 美元，正常营业所得利润 1 000 美元当中只余下 500 美元用于平均分配。结果，工会得到 450 美元，管理层得到 550 美元。工会加强警戒线的做法实际上等于做出要损害双方利益的威胁（只不过对管理层的损害更大），它为此多得 50 美元。

1980 年，棒球大联盟的球员们在工资谈判中使用了同样的策略。他们在表演赛季罢工，在常规赛季继续比赛，同时威胁说要在阵亡将士纪念日周末再次罢工。要想看清楚为什么这样做"对球队的伤害更大"，请注意一点：在表演赛季，球员没有工资可拿，球队老板却能从度假人士和当地球迷那儿赚到门票收入；在常规赛季，球员每周拿到固定数目的工资，但对球队老板而言，门票和电视转播的收入起初是很低的，而从阵亡将士纪念日周末开始则会大幅度提高。这么一来，球队老板的损失与球员的损失的比值，将在表演赛季和阵亡将士纪念日周末达到最高峰。看起来，球员们知道什么是正确的策略。[2]

棒球球员们威胁要举行的罢工进行到一半的时候，球队老板们屈服了。但罢工毕竟已经进行了一半。我们的向前展望、倒后推理 292 的理论显然没有完全用上。为什么人们总是不能在损害发生之前达成协议——为什么会发生罢工？

边缘政策与罢工

在原有合同到期之前，工会与公司就会为达成一份新合同开始谈判。不过，这一期间没有理由着急。大家继续工作，产量方面没有损失，早一点达成协议与晚一点达成协议相比没有任何明显的好处。看上去双方都应该等到最后一刻，等到原有合同就要到期而罢工的阴云笼罩之际，再提出自己的要求。有时候确实会发生这样的事情，不过，人们通常都会更快达成协议。

实际上，即便还在原有合同继续有效的平静时期，延迟达成协议也可能造成沉重的代价。谈判进程本身就存在风险。对于另一方的不耐烦、外部机会、紧张情绪或个性冲突，都有可能产生误解，同时怀疑对方没有老老实实进行讨价还价。哪怕双方同样希望谈判取得成功，谈判仍然有可能中途破裂。

虽然双方可能同样希望成功达成协议，但他们可能对什么是成功怀有不同的想法。双方向前展望的时候，并不总是看到同一结果。他们可能掌握不同的信息，看到不同的前景，于是采取不同的行动。各方必须猜测对方的等待成本。由于等待成本较低的一方能占上风，各方符合自身利益的做法，就是宣称自己的等待成本很低。不过，人们对这些说法不会按照字面意思照单全收；必须加以证明。证明自己的等待成本很低的做法是，开始制造这些成本，以此显示你能支持更长时间，或者自愿承担造成这些成本的风险——较低的成本使较高的风险变得可以接受。正是对于谈判何时才能结束未能达成

293 一致意见，导致了罢工的开始。

这一状况简直就是为实践边缘政策而量身定做的。工会可以威胁说要立即终止谈判，继而开始罢工，但罢工对工会成员而言也是代价不菲的。只要仍然存在继续谈判的时间，这么一个可怕的威胁就缺乏可信度。但是，一个较小的威胁还是可信的：随着怒火和紧张情绪逐渐增长，哪怕工会不愿意看到谈判破裂，这样的事

情也有可能发生。假如这一前景给管理层造成的困扰大于对工会的困扰，从工会的角度来看这就是一个好的策略。反过来，也有可能成为管理层的一个好的策略。关键在于，边缘政策的策略是双方之间较强的一方——即相对不那么害怕谈判破裂的一方——的武器。

有时候，原有合同到期之后，工人没有举行罢工，而是继续按照原有合同条款工作，工资谈判继续进行。这可能是一个比较好的安排，因为机器和工人都没有闲置，产量也没有减少。不过，这表明，其中一方，通常是工会，正在努力按照自身利益改写原有合同的条款，因此对它而言，这种安排非常不利。那么，管理层为什么应该让步呢？为什么不应该让谈判没完没了地继续下去呢，反正原有合同实际上仍然有效？

在这种情况下，威胁仍然在于谈判破裂而举行罢工的可能性。工会走的是边缘政策路线，但现在是在原有合同到期之后进行。常规谈判的时间已经过去。一边按照原有合同规定继续工作，一边继续谈判，这会被大家看做工会示弱的迹象。必须保持举行罢工的某种可能性，才能刺激公司满足工会的要求。

一旦发生罢工，要紧的是，什么会使罢工继续下去？达成承诺的关键在于降低这个威胁，使其变得更加可信。边缘政策按照一天之后再来一天的模式将罢工进行下去。永不返回工作岗位的威胁并不可信，假如管理层已经差不多满足了工会的要求，就更没人相信了。不过，多持续一天或一星期就是一个可信的威胁。由此造成的工人的损失比他们将会得到的收益小。假如他们相信将会取胜（而且会很快取胜），他们再持续一会儿就是值得的。假如工人们的信念是正确的，那么，管理层就会意识到，屈服的代价比较小，实际

294

上自己也应该马上这么做。于是工人的威胁就不会造成任何损害。问题是，公司对整个局面的看法可能抱有同样的乐观看法。假如它相信工人马上就会退让，以再失去一天或一星期的利润换取一份对自己更有利的合同就是值得的。这么一来，双方继续处于僵持状态，罢工继续进行。

稍早的时候我们讨论过边缘政策的风险，即双方同时从光滑斜坡跌落的可能性。随着冲突持续，双方遭受重大损失的可能性虽然很小，却不断增长。正是离风险越来越近的感觉促使其中一方退让。以罢工形式出现的边缘政策造成代价的方式不同，但效果却是一样的。一旦罢工开始，与其说存在一种遭受大损失的小可能性，不如说存在一种遭受小损失的大可能性，甚至是必然性。随着罢工持续得不到解决，小损失不断变大，从光滑斜坡跌落的可能性也随之增长。证明自己决心的办法是接受更大的风险或者白白看着罢工的损失增长。只有当一方发现另一方确实更强大，它才会考虑退让。力量可能有很多形式：一方的等待成本可能没那么大，因为它有其他很有价值的选择；取胜可能非常重要，原因可能是这一方还在跟其他工会进行谈判；失败的代价可能非常高昂，因此罢工的代价显得较小。

边缘政策的这一应用适用于国家与国家以及公司与公司之间的讨价还价。当美国希望其盟国加大它们承担的防务开支份额时，若是一边谈判一边按照原有合同行事，它就会在谈判中处于不利地位。只要原有的规定美国承担最大份额的合同继续有效，美国的盟国当然乐意让谈判无休止地继续下去。美国能不能——又应不应该——寻求边缘政策呢？

风险与边缘政策会从根本上改变讨价还价的进程。在我们以前提到的各方相继提出建议的谈判的例子中，以后将会发生什么事情的前景促使各方在第一轮就达成协议。边缘政策的一个不可分割的部分就在于有时候大家确实会越过边缘。谈判破裂而举行罢工的情况确实有可能出现。双方可能发自内心地感到遗憾，但这些事情一旦发生就有可能变得难以收拾，且持续时间可能超出人们的意料。

同时就许多事情讨价还价

我们对讨价还价的讨论到目前为止仍然集中在一个层面，也就是金钱的总数及其如何在双方之间分配。实际上，还有更多层面的讨价还价：工会与管理层在乎的不仅仅是工资，还有医疗福利、退休保障、工作条件，等等；美国和它的北约盟国在乎的不仅仅是防务开支的总额，而且还有这笔钱如何使用。理论上，许多这样的问题可以简化至等同于金钱总数问题的地步，但存在一个很重要的区别，即各方对这些问题的重视程度可能各不相同。

类似这样的区别，为达成一致接受的讨价还价带来了新的可能性。假定一家公司有能力签下一份团体医疗保险合同，而这份保单的条件优于工人自己可能签下的保单，比如一个四口之家每年只要交付 1 000 美元，而不是 2 000 美元。这样的话，工人可能更愿意接受医疗保险，而不是年薪提高 1 500 美元，同样，公司也宁可为工人提供医疗保险而不是额外多支付 1 500 美元工资。[3] 296

看起来，谈判者应该将所有有关共同利益的问题放在一起进行讨价还价，利用各方对这些问题的重视程度的不同，达成对大家来说都更好的结果。这有时候行得通；比如，以贸易自由化为目标的关税及贸易总协定的更加广泛的谈判，其成效就超过了局限于某个特定领域或产品的谈判。

不过，将各种问题混合起来的做法，也使得利用其中一个讨价还价博弈创造可用于另一个讨价还价博弈的威胁成为可能。比如，美国若是威胁日本说，要打破美日军事关系，任凭日本面对俄罗斯入侵的风险而不顾，也许可以在迫使日本打开进口市场的谈判中取得更大的进展。美国当然不会坐视日本遭到入侵，因为那样并不符合它的利益；它那样说不过是一个威胁而已，目的是迫使日本在经济方面做出让步。因此，日本可能坚持要把经济与军事分开谈判。

案例分析之十一：施比受好？

回想一下我们讨论过的酒店管理层与其职员谈判如何分配旺季收入的讨价还价问题。现在，假定不是职员和管理层交替提出建议，而是只有管理层一方可以提出建议，职员只能接受或拒绝。

正如前面提到的那样，整个旺季持续 101 天。酒店每营业一天，可以得到 1 000 美元利润。谈判在旺季开始之际启动。每天，管理层提出一个建议，由工会表示接受或拒绝。假如工会接受，酒店开门营业，开始赚钱。假如工会拒绝，谈判继续，直到工会接受下一个建议，或者旺季结束，损失全部利润。

表 11-3 说明，随着旺季一天天过去，可能赚到的利润也日渐减少。假如工会和管理层双方的唯一考虑是自己的收益，你估计会发

297

生什么事情，且何时发生？

表 11-3　工资讨价还价——全部建议由管理层提出　　　　单位：美元

余下天数	建议方	可分配利润	工会可得数目
1	管理层	1 000	?
2	管理层	2 000	?
3	管理层	3 000	?
4	管理层	4 000	?
5	管理层	5 000	?
⋮	⋮	⋮	⋮
100	管理层	100 000	?
101	管理层	101 000	?

案例讨论

在这个案例中，我们估计最后结果与50对50的平分有天壤之别。由于管理层具备唯一的提出建议的权力，因此在讨价还价当中处于非常强势的有利地位。管理层应该有办法得到尽可能接近总数的一个数目，并在第一天达成协定。

为了预测这个讨价还价的结果，我们从结尾开始，从此倒推回去。在最后一天，继续讨价还价已经毫无价值，因此工会应该愿意接受任何得益为正的金额，比如1美元。而在倒数第二天，工会意识到，今天拒绝对方的建议，明天只能得到1美元；于是它宁可接受今天的2美元。这一论证过程一直进行到第一天。管理层提议给工会101美元，而工会由于看不出以后可能达成什么更好的方案，表示接受。整个过程如表11-4所示。

298

表 11-4　工资讨价还价——全部建议由管理层提出　　单位：美元

余下天数	建议方	可分配利润	工会可得数目
1	管理层	1 000	1
2	管理层	2 000	2
3	管理层	3 000	3
4	管理层	4 000	4
5	管理层	5 000	5
⋮	⋮	⋮	⋮
100	管理层	100 000	100
101	管理层	101 000	101

　　这个故事显然夸大了管理层讨价还价的真实力量。推迟谈判，哪怕只是推迟一天，就要使管理层付出 999 美元的代价，而工会的代价只有 1 美元。工会不仅在乎自己的工资，还会拿自己的工资与管理层的工资相比，从这个角度看，这样极端不平等的分配不可能发生。不过，这并不表示我们必须回到一个平等的分配方案上。管理层仍然掌握全部讨价还价的力量。它的目标应该是找出工会可以接受的最小数目，提出来，使工会即便知道管理层的收益可能远远超过自己，也仍然愿意接受它的建议，而不致落得一无所获的下场。比如，到了最后阶段，工会若是别无选择，可能愿意接受自己得到 334 美元而管理层得到 666 美元的结果。若是这样，管理层可以在整整 101 天里每天沿用这个 2 比 1 的分配方案，从而获得总利润的 2/3。这一解决讨价还价问题的技巧的价值在于，它暗示了讨价还价的力量的一些不同来源。折中妥协或平均分配是解决讨价还价问题的一个常见办法，却并非唯一途径。向前展望、倒后推理给出了一个理由，说明了我们为什么可能会看到不平等的分配。特别地，它

299

暗示了在提出建议的时候，"施比受更好"。

附录：耐性自有回报

即便讨论的问题缺少一个固定的结束点，我们仍然有可能运用 300 倒后推理的策略。[①] 这是大多数讨价还价问题的一个重要特征。现在就让我们来看一个更加典型的场景，比如一家钢铁公司。一场罢工正在进行。如果能够结束罢工，公司每周可以赚取 300 万美元利润。工会和管理层正就这笔钱的分配讨价还价。谈判每周进行一次，双方交替提出建议。

在没有达成协议的情况下，每过去一周，双方的损失合计 300 万美元。和平常一样，时间就是金钱。立即结束罢工最符合双方的利益。不过，究竟应该在怎样的条件下结束罢工呢？直觉告诉我们，越是迫不及待要求结束罢工的一方，将会越早让步，或做出越大的让步。进一步考察这个进程可以证实我们的直觉没有错，而且可以将这一直觉转化为对双方可得份额的更精确的预计。

在很多方面，时间都是金钱。最简单的一点莫过于较早得到的 1 美元，其价值超过后来得到的 1 美元，因为较早得到的 1 美元可以用来投资，并在此后的时间里赚取利息或红利。假如投资回报率是每年 5%，那么现在得到的 1 美元等于明年这时的 1.05 美元。

同样的想法适用于我们这里提到的工会和管理层，但在迫不及

[①] 这一方法最早是由经济学家阿里尔·鲁宾斯坦（Ariel Rubinstein）提出的，我们讨论的解决方案就以他的名字命名，通常被称为鲁宾斯坦解决方案。第 13 章中的案例分析"慈善捐助的局限性"就是按照这一方法行事的一个例子。

待这方面，还要考虑另外一些因素。协议每推迟一周签订，就会有一种风险，即原有的忠实的老顾客会跟其他供应商建立长期的合作关系，公司将面临不得不关门结业的威胁。工人和经理将不得不转而从事工资较低的其他工作，工会领导人的声誉会受到损害，管理层的期权也会变得一文不值。考虑到这样的事情会在未来一周当中发生的可能性，立即达成协议显然要比拖延一周更好。

301

当然，工会与管理层对风险及其后果的看法可能差别很大。单纯出于使事情精确化的目的，我们假定工会认为今天的 1 美元等于一周后的 1.01 美元，而管理层则认为应该等于 1.02 美元。换言之，工会的周"利率"是 1%，管理层则为 2%。管理层迫不及待的程度是工会的两倍。

双方耐性上的差别将对解决它们之间的讨价还价问题产生一个戏剧化的效果：双方的份额与它们的利率成反比，因此工会得到 2/3（每周 200 万美元），而管理层只得到 1/3（每周 100 万美元）。

讨价还价得出的协议会把较大份额归属更加耐心的一方，这一事实对于美国而言真是非常不幸。美国的政府体制以及媒体报道，实际上都在鼓动不耐烦的情绪。一旦与其他国家在军事和经济问题上的谈判进展缓慢，利害攸关的游说者就会从国会议员、参议员和媒体那里寻求支持，迫使政府尽快拿出结果。美国在谈判中遭遇的对手国家对此非常了解，也就可以想办法迫使美国做出更大的让步。

第 12 章

激　励

为什么苏联的经济体制会受到严重挫折？斯大林及其继承者精　302
心设计的五年计划之所以出了差错，主要原因在于对工人和经理们
缺乏足够的激励。最重要的是，这个体制不能向出色完成工作而非
得过且过者提供奖励。人们没有理由表现任何主动性或创新精神，
却有无数理由偷工减料——比如只完成数量指标，却完全忽略质量
要求。

市场经济有一个更好的自然的激励机制，这就是利润动机。一家
公司若能成功降低成本或推出新产品，就能赚取更高的利润；反过
来，这家公司若被对手抛在后面，就会亏损。不过，即便这一机制也
不能达到完美效果。一家公司的每一个员工或经理并未完全暴露在市
场竞争的凛冽寒风之下，因此，最高管理层必须创造内部的"胡萝卜"
加"大棒"政策，利用这一政策促使下面各级人员的工作表现达到理
想的水平。一旦两家公司合力进行某个特定项目，它们面前就多了一
个问题，即怎样设计一份合同，以正确的方式分享各自的激励？

怎样奖赏工作表现？

303 我们通过一组例子说明设计激励方案的重要思路。假定你自己是加利福尼亚一家高科技公司的老板，打算开发和推出一种新的电脑象棋游戏，名为"巫师1.0"。如果你成功了，你将得到20万美元的销售收入；如果你失败了，你将一无所获。成功或失败完全取决于你的专业棋手兼程序员的工作。她要么全神贯注，全力以赴；要么敷衍了事，得过且过。假如她有高质量的工作表现，那么，你成功的机会将达到80%；假如她只是得过且过，这一比率将降到60%。

象棋程序员只要5万美元就能请到，但他们喜欢做白日梦，这样的工资只能让他们敷衍了事。要得到高质量的工作表现，你不得不支付7万美元。以上所述如表12-1所示。你应该怎么办？

表 12-1   金额单位：美元

	成功概率	平均销售收入	工资	平均利润＝销售收入－工资
低质量工作表现	60%	120 000	50 000	**70 000**
高质量工作表现	80%	160 000	70 000	**90 000**

得过且过的工作表现带来20万美元收入的概率只有60%，结果等于平均12万美元；减去5万美元工资，平均利润等于7万美元。假如你请到的是一个具有高质量工作表现的专家，通过同样的计算，得到平均利润等于9万美元（即20万美元×80%－7万美元）。很显然，你用高工资请一个有高质量工作表现的专家比较合算。

不过这里有一个问题：单是观察这位专家每一个工作日的表现，你看不出她究竟是全力以赴了还是在得过且过。创造的过程神秘莫测。你的程序员在拍纸簿上的涂鸦既可能是一个了不起的图形，将奠定"巫师 1.0"的成功基础，也可能不过是她做白日梦的时候胡乱画出来的东西。既然你看不出高低质量工作表现的区别，怎样才能防止这名专家领取付给高质量工作表现的 7 万美元工资，却只给你低质量的工作表现呢？即便这个项目失败，人们总是可以怪运气不好。毕竟，就算有了全心全意的投入，这个项目还是有 20% 的概率会遭到失败；这确实只能怪运气不好。

由于你看不出工作表现的质量是高还是低，你不得不将你的回报机制建立在一个你可以看得出区别的东西的基础之上。在我们讨论的这个例子中，这个东西可能是最后结果，即整个程序编制工作的成功或失败。这当然与工作表现有关，虽然这一关联并不完美，但是，工作表现的质量越高，意味着成功的概率也越高。这一关联可以用于创造一个激励机制。

你要做的是向这名专家提供一份取决于最后结果的报酬：若是成功，报酬数目大一些；若是失败，报酬数目小一些。这一区别，也可以看做成功的奖金，它应该达到这样的水平：让这名专家意识到，向老板提供高质量的工作表现符合她自己的利益。出于这一考虑，奖金数目应该足够大，让这名专家知道，高质量的工作表现将使她多赚 2 万美元，即收入从 5 万美元上涨为 7 万美元。因此，成功的奖金至少应该达到 10 万美元：领取 10 万美元奖金的概率提高20%，这名专家就能得到用于激励专家提供高质量工作表现所必不可少的 2 万美元。

至于成功或失败的时候应该支付多大数目的报酬，仍然是一个问题。我们需要一点计算。答案在于，若是成功，你应该向这名专家支付 9 万美元，若是失败，她应该向你支付 1 万美元的罚金。按照这个激励机制，这名程序员的成功奖金为 10 万美元，这是促使她提供高质量工作表现的最低数目。因此，你向她支付的平均数目为 7 万美元（即 9 万美元 ×80% − 1 万美元 ×20%），其中，9 万美元是你支付的数目，80% 是成功的概率，而 1 万美元是她支付的罚金，20% 是失败的概率。假如你有办法通过亲自监督看出工作表现的质量高低，这就是你应该确定的数目。这一激励机制非常管用；难以观察到的工作表现的特征对此毫无影响。

从本质上说，这一激励机制等于将这家公司的一半卖给这名程序员，以此换取 1 万美元和她的工作表现。她的净收入要么是 9 万美元，要么就是倒贴 1 万美元，眼看这个项目的最后成败对自己的收入有这么大的影响，提供高质量的工作表现从而提高成功的概率（以及她本人分享 10 万美元利润的份额）就变得符合她自己的利益。这份合同与罚金 / 奖金机制的唯一区别只是名称不同。虽然名称可能也有影响，但我们却看到，不止一个办法可以达到同样的效果。

不过，这些解决方案可能实现不了，原因可能是向职员收取罚金并不合法，也可能是工人没有足够的资本，用于支付她的那一半价值 1 万美元的股份。这时候你该怎么办？答案是尽你所能，执行一个最接近罚金 / 奖金机制或股份平分方案的做法。由于有效的最小奖金为 10 万美元，因此，若是成功，工人得到 10 万美元，若是失败，工人一无所获。现在，工人的平均收入是 8 万美元，你的利润跌到 8 万美元。若是采取股份平分方案，工人只有自己的劳动力可以出卖，却没有任何资本可以投资在这个项目中。但是，你仍然不得不给她 50% 的股份，目的是激励她提供高质量的工作表现。于是，你的最佳做法就是卖给她一半的股份，单单换取她的劳动力。不能强制实行罚金制度或工人没有能力投资的事实意味着，从你的角度来看，最后结果不尽如人意——在这个例子里就是 10 000 美元。这时，努力程度的难以观察性就会起作用了。

罚金／奖金机制或股份平分方案的另一个难处在于风险问题。工人一旦参加这个 10 万美元的博弈，她的激励就会提高。但是，这个重大风险可能无法通过最后结果的统计平均值进行评估。遇到这种情况，工人因同时提供高质量工作表现和承担风险，应该得到补偿。风险越大，补偿越高。这一额外补偿是一家公司由于不能监控工人工作表现而产生的另一项额外成本。通常，最好的解决方案就是达成妥协；向工人提供低于理想激励数目的激励，从而降低风险，同时接受由此导致的低于理想质量水平的工作表现。

在其他例子中，你可能遇到别的反映工作表现质量高低的指标，在你设计激励机制的时候，你可以运用这些指标，而且也应该这么做。也许最有趣也最常见的情况是同时存在几个项目。虽然成功只是工作表现质量高低的一个并不确切的统计指标，却可以由于能对其做更多的观察而变得更加精确。有两个办法可以做到这一点。假如同一名专家为你的多个项目工作，你可以建立一个档案，记录她的成败情况。你若是看到反复出现的失败，你就能更有信心地把它归咎于工作表现质量低劣，而不是单纯的运气不好。你的推论的精确度提高了，你就能设计出一个更好的激励机制。第二种可能出现的情况是，多名专家为你的一系列相关项目工作，各个项目的成败之间存在某种关联。假如一名专家失败了，而她周围的其他专家却取得了进展，你就能更自信地判断她在开小差，而不是运气不好。因此，建立在相对表现基础之上的回报，换言之，奖励，能产生合适的激励。

当老板设计激励激发工人积极性的时候，面临的问题总是单方

306

面的。更复杂也更有趣的还是合作项目面临的问题，在这种情况下，各方需要提供正确的激励，激发对方的积极性。

怎样组织一个合作项目？

20世纪60年代，本森（Benson）与赫奇斯（Hedges）联合推出了一种全新的100毫米长的香烟，同时推出的还有一个令人难忘的电视广告，其中赫奇斯这样讲述他寻找本森的过程：赫奇斯首先想到生产一种超长香烟，并且相信这种产品一定可以取得成功，只要他能用一个叫做"本森"的不知名品牌出产的烟草生产。经过许多冒险遭遇，他找到了本森。"我现在终于看见它了，"他大叫道，"本森－赫奇斯100型！"当然，他也推断说："本森的看法稍有不同。"

通过结合各自的资源，本森与赫奇斯可以增加他们两家的总利润。他们必须先就如何分配这笔利润达成一致。推测起来，这一回合大约是本森胜出。现在我们就来看看接下来会发生什么事情。

一旦两家达成合作协议，推出全新的品牌，在很大程度上他们就变得相互依赖。没有一方可以在不牺牲某些利润的前提下回到原来独立发展的轨道上去。在公众的头脑中，赫奇斯的创新想法已经与某个特定牌子的烟草结合在一起，而本森也失去了自己原有的品牌标志和顾客群。一旦认识到这一点，各方就会受到诱惑，希望重开合作协议谈判，以从对方身上多为自己榨取一点好处，同时，假如自己的要求遭到拒绝，就会以退出整个合作项目相威胁。

不过，假如双方都是聪明的策略家，发生这样的事情并不令人惊讶。各方可以预料到这种可能性，并且不大愿意签下一份会使自己在以后遭受对方剥削的合同。这时，整个有利可图的计划面临夭折的威胁。解决方案是，在原有的合作关系中，加上强制性的惩罚条款，以打消事后反悔的念头。本章主要讲述怎样设计这样的条款。

人际合作关系的问题与商业合作关系如出一辙。假定有一对双职工夫妻，双方都不喜欢做饭，却又负担不了每周外出就餐超过一次的开销。他们出于直觉或经过协商决定大家平等分担家务活，每人每周做饭三天。但是，打个比方，假定妻子知道，丈夫不会单单因为她把自己承担的义务减为两天就跟她分手。她就有一种激励，希望发掘额外的工作，好使自己在一周当中总有几天不得不在办公室多待一小时，这么一来，她是无论如何也来不及回家做饭了，哪怕当天确实轮到她负责做饭。反过来，丈夫应该向前展望，预计到这个结果，然后尝试从一开始就使这个交易有助于降低妻子以后偷懒的激励。

当然，一段婚姻的个人与长期方面的因素通常已经足以确保各方不会采取诸如此类的小把戏，或是在这类分歧出现的时候，能保证大家可以和和气气地解决。商业合作关系则不那么容易受到个人情绪的影响，投机取巧的诱惑涉及的金钱数目通常也大得多。因此，我们将要讨论的这类合同会侧重商业合作关系，虽然婚姻的类比有时候确实可以引出更有戏剧性也更有趣的故事。

这类情形的基本特征是什么？首先，这类情形涉及需要两个或两个以上个人或公司同时参与的项目。各方必须事先投入一笔资金，若是合作关系终止，他们就不能收回这笔资金，否则对方退出合作关系也就不会造成任何威胁。其次，在重开谈判的前提条件上一定存在某种不确定性，否则，只要一个就任何违约处以高昂罚金的简

308

单条款就能达到这个目的。

实际上，在一定程度上，许多真实案例同时存在上述两个特征。我们将建立一个以真实案例为原型的例子，忽略其中某些细节，从而突出重点，强调说明这两个特征。

IBM 为其第一代个人电脑选择了微软的操作系统 MS-DOS，这对微软的发展和盈利都是一大促进。反过来，以后 IBM 的电脑家族的开发就要受制于它们对 MS-DOS 的特征的依赖。让我们具体探讨一下这个例子。

假定开发一个电脑系统的工作包括两个部分，即开发一对相互兼容的硬件和软件组成部分。两家分别擅长上述其中一个领域的公司正在考虑这个项目。初期开发需要分别在硬件部分和软件部分投入 220 万美元和 110 万美元。初期开发以后，还将发生完成这一开发项目必需的其他成本。而在此时，潜在的合作伙伴们只知道可能产生的成本有低、中、高三种档次的区别。假定在硬件部分，低、中、高三种档次的成本分别为 1 800 万美元、2 400 万美元和 3 000 万美元，软件部分则为 900 万美元、1 200 万美元和 1 500 万美元。完成的电脑系统预计可以创造 3 900 万美元的经营利润。

联合决策

在询问究竟什么样的合同才能得到这两家公司的同意并遵照执行之前，我们先问一个比较简单的问题。假定并不存在两家分别擅长硬件和软件的公司，而只有一家具备综合开发能力的公司。这家公司的管理层正在评估一个包含两个组成部分即硬件和软件的项目，其成本和利润如前所述。管理层应该怎么做？

决策包括两个阶段。首先决定要不要启动这个初期开发项目；

309

其次是在初期开发的基础上决定要不要继续下去。按惯例，管理层必须向前展望、倒后推理，也就是说，从思考第二阶段着手。

每个组成部分都有 3 个可能出现的成本数字，总共可能出现 9 种情况。每种情况出现的概率相等，即 1/9。图 12-1 给出了每种情况的总成本。初期开发的结果将会显示以后可能出现哪种情况。此时初期开发的成本已经产生，唯一的问题是：值不值得继续下去？换言之，经营利润能不能弥补开发成本？

310

软件

	低（9）	中（12）	高（15）
低（18）	27	30	33
中（24）	33	36	39
高（30）	39	42	45

硬件

图 12-1　开发成本——硬件＋软件（单位：百万美元）

在其中的两种情况，即硬件成本达到最高而软件成本只是中或高的情况下，总开发成本超过了 3 900 万美元的利润。假如初期开发显示这两种情况之一可能出现，这个项目应该取消。而在另外两种情况，即高硬件成本加低软件成本以及中硬件成本加高软件成本的情况下，经营利润只能勉强弥补开发成本。管理层在继续进行和取消这个项目之间没有任何倾向；我们假定它决定继续下去，原因可能是它希望在不会产生任何实际亏损的前提下表达自己对工人的关心。

我们以图 12-2 显示 9 种情况可能得到的净利润，即经营利润减去开发成本所得的数字。最末一行右边的两个数字都是 0，因为这时候取消这个项目是可能的。假如没有这个选择，这两种情况可能 311 导致圆括号里的亏损。

软件

	低（9）	中（12）	高（15）
低（18）	12	9	6
中（24）	6	3	0
高（30）	0	0（−3）	0（−6）

（左侧纵向标注：硬件）

图 12-2　利润（单位：百万美元）

图中 9 个数字的总和为 3 600 万美元，不过，由于每种情况出现的概率只有 1/9，因此 9 个数字的统计平均值只有 400 万美元（即 3 600 万美元 /4）。

现在来看决策的第一阶段，也就是说决定要不要启动初期开发。这么做，成本为 330 万美元，预计利润为 400 万美元。因此，最后的决策是启动。假如没有取消这个项目的选择，利润的统计平均值只有 300 万美元，因此整个项目将被否决。由此可见，如果大家相处不来还可以离婚的可能性存在，其实使结婚变得容易多了。

合 同

现在让我们抛开一家具备综合开发能力的公司的假设，回过来探讨一家硬件公司和一家软件公司作为两家独立的公司，怎样处理同样的决策问题。由于硬件公司承担的成本恰好是软件公司的两倍，因此，答案看上去应该很简单。就让它们两家各自承担自己那部分开发成本好了。除图 12-2 中最末一行右边的两种情况外，其他情况下，决策都是启动初期开发。假如这个项目继续下去，就要首先补偿两家的开发成本，然后按照二比一的比例分配余下的利润，硬件公司得二，软件公司得一。 312

不幸的是这根本行不通。假定硬件公司的初期开发显示其开发成本将会降低，那么，如果它说谎，宣称自己的成本属于中的水平，就能占便宜。不管这家公司有没有说谎，该项目总会进行。不过，夸大成本将使这家公司得到额外的 600 万美元补偿，而分配利润的时候只会少得 400 万美元。无论软件公司提交怎样的成本数字，硬件公司都会多得 200 万美元。因此，对于硬件公司，在成本位于低水平的时候宣称成本达到中水平就是一种优势策略。

软件公司面临同样的诱惑；它想把成本数字夸大为高水平。不过，由于双方都在说谎，开发阶段永远不会出现经营利润，一旦双方在开发阶段就知道这个事实，它们根本不会将这个项目进行下去。

一家公司怎样才能虚报成本呢？其实，夸大成本非常简单。每家公司可能都有好几种业务，每一种都会产生正常的经营管理成本，因此，公司可以将这部分成本的一部分转嫁到上面提到的项目上，做法之一是夸大经理们的工资和抬高其他开支。如果抬高了的成本应该由公司从自己的收入当中支付，就不存在抬高成本的诱惑。不过，一旦成本是由一个合作项目的收入补偿，各方就有欺骗对方的激励。政府判予的"成本附加"合同出于同样的原因而遇到了成本超出限度的问题。[①]

现在我们设想一个替代方案。干脆以二（给硬件公司）比一（给软件公司）的比例分配经营利润，由两家公司各自承担自己的开发成本。这样一来就不会存在抬高成本的激励。不过，我们却失去了做出正确的取消计划的决策的步骤。软件公司得到 1 300 万美元的经营利润。一方面，若它的成本达到高水平（1 500 万美元），它当然希望取消这个计划，哪怕硬件公司的成本属于低水平，而继续下去可能给大家带来收益。而另一方面，假如软件公司的成本位于中水平（1 200 万美元），它一定想将计划继续下去，哪怕硬件公司的成本位于高水平，而取消这个计划的决定可能对大家更有好处。这份合同应该允许在一方提出请求的时候取消（一方申请即判离婚），还是应该在双方同时提出请求的时候才能取消（双方同意才能离婚）？无论采纳哪一种规则，在有些情况下都会产生违背人们意愿的结果。怎样才能将有效的启动决策与真实报告己方的成本或收入信息的激励结合起来，这是设计一份理想的合同面临的两难问题。

按成本付账

我们先将重点放在硬件公司的激励之上。最简单的解决方案是，假如硬件公司决定将开发项目继续下去，它必须补偿软件公司的成本，然后保有余下的全部利润。无论双方的成本总和是不是低于利润目标，硬件公司都将决定继续下去，它的收入为总收入减去自身开发成本，再减去对软件公司的补偿之后的数目。这一激励机制能

---

① 实际上，防务合同的设计本来可以成为本章的最佳例子，不过我们没有采用，原因是防务案例中的经营利润实在令人难以捉摸，以至没有办法举出任何带有数字的例子。说到底，人们怎么能够判定国防的价值呢？

给予硬件公司做出有效决策的激励。

硬件公司怎样才能知道软件公司的成本呢？双方可以同时宣布成本数字，并且，只在这两个数字之和低于利润目标的前提下，双方才同意将这个项目继续下去。由于硬件公司保有补偿软件公司开发成本之后的全部利润，只要余下的利润高于它的真实成本，它就希望继续下去。确保得到这一结果的唯一做法是，硬件公司宣布真实的成本数字。假如软件公司夸大其成本，那么，继续下去未必总是一个正确决策。不过，无论软件公司采取什么策略，硬件公司仍然愿意宣布真实的成本数字：说实话是硬件公司的优势策略。 314

为充分理解这一点，我们逐一考虑以下各种情况。硬件公司知道，软件公司可能宣布高、中、低水平的三个数字之一。假如软件公司宣布的数字是 900 万美元（低水平），那么，无论硬件公司宣布什么样的成本数字，这个项目都要继续下去，而硬件公司的收入将为 3 000 万美元(即 3 900 万美元－900 万美元)，足够补偿一切成本。接下来，假定软件公司说的是 1 200 万美元。假如硬件公司的真实成本是 1 800 万美元（低水平）或 2 400 万美元（中水平），它说实话就能使这个项目继续下去，得到 2 700 万美元的收入，仍然足够补偿 1 800 万美元或 2 400 万美元的真实成本。将成本夸大为高水平只能导致项目取消，等于错过一个有利可图的机会。假如硬件公司的成本真的达到 3 000 万美元(高水平)，而它瞒报为低或中水平，结果，项目继续下去，而硬件公司最后所得为 2 700 万美元，等于净亏 300 万美元。

概括而言，假如项目继续下去，夸大成本对利润毫无影响，但这么做却可以导致项目取消，从而失去一个有利可图的机会。假如项目取消，瞒报成本对利润毫无影响，但这么做却可能导致做出继续下去的决策，而这实际上意味着亏损。因此，说实话是硬件公司的优势策略。这一激励机制改变了硬件公司的策略环境，使其愿意奉行"既不夸大也不瞒报"的准则。

一个不同的观点给这个激励机制带来了新的有用的思考。当硬件公司争取得到"继续下去"的决策时，它会要求软件公司承担部分成本。这种加在对方身上的成本称为"外部性"或者"界外效益"，激励机制的目的在于促使人们将自己加在对方身上的成本考虑在内。硬件公司以得到的经营利润减去软件公司成本余下的数目作为收入，就是一个很好的例子。如果这个项目继续下去，硬件公司的总现金流等于经营利润减去软件公司的成本，再减去它自己的成本。这么一来，硬件公司会同样认真地关注降低两家公司成本的工作。换言之，它实际上是从符合双方共同利益的角度行事，或者说将界外效益内部化。

至此，我们解决了硬件公司的激励问题。同样的技巧可以用来解决软件公司的激励问题，假如情况完全相反，即软件公司得到总利润减去它自己的成本，再减去硬件公司宣称的成本数目之后余下的部分。如前所述，只要利润超过两家宣布的成本的总和，这个项目就会继续下去。一个同样的证明过程显示，宣布真实的成本数字是软件公司的优势策略。

不过，这还没完。我们还得将两个激励机制结合起来，使它们可以同时起作用。否则只能是一方说实话，却不能保证产生有效的结果。同时运行两个激励机制的问题在于，无论哪一种决定继续下去的情况，其总支出总是超过总收入！所有可以用来分配的东西就是经营利润。但这个由两个激励机制结合形成的综合激励机制却计算了两次经营利润，然后减去两家公司的成本。不足的部分等于经营利润减去两家的成本，而这个数字只要项目继续下去便是正值。

解决这个问题的一个办法是让两家公司事先投入一笔合适数目的款项，用于弥补不足的部分。假如两家公司事先投入相当于预计不足部分的统计平均值的款项，那么，它们将在某些情况下有盈余，而在另一些情况下出现亏损。在我们提出的例子中，事先投入的数目应为 400 万美元。

不过，我们还有可能做得更好。我们可以设计一份合同，使得（1）两家公司都有报告真实成本的激励；（2）这份合同总能确保有效的继续下去或取消的决策；（3）合同能在个案分析基础上做到不盈不亏，而不仅仅是做到平均值不盈不亏。

有效合同背后的原理是使公司将它们通过自身行动加在对方身上的成本考虑在内。我们刚才已经看到，假如每家公司都要支付对方的成本，它们就有一种激励，要宣布真实成本数字以及做出有效的继续下去的决策。不过，这又引出预算平衡的一个问题。因此，各方与其向对方支付实际成本，倒不如支付通过自身行动加在对方身上的成本的预计值或统计平均值。假如一方宣布了一个低水平的成本，这就增加了项目继续下去的机会，相应地也增加了对方公司不得不承担某些生产成本的可能性。为了促使各方将自己加到对方身上的成本考虑在内，各方的收入应为这个项目经营利润的统计平均值减去如果项目继续下去对方公司不得不承担的成本的平均值而得到的数目。假如一家公司夸大自己的成本，它将不得不经常冒项目取消而使自己得到较少收入的风险，假如它瞒报自己的成本，则会产生一个更高的"界外效益"支出，用于补偿预计可能加在对方身上的成本。

两个例子可以说明这一点。假如硬件公司宣布它的成本为低水平（1 800 万美元），那么，无论软件公司的成本如何，是 900 万美元、1 200 万美元还是 1 500 万美元（三个数字出现的概率都是1/3），这个项目都会继续下去。这时，软件公司的成本的统计平均值为 1 200 万美元。这是在计算硬件公司所得的时候，从 3 900万美元经营利润当中抽取的那一部分。假如硬件公司宣布它的成本为高水平（3 000 万美元），那么，这个项目只会在软件公司公布低水平成本（900 万美元）的时候继续下去，而这一条件出现的概率为1/3。因此，硬件公司将得到 3 900 万美元减 900 万美元之后的

317　　1/3，即 1 000 万美元。图 12-3 显示了计算得出的收入。在每一个格子里，硬件公司的收入位于左下角，而软件公司的收入位于右上角。

软件公司

		低 (9)	中 (12)	高 (15)
硬 件 公 司	低 (18)	15 27	12 27	12 27
	中 (24)	15 27	12 27	12 27
	高 (30)	15 10	12 10	12 10

图 12-3　收入计算——第一阶段（单位：百万美元）

不过，这样计算得出的收入不能在个案分析的基础上做到平衡预算，不盈不亏。比如，若是遇到左下角的情况，项目收入为 3 900 万美元，支出只有 2 500 万美元；若是遇到同一行右边的另外两种情

况，则根本没有收入（因为这个项目没有继续下去），支出却达到
2 200 万美元。因此，在计算过程的第二阶段必须调整支出，达到
平衡。这一定要在不影响各方真实报告成本的激励的前提下进行。
我们可以就对方报告的数目改变各方的收入；比如，我们可以在
第一列的硬件公司收入的数字基础上加减一个任意数目，却不会
改变它真实报告成本的激励。每一列的硬件公司收入以及每一行
的软件公司收入都可以用这种方式进行调整，我们还可以重新安
排硬件公司的支出，前提是其统计平均值保持不变，这个做法同
样适用于软件公司的支出。所有这些调整使我们得到足够的自由
度，可以确保在个案分析的基础上做到平衡预算。我们在图 12-4   318
的机制一中提出了一个可能的答案。

软件公司

		低 (9)	中 (12)	高 (15)
硬件公司	低 (18)	15 24	12 27	12 27
	中 (24)	15 24	12 27	12 27
	高 (30)	6 33	3 −3	3 −3

图 12-4　正确激励与平衡预算机制一（单位：百万美元）

这一做法具备一个不错的特征，即在考虑到上述全部 9 种可能
性的情况下，硬件公司的收入平均值为 2 033 万美元，而软件公司

则为 1 000 万美元；这个 2∶1 的收入比率几乎恰好等于它们总的成本结构，因此，这一机制看来提供了一个在两家之间分配收入的最公平的方案。不过，若是遇到项目取消的情况，硬件公司必须支付软件公司 300 万美元。这可能成为事后分歧的起源。一个替代的机制，称为机制二（如图 12-5 所示），在遇到项目取消的时候可以不作任何支付。这可能更容易执行。不过，它使硬件公司得到一个更好的结果，收入平均值达到 2 333 万美元，而软件公司只得 700 万美元，比率超过 3∶1。

		软件公司		
		低 (9)	中 (12)	高 (15)
硬件公司	低 (18)	12 27	9 30	9 30
	中 (24)	12 27	9 30	9 30
	高 (30)	3 36	0 0	0 0

图 12-5　正确激励与平衡预算机制二（单位：百万美元）

如果一方在终止合作关系的时候，必须承担对方的全部支出，那么这一方就会得到正确的激励，以维持合作关系。有时候合作关系可能解除，但一方的收获并非建立在另一方的损失的基础之上。

支付你加在对方身上的成本的理念，在很多情况下都非常有用。

它甚至有助于我们理解拍卖当中的出价策略。

招标、拍卖的策略

许多制造或供应合同，尤其是来自政府方面的合同，有时也有私营公司的合同，是通过密封投标的招标决定判给哪一家。每一家公司提交一个密封的信封，里面开出它愿意接受这项工程的价码。然后，所有标书放在一起进行比较，开价最低的公司胜出，同时得到它所要求的价码。

假定现在有这么一份合同，比方说是建设一段高速公路，而你是一个投标者。你的成本（包括正常情况下你希望投资能够获得的回报）是 1 000 万美元。你并不知道你的竞争者的成本，可能甚至不知道他们究竟都是些什么人。不过，你有理由相信，他们的成本应该介于 500 万美元到 1 500 万美元之间。他们当中，最佳投标者的开价落在两个极端之间任意一个数目的概率均等，也就是说，以这一范围为横轴，以每百万美元为一点，那么，落在任意一点的概率都是 1/10。这时，你应该怎样开价？　320

你永远不会开出一个低于你的成本的价码。比如，假定你开价900 万美元。如果你没能胜出，当然没问题；但若是你赢了，你得到的价码将低于你的成本。[①] 你这么做等于自掘坟墓。

那么，开出一个高于你的成本的价码又如何？假定所有投标者都会诚实开价，我们看看如果你开价 1 100 万美元，会发生什么事情。

[①] 这里我们假定标书是一个已确认的承诺，你不可能事后再来谈判要求一个更高的价码。在下一章我们会讨论附带谈判的合同。

你必须分别考虑三种可能性。从概率角度看，十次机会里面，有五次可能遇到一些投标者开出低于1 000万美元的价码，这时，你抬高开价的做法已经无法左右最后的判决；十次机会里面，有四次可能遇到最厉害的对手也开出超过1 100万美元的价码，这样你可能通过开价1 000万美元或1 100万美元胜出，不过，较高的开价能使你多得100万美元的利润；十次机会里面，有一次可能遇到最厉害的对手开出介于1 000万美元和1 100万美元的价码，这时，你抬高开价的做法将使你付出痛失合同的代价。不过，若最后定价是1 000万美元，这个数目只够弥补你的成本，那么这份合同对于你则可有可无。

现在将上述三种情况放在一起，你可以看到，开出一个抬高的价码对你而言是一个好的策略；用博弈论的术语来说，这个策略优于诚实开价。其他参与者其实也在打同样的主意，到了最后，所有开价都被抬高了。

321　如果开价等于真实成本，社会就能对这段公路做出一个精确的成本效益分析，而建设这段路的决策也就有经济效益。有没有其他出价机制可以消除夸大开价的策略激励呢？

有的。一个简单的机制就是将合同判给开价最低者，但付给她开价第二低者的价码。我们看看这一机制是怎样起作用的：假定你的成本还是1 000万美元，而你打算开出1 100万美元的价码。如前所述，有三种情况需要考虑。假如最厉害的对手开价低于1 000万美元，你抬高开价的做法已经无法左右最后的判决。假如最厉害的对手开价也超过1 100万美元，你将赢得这份合同，不过这回你将得到与最厉害的对手开价相等的价码，因此，抬高开价的做法并没有为你带来任何好处。假如最厉害的对手开价介于1 000万美元和 1 100 万美元之间，你的抬高开价的策略将使你痛失合同，而你若是说实话，将至少得到一点利润，确切地说就是最厉害的对手开出的价码超过 1 000 万美元的那部分。

　　概括起来，抬高你的成本在两种情况下都不会给你带来任何好处。因此，你有一个优势策略，即开出一个数目等于你的成本的价码。

　　我们可以从另一个角度考察这一点，从而给这个机制带来某种新的有价值的认识。当你将自己的开价从 1 000 万美元抬高到 1 100 万美元的时候，你是在将一个成本加在社会身上，确切地说，是在创造将合同判给一家成本比你更高而动用的资源也更大的公司的机会。这里，和前面提到的一样，由一方加在他人身上的成本称为界外效益。一个好的激励机制必须促使你将你的行动的真实的社会成本考虑在内，包括你加在他人身上的一切界外效益。为达到这个目的，可以向你收取这些成本，或由于你避免了这些成本的发生而给予你奖励。回到我们正在讨论的例子上来，第二种方法显然是有效的。由于你没有抬高开价，你就使社会避免了实施一个不必要的、代价高昂的项目的风险，由此你将得到回报，即判给你的合同价码将等于较高的开价。

322

　　这就像我们在合作项目中讨论的第一个激励机制。对于这个案例，有效的解决方案是让开价最低的公司得到合同。这么一来，开价第二低的公司也就不会产生成本，而这笔省下的费用是一个正的界外效益。只要胜出的投标者能由这笔界外效益得到补偿，它就有说实话的激励，从而有效的决定也能顺利做出。不过，要能从投标者那里听到实话并非没有代价。美国交通部就不得不向开价最低者支付超过它自身成本的价码，确切地说就是次低开价。

　　我们通过这一类型的招标拍卖不仅可以购买物品，也可以出售物品。每个人用密封的信封提交自己开出的价码，投标物品将售予开价最高者，但价码等于次高开价。这一方法是由哥伦比亚大学经济学家威廉·维克利（William Vickrey）发明的，称为"维克利拍卖"或"集邮家拍卖"（因为集邮杂志用这一方法以邮递途径拍卖邮票）。这里，大家还是应该开出一个真实估价。一方面，抬高开价可能使你以高于实际价值的价码赢得这场拍卖，另一方面，压低开价并不能为你省钱，反而有可能使你出局，虽然你本来非常愿意支付次高开价。

实际上，这个只有一个步骤的方法可以产生与一场传统英式招标拍卖完全相同的结果。在英式拍卖中，所有投标者聚集在同一个房间，拍卖官依次叫出越来越高的价码。出价过程一直持续到只剩下一个投标者为止——一次，两次，成交！倒数第二个投标者应该只在价码超出自己估价的时候退出。于是，对该项物品估价最高者将如愿以偿，而他只需支付次高开价。[①] 不过，这其实就是"维克利拍卖"的结果。

比较一下"维克利拍卖"与密封投标的一个更标准做法，即出价最高者胜出并支付自己开出的价码，或是在招标一份合同的时候出价最低者胜出并支付自己开出的价码。哪一种机制对卖方（或买方）更见效呢？

一个不同寻常却又真实可信的答案是，平均而言，两种机制将得出完全相同的结果。在政府为一个道路工程征集标书的案例中，将合同判给出价最低者而非出价次低者的做法，表面看来似乎具有节约预算的优势，但只要我们明白投标者有怎样的对策，确切地说

323

---

① 实际上，一般而言，这里存在某种最小投标增量。由于价格跳跃式上升，一场英式拍卖的预期出售价格等于次高出价的最低出价。因此，英式拍卖与"维克利拍卖"的售价的区别，只在于出价单位的大小而已。

就是抬高他们的出价，这一优势也就荡然无存。开价最低者得到合同，同时得到他开出的价钱，但这个价码早已被抬高了。若是对这一问题进行一个全面的数学分析，结果将显示，这个常规做法带来的预算影响，恰好等同于以第二开价支付胜方的做法的影响。这么一来，我们讨论的这一机制与常规做法相比毫无优胜之处。造成这一等同状况的直觉理由在于，两种类型的拍卖永远应该得到同一个有效率的结果；成本最低者永远应该胜出。不过，只有在人们将自己加在他人身上的界外效益考虑在内的时候，效率才会出现。因此，在赢得招标拍卖的条件下，一家公司的最优化开价应该是次佳竞争者的预期成本。这就像合作项目激励的平衡预算版本；在这个案例中，胜出的公司以预期的或平均的界外效益的价码投标，而不是以实际界外效益开价。

案例分析之十二：取胜的风险

维克利的密封投标拍卖的一个不同寻常之处是，将要取胜的投标者事先并不知道她应该支付多大的数目，非得等到招标拍卖结束而她也取胜之后，才能得知这个数目。记住，在"维克利拍卖"中，取胜的投标者只付次高开价。相反，在更加标准的密封投标拍卖中毫无不确定性，胜者支付她自己开出的价码。因为人人都知道自己开出什么价码，谁也不会对自己赢了之后应该付出什么代价存在任何疑问。

这种不确定性的存在提醒我们，也许应该考虑风险对参与者的投标策略有什么影响。针对这一不确定性，典型的反应是负面的：

324

投标者将在"维克利拍卖"中落得更糟糕的结局，因为他们不知道，假如他们提交的开价取胜，他们应该支付多大的数目。那么，针对这种不确定性或风险，投标者是不是有理由以降低自己的出价直到低于真实估价水平的做法作为回应呢？

案例讨论

不错，投标者不喜欢这种与他们取胜后应该支付多大数目相关联的不确定性。各方的结局确实是恶化了。不过，虽然存在这种风险，参与者仍然应该报出自己的真实估价。理由是，一个真实的开价是一种优势策略。只要售价低于估价，投标者总想买下这项产品。以真实估价投标，是确保你在售价低于自己估价的时候取胜的唯一办法。

在"维克利拍卖"中，按照真实估价投标不会让你多付任何代价——除了别人出价胜过你的时候，而那时候你也许愿意提高你的开价，直到售价超过你的估价为止。与"维克利拍卖"相关的风险是有限的；胜者永远不会被迫支付一个高于她的开价的数目。虽然胜者支付的具体数目仍然具有不确定性，但这个不确定性只对获胜的好消息究竟好到什么程度有影响。尽管这个好消息可能存在变数，但只要交易仍然有利可图，最佳策略就仍会赢得拍卖。这意味着以你的真实估价投标。你永远不会错过有利可图的机会，而且，假如你赢了，你要支付的数目也低于你的真实估价。

325

第 13 章
案例分析

别人的信封总是更诱人

赌博必然存在的一个事实是一人所得意味着另一人所失。因此，在参加一场赌博之前，非常重要的一点是从另一方的角度对这场赌博进行评估。理由在于，假如他们愿意参加这场赌博，他们一定认为自己可以取胜，这就意味着他们一定认为你会输。总有一个人说错了，不过，这个人究竟是谁呢？本案例分析将探讨一个看起来对双方都有利的赌博。当然实际情况不可能对双方都有利，可是，问题究竟出在哪呢？

现在有两个信封，每一个都装着一定数量的钱；具体数目可能是 5 美元、10 美元、20 美元、40 美元、80 美元或 160 美元，而且大家也都知道这一点。同时，我们还知道，一个信封装的钱恰好是另一个信封的两倍。我们把两个信封打乱次序，一个交给阿里，一个交给巴巴。两个信封打开之后（但里面的数目只有打开信封的人知道），阿里和巴巴得到一个交换信封的机会。假如双方都想交换，我们就让他们交换。

假定巴巴打开他的信封，发现里面装了 20 美元。他会这样推理：阿里得到 10 美元和 40 美元的概率是一样的。因此，假如我交换信封，预期回报等于 25 美元（即（10 美元 +40 美元)/2)，大于 20 美元。对于数目这么小的赌博，这个风险无关紧要，所以，交换信封符合我的利益。

327　　　　通过同样的证明可知，阿里也想交换信封，无论她打开信封发现里面装的是 10 美元（她估计他要么得到 5 美元，要么得到 20 美元，平均值为 12.50 美元）还是 40 美元（她估计他要么得到 20 美元，要么得到 80 美元，平均值为 50 美元）。

这里出了问题。双方交换信封不可能使他们的结果都有所改善，因为用来分配的钱不可能交换一下就变多了。推理过程在哪出了错呢？阿里和巴巴是否都应该提出交换呢？阿里或巴巴是否有一方应该提出交换呢？

案例讨论

假如阿里和巴巴都是理性的，而且估计对方也是这样，那就永远不会发生交换信封的事情。这一推理过程的问题在于它假设对方交换信封的意愿不会泄露任何信息。我们通过进一步考察一方对另一方思维过程的看法，就能解决这个问题。首先，我们从阿里的角度思考巴巴的思维过程。然后，我们从巴巴的角度想象阿里可能怎样看待他。最后，我们回到阿里的角度，考察她怎样看待巴巴怎样看待阿里对自己的看法。其实，这听上去比实际情况复杂多了。可是从这个例子看，每一步都不难理解。

假定阿里打开自己的信封，发现里面有 160 美元。在这种情况下，她知道她得到的数目比较大，也就不愿加入交换。既然阿里在她得到 160 美元的时候不愿交换，巴巴应该在他得到 80 美元的时候拒绝交换，因为阿里唯一愿意跟他交换的前提是阿里得到 40 美元，但若是这种情况，巴巴一定更想保住自己原来得到的 80 美元。不过，如果巴巴在他得到 80 美元的时候不愿交换，那么阿里就不该在她得到 40 美元的时候交换信封，因为交换只会在巴巴得到 20 美元的前提下发生。现在我们已经到达上面提出问题时的情况。如果阿里在她得到 40 美元的时候不肯交换，那么，当巴巴发现自己的信封里有 20 美元的时候，交换信封也不会有任何好处；他一定不肯用自己的 20 美元交换对方的 10 美元。唯一愿意交换的人一定是那个发现信封里只有 5 美元的人，不过，当然了，这时候对方一定不肯跟他交换。

328

末位应该变成首位

美国政府遇到一个大问题，即如何激励数以百万计到了法定年龄的青少年去注册，等待政府征召入伍？法不责众。由于平民百姓大规模违反征兵法，对违法者进行处罚成为不可能的任务。不过，政府还是有一个很有利的条件：规矩是由它制定的。

要想考察先行的好处，不妨想象人民只允许政府惩罚一个没有注册的人。政府怎样才能利用这唯一的威胁促使大家都去注册呢？

案例讨论

政府可以宣布它要按照字母顺序追究违法者。姓氏为艾伦（Aaron）的人知道，假如他不去注册，他就会受到惩罚。惩罚的必然性已经足以促使他乖乖注册。接下来，姓亚当的人（Adams）会认为，既然所有艾伦都注册了，惩罚就会落到自己身上。这么依次分析下去，直到朱可夫们（Zhukovs）和兹韦贝尔们（Zweibels），也都会乖乖就范。

律师可能争辩说，按照人们姓氏的字母顺序选出受罚人群的做法违反宪法。不过，字母表本身其实没有什么特别的意思。关键在于惩罚的顺序已经预先确定。随机选择和宣布的生日或社会保障号码也能达到同样的效果。几个有选择的惩罚办法，就可以起到确保大家乖乖听话的大作用，而且代价比开出市场平均工资吸引同等数目和素质的新兵的做法低得多。

329　　举个例子：如果国会将表象误会为现实，它可能禁止征兵局使用字母顺序作为选择谁该首先受罚的方法，责怪征兵局忽略了其他替代办法。其实，真正制止这种做法的必要步骤是，禁止预先宣布任何顺序。

如果一场博弈的参与者按照某种顺序排列，通常就有可能预计到排在一头的人会怎么做。这一信息会影响到下一个人，接下去影响到第三个人，如此沿着整个行列一直影响下去。

我们讲的这个故事确实有点极端化了。等我们数到朱可夫们的时候，一定有人没有注册，而且已经受到惩罚。于是朱可夫们就不必担心了。在人数众多的情况下，我们可以预计到会有一个很小数目的人群出差错。关键一点在于可以实施惩罚的数目，完全不必接近需要激励的人群的数目。将 1 000 名示威者关进监狱的能力（和意愿）可以对数以百万计可能示威的人群产生阻吓作用。

三方对决

话说有三个仇家,分别叫做拉里(Larry)、莫(Mo)和柯利(Curly),他们决定来一场三方对决。总共有两个回合:第一回合,每人得到一次射击机会,射击次序分别为拉里、莫和柯利;第一回合过后,幸存者得到第二次射击机会,射击次序还是拉里、莫和柯利。

对于每一个参与对决的人,最佳结果都是成为唯一幸存者;次佳结果则是成为两个幸存者之一;排在第三位的结果,是无人死亡;最差的结果当然是自己被对方打死。

拉里的枪法很糟糕,瞄准 10 次只有 3 次能够打中目标。莫的水平高一点,精确度有 80%。柯利是神枪手,百发百中。

那么,拉里在第一回合的最优策略应该是什么? 在这个问题里,谁有最大的机会幸存下来?

案例讨论

虽然倒后推理是解决这个问题的一个稳妥途径,但我们可以运用一点向前展望的论证,向前跳一步。我们从依次讨论拉里的每一个选择开始。假如拉里打中莫,会发生什么事情? 假如拉里打中柯利,又会怎样? 330

假如拉里向莫开枪并打中对方,他等于签下了自己的死亡保证书,因为接下来轮到柯利,而他百发百中。柯利不可能放弃向拉里开枪的机会,因为开枪将使他得到自己的最佳结果。拉里向莫开枪似乎不是一个非常吸引人的选择。

假如拉里向柯利开枪并打中对方，接下来轮到莫。莫会向拉里开枪。[想想我们是怎么认定这一点的。]于是，假如拉里打中柯利，他的幸存概率仍不足 20%（等于莫失手的概率）。

到目前为止，上述选择没有一个显得很有吸引力。实际上，拉里的最佳策略是向空中开枪！若是这样，莫就会向柯利开枪，假如他没打中，柯利可以向莫开枪，并把他打死。于是进入第二轮，又轮到拉里开枪了。由于只剩下一个对手，他至少有 30% 的概率保住性命，因为这是他打中剩下这个对手的概率。

这个案例的意义在于，弱者可能通过放弃自己的第一个成功机会取得更好的结果。我们在每四年一次的总统竞选活动中都会看到同样的例子。只要存在数目庞大的竞争对手，实力顶尖者通常都会被中等实力者的反复攻击搞得狼狈不堪，败下阵来。等到其他人彼此争斗并且退出竞选的时候再登场亮相，形势反而对自己更加有利。

因此，你的幸存机会不仅取决于你自己的本事，还要看你威胁到的人。一个没有威胁到任何人的弱者，可能由于较强的对手相互残杀而幸存下来。柯利虽然是最厉害的神枪手，他的幸存概率却最低，只有 14%。最强者生存的概率居然就这么一点点！莫有 56% 的取胜机会。拉里的最佳策略使他能以 30% 的精确度换取 41.2% 的幸存概率。[1]

如今的对决，多数发生在号称"猎食者"的吞并专家与其瞄准的公司的管理层之间，胜者将获得董事局的控制权。我们的下一个案例将以一家公司为主角，其管理层打算使用毒丸条款避免被人吞并。不过，事情并非总能如愿，实际情况不会始终按照你的计划进行，特别是假如你的目光不够长远，发生意外的可能性将大大增加。

弄巧成拙的防鲨网

近年来，企业采纳了许多新鲜而富有创意的做法，通常称为防鲨网，用于阻止外界投资者吞并自己的企业。我们并不打算评价这些做法的效率或道德意义，我们只是想介绍一种未经实践检验的新型毒药条款，请大家考虑应该怎样对付。

这里成为他人目标的公司叫做风笛手的腌胡椒（Piper's Pickled Peppers）。虽然该公司已经公开上市，却还是保留了过去的家族控制模式，董事局的 5 名成员听命于创办人的 5 名孙子孙女。创办人早就意识到他的孙子孙女之间会有冲突，也预见到外来者的威胁。为了防止家族内讧和外来进攻，他首先要求董事局选举必须错开。这意味着，哪怕你得到该公司 100% 的股份，你也不能一股脑儿取代整个董事局，相反，你只能取代那些任期即将届满的董事。5 名董事各有 5 年任期，但届满时间各不相同。外来者最多只能指望一年夺得一个席位。从表面上看，你需要 3 年时间才能夺得多数地位，从而控制这家公司。

创办人担心，假如一个充满敌意的对手夺取了全部股份，他的 332
这个任期错开的想法可能会被篡改。因此，有必要附加一个条款，规定董事局的选举过程只能由董事局本身修改。任何一个董事局成员都可以提交一项建议，无须得到另一个成员的支持。但接下来就是一个大难题。提议的人必须投他自己的提议一票。投票必须以顺时针次序沿着董事局会议室的圆桌进行。一项提议必须获得董事局至少 50% 的选票才能通过（缺席者按反对票计算）。在董事局只有 5 名成员的前提下，这就意味着至少得到 3 票才能通过。要命的是，任何人若是提交一项提议而未获通过，不管这项提议说的是修改董事局架构还是选举方式，他都将失去自己的董事席位和股份。他的股份将在其他董事之间平均分配。同时，任何一个向这项提议投了赞成票的董事也会失去他的董事席位和股份。

有那么一段时间，这个条款看来非常管用，成功地将敌意收购者排除在外。可是现在，海岸公司的海贝壳先生通过一个敌意收购举动，买下了该公司51%的股份。海贝壳先生在年度选举里投了自己一票，顺利成为董事。不过，乍看上去，董事局失去控制权的威胁并非迫在眉睫，毕竟海贝壳先生是以一敌四。

在第一次董事局会议上，海贝壳先生提议大幅修改董事资格的规定。这是董事局首次就这样一项提议进行表决。海贝壳先生的提议不仅得到通过，更令人感到不可思议的是，这项提议竟然是全票通过！结果，海贝壳先生随即取代了整个董事局。原来的董事在得到一项称为"降落伞"的微薄补偿（总比什么也没有强！）后，就被扫地出门。

他是怎么做到这一点的呢？我们给你的提示是：整个做法非常狡猾。倒后推理正是关键。首先设计一个计划，使自己的提议获得通过，然后你就可以考虑能不能取得全票。海贝壳先生为了确保自己的提议获得通过，就是从结尾部分开始，全力确保最后两名投票者得到赞成这项提议的激励。这样，就足以使海贝壳先生的提议获得通过，因为海贝壳先生将以一张赞成票开始整个表决程序。

333

案例讨论

许多提议都用过这个把戏。这里只不过是其中一个例子。海贝壳先生的修改提议包含下列三种情况：

● 假如这项提议全票通过，海贝壳先生可以选择一个全新的董事局。每一位被取代的董事将得到一份小小的补偿。

● 假如这项提议以 4 比 1 通过，投反对票的董事就要滚蛋，不会得到任何补偿。

● 假如这项提议以 3 比 2 通过，海贝壳先生就会把他在风笛手的腌胡椒公司的 51% 的股份平分给另外两名投赞成票的董事；投反对票的董事就要滚蛋，不会得到任何补偿。

到了这里，倒后推理为故事画上了句号。假定一路投票下来，双方打成平手，最后一名投票者面对 2 比 2 的平局。假如他投赞成票，提议就会通过，他本人得到该公司 25.5% 的股份。假如提议遭到否决，海贝壳先生的财产（以及另外一名投赞成票的董事的股份）就会在另外三名董事之间平分，他本人得到 21.1%（即（51% + 12.25%)/3）。他当然会投赞成票。

大家都可以通过倒后推理，预计到假如出现 2 比 2 平局的情况，最后一票投下之后海贝壳先生就会取胜。现在来看第四人的两难处境。轮到他投票的时候，可能出现以下三种情况之一：

（1）只有 1 票赞成（海贝壳先生投的）；

（2）2 票赞成；

（3）3 票赞成。

假如有 3 票赞成，提议实际上已经通过了。第四人当然宁可得到一些好处也不愿一无所获，因此他会投赞成票。假如有 2 票赞成， 他可以预计到哪怕自己投反对票，最后一个人也会投赞成票。第四人无法阻止通过这个提议。因此，更好的选择还是投靠即将取胜的一方，所以他会投赞成票。最后，假如只有 1 票赞成，他愿意投赞

334

成票换取 2 比 2 的平局。因为他可以自信地预计到最后一个人会投赞成票，并且他们两人将合作得非常漂亮。

这么一来，最早投票的两名董事就陷入了困境。他们可以预计到，哪怕他们都投反对票，最后两人还是会跟他们作对，这项提议还是会获得通过。既然他们无法阻止这项提议通过，还是随大流换取某些补偿比较好。

这个案例证明了倒后推理的威力。当然了，这一技巧同样有助于设计一项狡猾的方案。

糊涂取胜

第 2 章介绍了参与者有序行动且在一个确定数目的行动之后结束的博弈。从理论上说，我们可以探讨行动的每一种可能顺序，从而发现其中的最佳策略。这对于画井字的连城游戏是比较容易做到的，但对于象棋却几乎不大可能（至少目前是这样）。以下的博弈尚未发现最佳策略。不过，即便我们不知道最佳策略，但存在最佳策略的事实已经足以显示先行者必将取胜。

ZECK 是一种两个人玩的画点游戏，目标是把最后一个点留给你的对手。这个游戏由一系列排成矩形的点开始，比如下面的 7×4 矩形（如图 13-1 所示）：

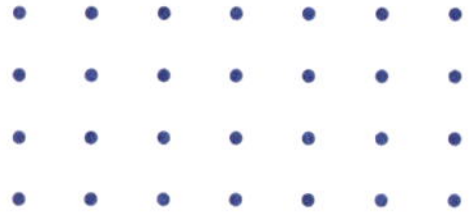

图 13-1

每一回合，参与者移走一点以及位于这一点东北方的所有的点。 335
假如第一名参与者选中第二行的第四点，那么，留给他的对手的局
面就变成图 13-2：

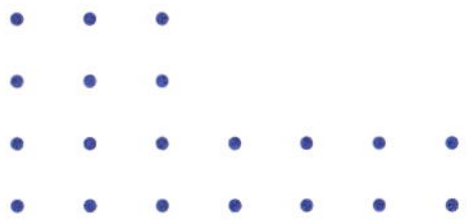

图 13-2

每次必须至少移走一点。被迫移走最后一点的人算输。

对于含有超过一点的任何形状的矩形，先行者都有一个取胜的
策略。只不过现在我们还不知道究竟是什么策略。当然，我们可以
探讨所有可能性，然后为某一个特定的游戏确定取胜的策略，比如
上面这个 7×4 矩形的版本，但我们确实不知道，适用于所有可能
版本的游戏的取胜策略究竟是什么。我们怎么可以在自己尚不清楚
的情况下告诉大家，谁掌握了那个取胜策略呢？

案例讨论

假如后行者有一个取胜策略，这意味着，对于先行者的任何一
种开局方式，他都有使自己处于取胜地位的对策。假定先行者取走
右上方一点，结果变成图 13-3。

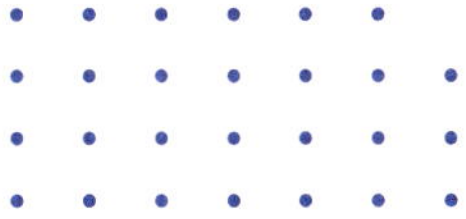

图 13-3

无论后行者可能怎样应对，留下的都是先行者可以通过第一步　336

创造出来的局面。假如后行者的回应确实是一种取胜策略，先行者早就应该而且可以用这样的策略开局。没有什么事情是后行者可以对先行者做而先行者不能抢先做到的。

大好时节与时机选择

现在我们来看前美国橄榄球联盟（简称 USFL）在决定秋季还是春季比赛时面对的问题。秋季的市场最大，因此，USFL 的愿望是垄断秋季，迫使全国橄榄球联盟（简称 NFL）转到春季。不过，假如 NFL 坚持选择秋季，那么，USFL 与其分享市场，不如垄断春季。在 USFL 看来，最糟糕的结果莫过于两大联盟同时转向春季。

NFL 虽然有更大的名声，却还是希望 USFL 在自己停赛期间比赛。但是，NFL 的声望那么大，秋季的市场又那么广阔，它更愿意在秋季与 USFL 来一个正面的较量，而不是只满足于垄断春季。

为了更精确地说明这些想法，我们假定秋季有 1 亿人观看橄榄球比赛，而春季只有 5 000 万人。如果一个联盟垄断某个季节，它就能在那个季节得到全部观众。如果两大联盟同时选择一个季节，NFL 将得到 70% 的份额，而 USFL 只得到 30% 的份额；另一个季节的比例也是一样。

图 13-4 给出了两大联盟在 4 种可能的选择组合的前提下得到的观众数目。为了节省空间，我们已经把它们各自的收益表格合并起来了。每一个格子的左下角是 USFL 的市场，右上角是 NFL 的市场。

337

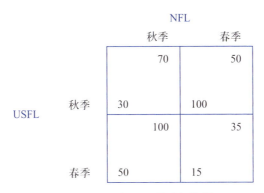

图 13-4　USFL 与 NFL 的市场份额

接下来将会发生什么事情?

案例讨论

USFL 没有一个优势策略。它的最佳策略是永远在 NFL 停赛期间比赛。很显然,这取决于 NFL 的选择。但 NFL 有一个优势策略。它更愿意选择秋季,而这与 USFL 的选择无关;请看它的第一列数字,分别为 70 和 100,都超过第二列的对应数字,分别为 50 和 35。

这个博弈应该出现什么结果? NFL 应该选择自己的优势策略,即选择秋季。USFL 只要从 NFL 的角度琢磨一番,就应该预计到 NFL 将在秋季比赛。因此,USFL 应该选择春季。

对于很大一个范围的秋季与春季潜在市场,这些预计都是正确的。在 NFL 与 USFL 按 70 比 30 的比例划分市场的前提下,即使秋季市场可能超出春季市场 43% 到 233%,同样的预计也会变成现实。由于我们的预计如此正确,我们可以很有信心地得出结论,认为 USFL 转向秋季是一个错误,而且这个错误很可能导致它关门大吉。　338

坚持就是胜利?

经理人通常对未来抱有美丽的幻想：市场会扩张，有更好的技术可用，信息会变好。不过，哪里有增长，哪里就有衰退。美国制造业超过 10% 的产量来自 20 世纪 70 年代以来一直萎缩的领域。这些走下坡路的领域非常广泛，从核心制造业（如钢铁、轮胎、橡胶）到纺织、化工再到婴儿食品、真空管，都不能幸免。导致走下坡路的原因有很多，比如技术进步（晶体管取代真空管），竞争不过改进了的外国产品（钢铁），政府规制（化工）以及人口变化（婴儿食品）。

在这些不断萎缩的领域，总得有人削减生产能力，才能保证整个领域仍然有钱可赚。每一家公司都希望对手担当这个重任，而自己趁机夺取余下的市场。[2] 本案例旨在讨论幸存能力是不是与规模有关。在不断萎缩的市场，大卫们（Davids）会裁减哥利亚们（Goliaths）的规模，还是会被后者踩在脚下？*

我们来看大卫和哥利亚的竞争，假定它们同属不断萎缩的弹弓制造业。大卫是一个小制造商，每季度只能生产一把弹弓。哥利亚的生产能力是大卫的两倍，每季度生产两把弹弓。这两个相互竞争的对手没有选择修改自身产量的余地。它们一天不停工，就将继续运转一天；一旦停工，将被淘汰出局。①

---

* 哥利亚系《圣经》故事中被牧羊人大卫杀死的巨人。——译者注

① 实际上，上述假设条件适用于有历史产量记录的边际成本很低的行业。在这些行业，固定成本占优势地位，结果造成巨大压力，迫使工厂非得填满过剩生产能力不可。比如在炼铝行业，如果没有达到满负荷运转，从技术上说属于效率低下，因为这改变了产品特性。如果产量不足生产能力的 70%，这样的运转简直不可行，因为你不得不投入一个最低量的化工原料保持设备运转。不断关停设备又重开的策略同样行不通。每次关停，腐蚀性的化工原料都会在设备里沉积下来（比如苛性碱在蒸煮锅中沉积）。重开之前你必须彻底清洗设备，重新调试，打通生产流程，而这样的程序有时可能需要整整一年的时间。因此，炼铝厂不得不面临抉择，要么在接近生产能力的水平运转，要么关门大吉。

它们的战斗具有《时代》与《新闻周刊》之争的某些特征。每 339
个季度它们都要决定生产或者关门，却不知道同一时间对手打算怎
么做。不过，它们很快就能得知前一时期双方的选择，从而在下一
季度将照搬原来的做法（假如两家都没有关门的话）。

表 13-1 给出了取决于产量的市场价格（扣除成本后）的详情。
从 1988 年第一季度起，如果大卫是垄断者，它可以指望凭它的那把
弹弓赚到 3 美元。假如大卫停业，哥利亚变成垄断者，哥利亚得到
的弹弓单价会低一些，因为它的产量高一些；若是这样，它的每把
弹弓可赚 2 美元。（当然，两把弹弓各赚 2 美元的收入还是高于大卫，
因为大卫只有一把弹弓可卖，只可赚到 3 美元。）假如大卫和哥利

表 13-1 价格（扣除成本后） 340

	大卫垄断	哥利亚垄断	大卫与哥利亚共存
1988 年 1 月	3.00	2.00	0.50
4 月	2.75	1.75	0.25
7 月	2.50	1.50	0.00
10 月	2.25	1.25	− 0.25
1989 年 1 月	2.00	1.00	− 0.50
4 月	1.75	0.75	− 0.75
7 月	1.50	0.50	− 1.00
10 月	1.25	0.25	− 1.25
1990 年 1 月	1.00	0.00	− 1.50
4 月	0.75	− 0.25	− 1.75
7 月	0.50	− 0.50	− 2.00
10 月	0.25	− 0.75	− 2.25
1991 年 1 月	0.00	− 1.00	− 2.50
4 月	− 0.25	− 1.25	− 2.75
7 月	− 0.50	− 1.50	− 3.00
10 月	− 0.75	− 1.75	− 3.25

亚同时生产，我们可以称它们是一对寡头垄断者。若是这样，它们会使市场饱和，单价（扣除成本后）会跌到 50 美分。

从这个价格表可以明显看出市场正在走下坡路。第一列数字显示的是如果大卫独霸市场，它能得到的单价（扣除成本后），第二列数字显示的是如果哥利亚独霸市场，它能得到的单价（扣除成本后）。第三列显示的是假如两家公司以一对寡头垄断者的地位继续生产弹弓，它们能得到的单价（扣除成本后）。

在 1988 年 1 月以后的各个季度，无论产量多大，单价都会每隔 1 个季度就下跌 25 美分。由表 13-1 可见，关门退出的压力从 1988 年第三季度开始出现。到了 1990 年 1 月，哥利亚哪怕独霸市场也赚不到钱。一年后，就连大卫也别指望可以赚钱。

只要从 1988 年到 1991 年的 12 个季度的时间，弹弓行业就会绝迹。不过，企业会在什么时候退出？谁该首先放弃？什么时候放弃？

341　　借助逐步剔除劣势策略的技巧就能解答这个问题。在你动手解答之前，请注意，对哥利亚而言，挺过 1990 年 1 月是一个劣势策略，因为从此以后无论大卫坚持生产还是关门停业，它自己都将一直亏损。现在我们倒推回去，思考一个问题：假如你是大卫，现在是 1989 年第三季度，哥利亚还在继续生产，你会怎么做。[①]

案例讨论

你可以赚多少钱对这个问题毫无影响，关键在于你能坚持多久。一旦这对寡头垄断者的利润双双变成负数，这时，谁能坚持到最后，谁就能将利润率高于自己的对手排挤出去。

---

① 计算最糟糕情形的价值时，你可以假设利率为零，即明天的利润（或亏损）与今天的利润（或亏损）同等重要，从而简化计算过程。

根据这个提示，假如大卫可以坚持到 1989 年第三季度，它将胜券在握。此后，最糟糕的结果莫过于哥利亚挺过了 1989 年第四季度。大卫作为双寡头之一，将要付出 2.25 美元的代价。不过，一旦迎来 1990 年，哥利亚必须关门停业，因为它无论作为两个寡头垄断者之一或是唯一的垄断者，都将亏损。于是，大卫可以在 20 世纪 90 年代通过垄断市场赚取每把弹弓 2.50 美元的利润，这足以弥补它在 1989 年最后两个季度可能出现的任何亏损。

现在轮到倒后推理发挥作用。假定大卫在 1989 年 7 月决心继续生产（退出是一个劣势策略），哥利亚应该可以预计到，从 1989 年 7 月开始，它除了亏损还是亏损。因此，只要它当天发觉自己是两个寡头垄断者之一，它会立即退出。这意味着，大卫作为唯一垄断者，可以在 1990 年赚到 2.50 美元，并在 1989 年最后两个季度赚到 2.75 美元。这 5.25 美元简直是飞来横财，超过了到那时为止作为两个寡头垄断者之一可能产生的最大亏损（1.50 美元），因此大卫无论如何不能在 1991 年 1 月到来之前关门停业。假定大卫决心继续生产，哥利亚应该在 1988 年 7 月它作为两个寡头垄断者之一发现自己的利润变成负数之际尽快退出市场。

注意，哥利亚不能做出继续生产同样长的一段时间的承诺。这个承诺在 1990 年 1 月首次被打破，而在 1990 年 1 月之前退出的保证反过来变成在 1989 年 7 月之前退出的动力。一路倒推回去，在哥利亚看来，光滑的斜坡早在 1988 年 10 月已经出现，那时出现了这个市场不足以容纳它们两家企业共存的第一个证据。

这个关于在不断萎缩的市场奋力争夺份额的简单故事，可能有助于解释大企业通常首先退出的现象。专门研究英国市场萎缩现象的学者查尔斯·巴登·富勒（Charles Baden Fuller）发现，在

342

1975—1981 年，英国钢铁需求下降了 42%，两家最大的企业 F. H.
劳埃德（F. H. Lloyd）和韦尔集团（the Weir Group）的高层管理人员
"感到他们面临成本必须符合经济原则的要求的压力；他们的产量在
1975 年仍占全国钢铁行业总产量的 41%，但由于 1975—1981 年相当
于生产能力 63% 的市场萎缩，他们的总市场份额跌到只有 24%"。

记住，规模不一定总是一种优势；在柔道项目和本案例阐述的
退出策略中，诀窍在于利用对手的较大体型以及由此导致的缺乏灵
活性的特点，与之抗衡。

贵人行为理应高尚

欧佩克的一个重要特点是其成员的生产能力各不相同。沙特阿
拉伯的生产能力远远超出其他成员。同属一个卡特尔的大成员和小
成员，它们的作弊激励是不是一样大？

为了简化这个问题，我们只看一个小成员，即科威特。假定在
合作的情况下，科威特应该每天生产 100 万桶石油，沙特阿拉伯则
生产 400 万桶。对于它们两家，作弊意味着每天多生产 100 万桶。
换言之，科威特有两种选择，分别是 100 万桶和 200 万桶；沙特阿
拉伯则为 400 万桶和 500 万桶。基于双方的不同选择，投入市场的
总产量可能是 500 万桶、600 万桶或 700 万桶。假定相应的边际利
润（每桶价格减去每桶生产成本）分别为 16 美元、12 美元和 8 美元。
由此得出下面的利润图（如图 13-5 所示）。每一个格子里，左下角
的数字是沙特阿拉伯的利润，右上角的数字是科威特的利润，单位
为百万美元 / 天。

343

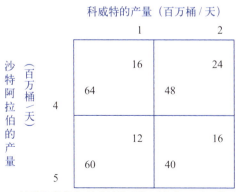

图 13-5 沙特阿拉伯与科威特的利润（单位：百万美元／天）

科威特有一个优势策略：作弊，每天生产 200 万桶。沙特阿拉伯也有一个优势策略：遵守合作协议，每天生产 400 万桶。沙特阿拉伯一定遵守协议，哪怕科威特作弊也一样。囚徒困境就此破解。

为什么会这样？

案例讨论

沙特阿拉伯出于纯粹的自利心理，有一个合作的激励。假如它生产一个较低数量，则市场价格攀升，欧佩克**全体**成员的边际利润上扬。假如它的产量只占欧佩克总产量一个很小的份额，它自然不会发现，原来向整个卡特尔提供这种"公共服务"对自己也有好处。不过，假如它的份额很大，那么，上扬的边际利润会有很大一部分落在它手里，因此，牺牲一些产量也是值得的。这也是我们选作例子的两个国家的抉择。[3] 这个例子描述了走出囚徒困境的另一个途径：找出一个大慈善家，让它遵守合作协议，并容忍其他人作弊。

同样的事情见之于许多联盟。在许多国家，一个大政党和一个或多个小政党必须组成一个联合政府。大政党一般愿意扮演负责合

344

作的一方，委曲求全，确保联盟不会瓦解，而小政党则坚持它们自己的特殊要求，而选择通常可能偏向极端的道路。以色列联合政府的小宗教团体的影响就是一个很好的例子。北约内部有另一个例子：美国承担了防务开支一个不恰当比例的份额，大大便宜了西欧和日本。美国经济学家曼库尔·奥尔森（Mancur Olson）将这一现象非常简洁地称为"小国对大国的剥削"。

独霸天下

许多加油站拿来打广告的只是含铅汽油的价格。奇怪的是，其实没有几个顾客会买含铅汽油；只有 1976 年以前生产的汽车才能使用含铅汽油。

现在我们已经知道这种做法是怎么来的了。起初只有一种汽油供应。那是 1911 年以前的事情，同年刘易斯（Lewis）和雅各布·布劳斯坦（Jacob Blaustein）发明了一种方法，无须借助铅添加剂就能提高汽油的辛烷值。又过了 60 年，这一方法成为行规。

345　　　加油站在广告上继续只提没有几个顾客购买的含铅汽油的价格。它们只标一个数字，希望引起过往司机的注意，使其继续使用以前一直使用的汽油。大多数司机不得不从含铅汽油的价格推算不含铅汽油的价格。为什么这种做法会沿用至今？

案例讨论

如果一家加油站突然决定用大号字体标出不含铅汽油的价格，会发生什么事情？过往司机除了数字本身以外很难读到别的什么东西。结果呢，他们习惯性地假定广告上标出的一定是含铅汽油的价格。一般而言，每加仑不含铅汽油的零售价会比含铅汽油贵 5 美分，因此司机们会误会广告的意思，以为这里出售的含铅汽油贵了 5 美分。于是这家标新立异的加油站就会陷入窘境，因为司机们误会了它的标价。有趣的是，不含铅汽油的批发价其实低于含铅汽油，这表明含铅汽油属于不惜压价以招徕顾客的商品。①

一家标新立异的加油站如果打算在广告上标出不含铅汽油的售价，只会使自己处于更加糟糕的境地，因为它拿出了自己维持生计的产品进行竞争。面对价格战，一个好得多的策略是用只占一小部分销售额的产品去参与。不含铅汽油的价格战将会威胁到整个加油站的盈利能力。

底线在于加油站应该继续宣传含铅汽油的价格。这一牢固均衡与第 9 章提到的 QWERTY 键盘的均衡有一点不同：在 QWERTY 键盘的例子里，现实情况并不存在一个胜利者；但在这个例子中，无人挑起不含铅汽油价格战的事实，可以给加油站带来好处。但顾客却陷入了一个不好的均衡，而且没有一家加油站有改变这一现状的 346 激励。假如社会希望改善顾客的处境，一个办法是立法改变常规，要求加油站若只打一个价格的广告，这个价格一定是不含铅汽油的价格。另一个办法是要求加油站用大号字体标出它们所有品种的价格，无论是含铅汽油、不含铅汽油还是超级不含铅汽油，一律都要标出来。要不了多久这就会成为常规，含铅汽油的销售也将成为历

---

① 经济学家可以提供另一个理由，解释为什么含铅汽油要压价出售：这是因为，购买含铅汽油的是另外一群顾客。如果我们告诉你，与卖给开新车的顾客的汽油相比，卖给开老爷车的顾客的汽油的利润率更低，你未必觉得惊讶。确实，刚刚买下一辆价值 3 万美元的宝马车的顾客，不大可能会像一个开破旧的 1974 年款斑马（Pinto）车的顾客那样，为 10 美分的差价斤斤计较。

史，加油站从此不得不标出它们的不含铅汽油的价格，因为这是它们出售的唯一一种汽油。

海湾大桥

每天早上 7 点 30 分到 11 点，从奥克兰经海湾大桥到旧金山就会出现交通堵塞。在 11 点交通堵塞消除之前，每一辆加入车龙的汽车都会使后来者多等上一段时间。计算这一成本的正确方法是将各人被耽误的时间汇总起来，得出总的等候时间。以上午 9 点加入车龙的一辆汽车为例，它产生的总的等候时间有多长？

你可能会想，你了解的信息还不够。这个问题的一个重要特征在于外部性可在你已经得知的小数目的基础上计算得出。你不必知道汽车要花多少时间才能通过收费站，也不必知道 9 点以后加入车龙的汽车的分布情况。不管交通堵塞解除前车龙长度保持不变还是不断变化，答案都是一样。

案例讨论

诀窍在于看出真正重要的是等候时间的总长度。我们不关心是谁在等候。（若是换了其他场合，我们可能要衡量被堵在路上的人的等候时间的货币价值。）找出额外增加的总的等候时间的最简单方法是，绕过谁在等候的问题，直接将所有损失放在一个人身上。假定这个刚刚加入车龙的司机没在 9 点开上海湾大桥，而是驶向一边，让其他司机先走。如果他这么做了，其他司机就不会额外多等一段时间。当然，他自己不得不等上两小时，直到交通堵塞消除，

347

才得以继续上路。不过，这两小时恰巧等于假如他直接开上海湾大桥，没有停在一边让路，而使其他司机多花的总的等候时间。理由一点就明：总的等候时间是让全体司机驶过海湾大桥的时间；任何一个解决方案，只要涉及驶过海湾大桥的全体司机，都会得出相同的总的等候时间，只不过具体到各人承担的等候时间有所不同罢了。让一辆汽车负担全部额外等候时间的做法，是最容易得出新的总的等候时间的捷径。

公用地悲剧

加利福尼亚生物学家加勒特·哈丁（Garrett Harding）在一篇重要而具有影响力的文章里提到，不加限制的个人选择可能给社会带来灾难：

> 设想一个向全体公众开放的牧场。不难预计，每一个放牧者一定希望在这片公有土地饲养尽可能多的牲畜……这就是悲剧所在。每一个人都陷入了一个体系而不能自拔，这个体系迫使他在一个有限的世界里无限地增加自己的牲畜。在一个信奉平民自由的社会，每一个人都在追求自己的最大利益，从而毁灭将成为大家不能逃脱的命运。[4]

他以这一思路讨论了人口爆炸、污染、过度捕捞和不可再生资源的消耗等问题。他的结论是：世界各地的人民必须意识到有必要限制个人做出这些选择的自由，接受某种"一致赞成的共同约束"。

现在，请你确定这个问题的本质。试试把这个问题跟我们在这

348

一章提到的一个或多个例子挂钩，然后你就能找出几个可供选择的解决方案，再对这些解决方案做一个评价。

案例讨论

不同情况下，公用地悲剧可能成为一个多人囚徒困境（每一个人都养了太多的牛）或一个超出负荷问题（太多人都想做畜牧者）。

经济学家最喜欢的解决方案是确立产权。这也是十五六世纪在英格兰真实出现的事情：公有土地被圈起来，落入当地贵族或地主手里。一旦土地成为私有财产，那只"看不见的手"就会恰到好处地关上大门。主人可以收取放牧费，使其租金收入最大化，而这一规定将减少对土地的使用。此举改善了整体经济效率，却同时也改变了收入的分配；放牧费使主人更富有，使牧人更贫穷。

这一规定在其他场合并不适用。公海的产权很难在缺少一个国际政府的前提下确定和执行，控制携带污染物的空气从一个国家飘向另一个国家也是一个难题。基于同样的理由，捕鲸和酸雨问题都要借助更直接的控制才能处理，但建立一个必要的国际协议却很不容易。

正如哈丁提到的那样，人口是一个甚至更加艰巨的难题。对一个人的家庭（包括其规模）的决定权已经由联合国人权公约和其他国家的人权法案加以确立。像印度这样的国家经常由于采取某种强制手段限制其人口规模而遭到广泛批评。

349   有时候，假如集团规模足够小，自愿合作可以解决这个问题。若有两家石油或天然气生产商的油井钻到了同一片地下油田，两家都有提高自己的开采速度、抢先夺取更大份额的激励。假如两家都这么做，过度的开采实际上可能降低它们可以从这片油田收获的数量。在实践中，钻探者意识到了这个问题，看上去也有办法达成分享产量的协议，使从一片油田的所有油井开采出来的总数量保持在一个适当的水平。只要结果好，就一切都好了吧？

1 美元的价格

耶鲁大学教授马丁·舒比克设计了下面这个陷阱游戏：一名拍卖人拿出一张 1 美元钞票，请大家给这张钞票开价；每次叫价以 5 美分为单位；出价最高者得到这张 1 美元钞票，但出价最高和次高者都要向拍卖人支付相当于出价数目的费用。[5]

教授们在课堂实验上跟毫无疑心的本科生们玩这个游戏，很是赚了一点钱，至少足够在教工俱乐部吃一两次午饭。假定目前的最高叫价是 60 美分，你叫价 55 美分，排在第二位。出价最高者铁定赚进 40 美分，而你却铁定要亏掉 55 美分。如果你追加 10 美分，叫出 65 美分，你就可以和他掉换位置。哪怕领先的叫价达到 3.60 美元而你的叫价 3.55 美元排在第二位，这一思路仍然适用。如果你不肯追加 10 美分，"胜者"就会亏掉 2.60 美元，而你则要亏掉 3.55 美元。

你打算怎么玩这个游戏？

案例讨论

这是光滑斜坡的又一个例子。一旦你开始向下滑，你就很难回头。最好不要迈出第一步，除非你知道自己会去到哪里。

这个游戏或博弈有一个均衡，即从 1 美元起拍，且没有人再追加叫价。不过，假如起拍价低于 1 美元又如何？这样的层层加价   350

367

可是没完没了，唯一的上限就是你钱包里的数目。至少在你掏空钱包之后竞争不得不停止。这正是我们需要用到法则1——向前展望、倒后推理的地方。

假定伊莱和约翰是两个学生，现在参加舒比克的1美元拍卖。每人各揣着2.50美元，而且都知道对方兜里有多少钱。[6]为了简化叙述，我们改以10美分为叫价单位。

从结尾倒推回来，如果伊莱叫了2.50美元，他将赢得这张1美元钞票（同时却亏了1.50美元）。如果他叫了2.40美元，那么约翰只有叫2.50美元才能取胜。因为多花1美元去赢1美元并不划算，如果约翰现在的价位是1.50美元或1.50美元以下，伊莱只要叫2.40美元就能取胜。

如果伊莱叫2.30美元，上述论证照样行得通。约翰不可能指望叫2.40美元就可以取胜，因为伊莱一定会叫2.50美元进行反击。要想击败2.30美元的叫价，约翰必须一直叫到2.50美元。因此，2.30美元的叫价足以击败1.50美元或1.50美元以下的叫价。同样，我们可以证明2.20美元、2.10美元一直到1.60美元的叫价可以取胜。如果伊莱叫了1.60美元，约翰应该预见到伊莱不会放弃，非等到价位升到2.50美元不可。伊莱固然已经铁定损失1美元60美分，不过，再花90美分赢得那张1美元钞票还是合算的。

第一个叫1.60美元的人胜出，因为这一叫价建立了一个承诺，即他一定会坚持到2.50美元。我们在思考的时候，应该将1.60美元和2.50美元的叫价等同起来，视为制胜的叫价。要想击败1.50美元的叫价，只要追叫1.60美元就够了，但任何低于这一数目的叫价都无济于事。这意味着1.50美元可以击败60美分或60美分以下的叫价。其实只要70美分就能做到这一点。为什么？一旦有人叫70

美分，对他而言，一路坚持到 1.60 美元而确保取胜是合算的。有了这个承诺，叫价 60 美分或 60 美分以下的对手就会觉得继续跟进得不偿失。

我们可以预计，约翰或伊莱一定会有人叫到 70 美分，然后这场拍卖就会结束。虽然数目可以改变，结果却并非取决于只有两个叫价者。哪怕预算不同，倒后推理仍然可以得出答案。不过，关键一点是，谁都知道别人的预算是多少。如果不知道别人的预算，可以猜到的结果是，均衡只存在于混合策略之中。

当然，对于学生们而言，还有一个更简单也更有好处的解决方案：联合起来。如果叫价者事先达成一致，选出一名代表叫 10 美分，谁也不再追加叫价，全班同学就可以分享 90 美分的利润。

你当然可以把这个例子当成耶鲁本科生都是傻瓜的证明。不过，超级大国之间的核装备升级过程难道与此有什么区别吗？双方都付出了亿万美元的代价，为的是博取区区"1 美元"的胜利。联合起来意味着和平共处，它是一个有更多好处的解决方案。

李尔王的难题

孩子们，在我还没有把我的政权、
领土和国事的重任全部放弃以前，
告诉我，你们中间哪一个人最爱我？
我要看看谁最有孝心，最有贤德，
我就给她最大的恩惠。

——莎士比亚，《李尔王》

　　李尔王担心，等他年纪大了，不知道他的孩子们会怎样对待他。让他深感遗憾的是，他发现孩子们并不总是遵守自己的诺言。

　　除了关爱与尊敬，孩子们的行为还受到获得遗产的可能性的影响。现在我们来看一个策略实例，说明遗产只要使用得当，可以促使孩子们自愿探望自己的父母，而不至于把他们丢在一边。

352　　假定父母希望孩子们每周探望一次，电话问候两次。为了给孩子们一个正确的激励，父母威胁说谁若是达不到这个标准，就会失去继承权。他们的财产将在所有符合要求的孩子们之间平均分配。（除了可鼓励探望，这一规定还有一个好处，即可以避免鼓动孩子们为了争取较大份额的遗产而频繁探望，导致父母失去私人空间。）

　　孩子们意识到父母不愿意剥夺所有孩子的继承权。于是他们串通一气，一起减少探望的次数，最后降到一次也不去。

　　这对父母现在请你帮忙修改他们的遗嘱。只要有遗嘱，就有办法让它发挥作用。不过，怎样才能做到呢？一个前提是，这对父母不许你剥夺所有孩子的继承权。

案例讨论

　　和原先的版本一样，任何一个探望次数不能达标的孩子都将失去继承权。问题在于，假如他们的探望次数统统低于标准，怎么办？若是出现这种情况，不妨将所有财产都分给探望次数最多的孩子。这么做可以打破孩子们之间结成的减少探望次数的卡特尔。我们使这些孩子陷入了一个多人困境。每个孩子只要多打一个电话就有可能使自己应得的财产份额从平均值跃升为100%。唯一的出路就是遵照父母的心愿行事。（很显然，这一策略在只有一个孩子的情况

下会失效。对于只有一个孩子的夫妇，没有什么好的解决方案。这
真是抱歉得很。）

美国诉艾科亚

每个行业的老牌公司都会通过排挤新的竞争对手，阻止其进入
市场，保持可观的盈利。然后它可以作为垄断企业，一路提价。由
于垄断对社会是有害的，反垄断当局会竭力侦察和起诉那些运用策
略手段阻止对手进入市场的公司。

1945 年，美国铝业集团（简称艾科亚，Alcoa）遭到起诉，罪 353
名是存在类似的操作。巡回法庭（Circuit Court）的上诉法官们发
现，艾科亚不断建设精炼设备，其数目一直高于实际需求。法官勒
尼德·汉德（Learned Hand）这样提出自己的看法：

> 它（艾科亚）一直预计工业纯铝的需求将会增加，并
> 使自己做好准备应付这种变化，其实这不是非做不可的事
> 情。没有任何理由迫使它要在其他公司进入这一领域之前
> 这么加倍再加倍地提高自己的生产能力。它坚持认为它从
> 未排挤过任何竞争者；但我们想不出任何更好的排挤方式，
> 能够超越一有新的机会就抢到手、同时摆出早就建成了一
> 个庞大集团的新设备迎击任何后来者的做法。

研究反垄断法与经济学的学者们就这个案例进行了深入辩
论。[7] 现在我们请你考虑一下这个案例的理论基础：过度建设生产
设备如何能够阻吓新的竞争对手？是什么使这一策略与其他策略区

别开来？它为什么可能遭到失败？

案例讨论

一个老牌公司总想让新的竞争者相信，这个行业不会给它们带来好处。这基本上意味着，如果它们硬要进入这个市场，产品价格就会大跌，跌到不能弥补它们成本的地步。当然了，这个老牌公司只会放出风声，说它将发动一场冷酷无情的价格战，打击一切后来者。不过，后来者为什么会相信这么一个口头威胁呢？说到底，价格战也会使老牌公司付出重大代价啊。

老牌公司建设超过目前产量需要的生产设备的做法，可以使它的威胁变得可信。一旦如此庞大的设备装配完毕，产量就能大幅度提高，新增成本也会降低。唯一要做的是为这些设备配备人员和购买材料；主要成本已经发生，不可挽回。价格战打起来会更容易，代价也更小，因此也更可信。

354 　　这从策略的逻辑而言是合理的，但是，这么一种做法在实践当中究竟有没有用呢？它的成功至少面临两个限制条件。首先，如果这个行业已经存在很多公司，那么，阻止后来者进入市场将给所有现存公司带来更大的好处。会不会有哪家公司愿意在它只能分享一部分好处的前提下承担全部设备成本？这是一个标准的囚徒困境。如果一家公司足够大，它可以从自己的利益出发，为整个行业其他公司提供这么一个服务。否则，这些公司必须就建设生产设备达成一致；而这恐怕难以逃脱反垄断当局的目光。

在艾科亚一案中，人们可能不会把由谁建设生产设备的两难困境看做一个严重的问题，因为艾科亚占有90%的"一代纯铝"市场。不过——这也是第二个限制条件——它面对的市场会不会仅限于此？即使一代纯铝并不存在任何其他生产商,利用废料再生的"二代纯铝"生产商却可以成为一个竞争来源。艾科亚自己日后的生产也是一个竞争来源。许多以铝为基础的产品是非常耐用的。如果艾科亚日后向市场投入更多纯铝，那么这些耐用产品的价值就会下跌。如果该公司不能令人信服地保证它会限制自己日后的产量，铝基产品的买家就会由于担心日后遭受损失而在今天降低它们愿意为纯铝支付的价格。这跟 IBM 对大型计算机定价时遇到的问题一样。租赁的解决方案在这里显得更难实现：你不能像租电脑那样租纯铝；艾科亚将不得不扩展自己的生产范围，直到覆盖所有铝基产品为止。

错错得对

父母经常遇到一个难题，就是怎样惩罚做坏事的孩子。孩子们总有一种奇怪的念头，并且不相信父母真能说到做到，实施惩罚。他们认为惩罚对父母的伤害可能就跟对自己的伤害一样大（尽管受到伤害的原因并不相同）。父母对待这一矛盾的标准对策是强调惩罚完全是为孩子着想。父母说了要惩罚做坏事的孩子之后，怎样才 355 能更好地使这一威胁变得可信呢？

案例讨论

若是一对父母加一个孩子的家庭，我们面对的是一个三人博弈。团队合作有助于父母做出一个可信的威胁，要惩罚做坏事的孩子。假定孩子当真做了坏事，按照计划，父亲应该实施惩罚。如果儿子以为，只要指出父亲这一行动的"不合理性"，即双方都将受到伤害，就能逃脱惩罚，父亲可以这么回答：假如他真有选择余地，他当然不愿意惩罚自己的儿子；但是，假如他没能实施惩罚，他就破坏了他和妻子达成的一个协议，而破坏这个协议产生的代价将超过惩罚孩子带来的代价。由此，惩罚的威胁就变得可信了。

即便单亲家庭也能玩这个博弈，只不过论证起来比较费事，因为惩罚的协议必须在父亲（或母亲）与孩子之间达成。和上面一样，假定孩子当真做了坏事，按照计划，父亲应该实施惩罚。如果儿子以为，只要指出父亲这一行动的"不合理性"，即双方都将受到伤害，就能逃脱惩罚，父亲可以这么回答：假如他真有选择余地，他当然不愿意惩罚自己的儿子；但是，假如他没能实施惩罚，这就等于他失职了，而他要为失职遭到惩罚。因此，他惩罚自己的儿子的目的在于避免自己遭到惩罚。不过，谁来惩罚他呢？答案是他的儿子！儿子会说，如果父亲原谅他，他也会原谅父亲，不会因为父亲没有惩罚自己而惩罚他。父亲会说，假如儿子不能惩罚他的过分宽容的做法，这就等于儿子在一天之内第二次做出了应受惩罚的行为！就这样，在你来我往之间，父子相互监督，都保持了诚实。这听上去可能有点牵强，却并不比大多数用于支持惩罚孩子坏行为的论证过程来得简单。

356

赢得最后一步

第 1 章我们讲述了如何在美洲杯帆船比赛中领先的故事。既然每艘船都能看到其他船的行动，丹尼斯·康纳若选择尾随约翰·伯特兰的航线，做起来相对会比较容易。若是要在同时行动的博弈当中保持领先地位，情况就会变得更复杂；这时需要的是预测，而不是观察。

在复式桥牌比赛中，每一个队的成绩是由本队打某一副牌的结果与另一队跟完全不同的对手打同一副牌的结果相比而得。假定你代表 A 队出赛，打到最后一副牌的时候，你领先 B 队的戈伦和泽克。

你拿到的这一手牌虽然很好，却并非必胜无疑。你一定可以完成 6 无将的定约。你估计，你完成 7 无将定约的概率是 50%，不过，戈伦和泽克完成 7 无将定约的概率也是 50%，因为他们拿的是同一手牌，正在另一个房间跟另一对对手较量。[①] 如果你叫 7 无将并顺利完成定约，你将稳拿本次比赛的冠军。即便你叫 7 无将而未能完成定约，如果戈伦和泽克同样叫 7 无将，且同样未能完成定约，你也照样能夺得冠军。如果双方同时叫 6 无将，你也一定可以拿冠军，既然你是领先进入最后一轮的。如果你叫 6 无将，他们叫 7 无将，且双双完成定约，他们就会反超，取得冠军。

你怎样做才能使自己取胜的概率达到最大？你觉得戈伦和泽克会怎样做？你有多大机会赢得冠军？

案例讨论

现在你要使自己取胜的概率达到最大。图 13-6 显示了在不同对　357

———

① 关于这个问题，很重要的一点在于，你完成 7 无将定约的概率应该与戈伦和泽克的概率无关，哪怕两队玩的是同一副牌。如果你只在梅花首攻的时候能完成 7 无将定约，否则只能完成 6 无将定约，那么这种情形就会出现。就这副牌而言，梅花或方片首攻的概率相同；因此，你完成 7 无将定约的概率与戈伦和泽克的概率无关。

手采取不同对策时，你的取胜概率是多少。

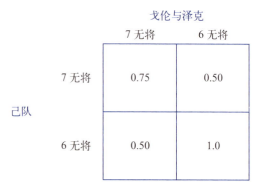

图 13-6　己队取胜概率

　　这些数字是怎么来的？如果两队都叫 7 无将，你就会胜出，除非你打宕了这一定约且他们完成了定约，发生这样的事情的概率为 1/4；因此，你取胜的概率是 3/4。如果只有你叫 7 无将且完成定约，对方没叫 7 无将，你就会胜出，但你如果打宕了，就会失去冠军称号；两种结果的概率是 50 对 50。如果两队都没叫 7 无将，你就会稳拿冠军。

　　既然我们填好了这个表格，计算均衡策略就变得轻而易举。我们采用威廉斯方法，就可以得出结论：2/3 的时候应该叫 7 无将，另外 1/3 的时候应该叫 6 无将。[①] 如果我们看竖列的数字，而不是横行的数字，就会发现，你取胜的概率等于戈伦与泽克失败的概率，由此我们得知，这就需要 2/3 的时候他们叫 7 无将，1/3 的时候叫 6 无将。

358　　那么，你赢得冠军的概率有多大？你可以预计到，这种情况下你有 2/3 的概率取胜。举例而言，如果你叫 7 无将，而戈伦与泽克叫 7 无将的概率是 2/3，那么你取胜的概率就是 0.75，另外 1/3 的概

①　均衡点，7 无将与 6 无将的比例为 (1 − 0.5)∶(0.75 − 0.5) 或 2∶1。

率戈伦与泽克叫 6 无将，那么你取胜的概率就是 0.5：加权平均值等于 2/3 × 3/4 + 1/3 × 1/2 = 2/3。你可以验证一下，其实叫 6 无将也会得出同样的取胜概率。

相反，假定现在你把 2/3 的时候叫 7 无将而 1/3 的时候叫 6 无将的混合策略扔在一边，一门心思叫定了 7 无将。如果戈伦与泽克意识到了这一点，他们就绝不会叫 7 无将，这样做可以使你取胜的概率降到 0.5。采取均衡混合策略的优势在于，你的对手永远不可能从计谋上胜过你。

边缘政策与陪审团

1988 年 3 月 25 日，负责审理罗伯特·钱伯斯（Robert Chambers）"胡椒谋杀案"的法官霍华德·E. 贝尔（Howard E. Bell）遇到了一个非常棘手的问题。据《纽约时报》报道，"12 人的陪审团分崩离析。陪审员们写下灰心丧气的条子，请求调离这个案件。其中一位先生还在法官面前掉下了眼泪，哭诉他的精神已经被巨大的压力压垮了。正午，两张条子同时递出，一张来自陪审团的女领导人，说陪审团已经'陷入僵局'；一张来自另一名陪审员，说根本没有出现僵局，陪审团仍然有可能做出一个判决。"

陪审团的工作半途而废对谁都没有好处：珍妮弗·莱文（Jennifer Levin）的家人不得不忍受第二次审判，罗伯特·钱伯斯也要多等一段悬而未决的时间，才能知道自己是继续正常的生活，还是要去监狱服刑。虽然双方之间可能没什么共同话题，但他们无疑都希望尽快做出一个判决。

359

拖延了 9 天之后，事情越来越明显：即便陪审团确实做出了一个决定，但谁也没有办法在这之前预测到。"后来，陪审员们说，在对钱伯斯的二级谋杀罪的严重指控是做有罪裁决还是无罪开释的问题上，各陪审员的投票摇摆不定。"

贝尔法官怎样才能运用边缘政策给双方提供协助呢？

案例讨论

公诉人费尔斯坦（Fairstein）女士和莱文一家都想得到一种保证，确保钱伯斯接受某种惩罚且被判有罪，他们不愿意看到最后的决定落在一个越来越难以捉摸的陪审团手里，担心他们不能做出决定，导致此案不得不重新审理。

而在被告这边，钱伯斯的律师利特曼（Litman）先生和钱伯斯一家同样有理由担心：无论是陪审团的决定变得越来越难以预计还是重新审理，都比达成调解协议来得糟糕。

贝尔法官可以利用陪审团既有可能做出判决、也有可能陷入僵局的不确定性，威胁原告和被告，迫使他们乖乖地坐下来谈判。法官不能确定陪审团要在多长时间内拿定主意。结果，被告和原告进行谈判的时候，随时可能听见陪审团做出决定或陷入僵局的消息。

这里并不存在一个清晰的界线，说 10 天又 6 小时之后就会宣布此次审判无效或做出判决。相反，这是一道光滑的斜坡。贝尔法官有一种激励，希望避免陪审团分裂，并以此作为手段，迫使原告和被告双方尽快达成调解协议。即便法官知道陪审团已经陷入无法挽回的僵局，他也未必愿意告诉双方的律师。他可以叫陪审团留在办公室里玩"大富翁"游戏，为他多争取一两天时间。

如果陪审团陷入僵局的消息泄露了，那么风险也就荡然无存，原告和被告会因此失去相互让步的激励。正是由于原告和被告对这一风险有不同的看法，他们才肯坐下来共同寻求一个折中方案。 360

一旦一个案子送到陪审团面前，我们就创造了一种风险，而这一风险是我们不能控制的。起初，我们可能以为我们知道陪审团可能做出怎样的判决，这个风险也是可以控制的。不过，随着陪审团审议过程的进行，这一判决的不确定性也会变得越来越大。对立的原告和被告双方开始对陪审团可能做出什么判决出现某种相似的想法，接着，他们可以通过谈判，提出自己的解决方式，以消除这一风险。

不管贝尔法官是不是有意识地采取边缘政策的策略，他还是设法保住了一道光滑的斜坡，迫使大家坐下来调解，并使他们希望返回安全的高地。

管闲事的自由

自由主义或自由意志主义社会哲学家有一个基本的原则，认为人人都有在不受外界干扰的前提下做出某个决定的权利。我们能不能在符合这一原则的基础上做出社会决策呢？

考察一个大多数人都会认为是个人决定范畴的话题：卧室墙壁的颜色。假定有两个人，罗森克兰茨（Rosencrantz）和吉尔登斯顿（Guildenstern），还有两种颜色，红和绿。于是就有四种可能的组合。我们用 RG 表示罗森克兰茨用的是红色而吉尔登斯顿用的是绿色，GR 表示相反的组合，RR 表示他们都选了红色，GG 表示他们都选了绿色。

阐述上面提到的自由意志主义原则的一个方法是，"对于任何决策，假如不同选择的唯一不同在于自家墙壁的颜色，那么，这个人的偏好应该被社会接受。"[8] 假定罗森克兰茨喜欢与众不同，一心想用跟吉尔登斯顿不同的颜色。但吉尔登斯顿却是随大流之辈，希望选用跟罗森克兰茨一样的颜色。按照这样的偏好，根本不能达成符合自由意志主义原则的决策，只有尝试不同的可能性。[9]

361

你可能以为，这里的问题在于，每个人的偏好，用恰当的话来说，并不在于自家墙壁的颜色，而在于这种颜色是不是跟另一个人的选择相同。任凭这样的偏好主导社会决策，等于过度放任大家去管别人的事情。因此，我们可以创造第二种情境，并限制自由意志主义思想："如果一个人对于自家墙壁的颜色有一种无条件的偏好，且两种选择的唯一区别在于这种颜色，那么这个人的偏好应该被社会接受。"

假定罗森克兰茨有一种无条件的偏好，喜欢把卧室墙壁涂成红色，即无论 X（代表吉尔登斯顿的墙壁的颜色）是 R 或 G，他还是喜欢 RX 多于 GX。如果罗森克兰茨喜欢把自家墙壁涂成红色，那么他还有一种更强的多管闲事的偏好，担心吉尔登斯顿家的墙壁也会涂成红色。因此，对他来说，四种选择的偏好次序是 RR 最好，GR 次之，RG 再次之，GG 排末尾。吉尔登斯顿对绿色存在相似的偏好次序：GG 最好，GR 次之，RG 再次之，RR 排末尾。整个过程如图 13-7 所示。

362

显然，自由意志主义原则可能导致一个对双方而言，无论与其他什么结果相比都更糟糕的结果。如何才能使自由意志主义可行呢？

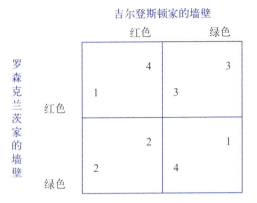

图 13-7　第二情境结果的偏好次序［罗森克兰茨，吉尔登斯顿］

案例讨论

自由意志主义原则使参与者陷入了囚徒困境。罗森克兰茨无条件地倾向于将墙壁涂成红色，这相当于一种优势策略。无论吉尔登斯顿选什么颜色，罗森克兰茨若选红色，就能获得更好的结果。按照自由意志主义的要求，社会允许他做这么一个选择。与此相仿，吉尔登斯顿把墙壁涂成绿色也是一种优势策略。同样，自由主义社会也允许他做这么一个选择。

把他们各自的选择放在一起，会得到 RG。不过，罗森克兰茨和吉尔登斯顿都更喜欢 GR，而不是 RG。好比囚徒困境的例子，我们的这个例子，同样说明了两个参与者如果同时选择各自的优势策略，可能导致一个对双方都不利的结果。

一个解决方案可能是进一步限制自由主义意识。于是，社会决策可能会在不那么爱管闲事的前提下，由于知道罗森克兰茨愿意选择 RG、RR，而不是 GR、GG，因此接受他偏好红色而非绿色的选择。

这当然管用，前提是由于这里讨论的偏好其实属于另一类型，自由意志主义就不适用于这一情况。哲学家们没完没了地争论着这个问题，并且对自由意志主义的权利做出了进一步的限制。[10] 但在这些建议方案中，大部分都把自由意志主义当做人们就社会问题做出决策时的一个外部条件，而且这些人对管闲事有一种持续不断的偏好。一个真正站得住脚且切实可行的解决方案，需要就什么事情属于私事范畴以及对他人在这些事情上的选择放弃我们的偏好（变得无动于衷）达成普遍的共识。换句话说，如果自由意志主义能作为一种社会规范发挥作用，它应该成为我们个人偏好的一部分。

给市长发一枚"大奖章"

363　　1987年，纽约市长埃德·科克（Ed Koch）成功地增加了曼哈顿的持照出租车的数目。此前50年，曼哈顿人口增加了300万，但出租车只多了100辆。出租车短缺的一个迹象是，1987年，合法经营一辆出租车的权利（俗称"大奖章"）在公开市场标价125 000美元。与此同时，出租车按每天两班、每班12小时出租，每班价格约为60美元（合每年约45 000美元）。

假如市政府拍卖100个新的大奖章，就能轻松地赚到1 250万美元。问题是，所有这些新的大奖章获得者就会担心，市政府已经发现了一个好得令人难以置信的发财机会。既然如此，为什么明年不再拍卖100个新的大奖章呢？如果市政府不能承诺限制大奖章的颁发数量，以保证大奖章不会变得一文不值，那么第一个后果就是，再也不会有人愿意为大奖章出高价了。

现在科克市长请你做顾问。他想知道怎样才能同时增加出租车的数目和库房收入。他正在寻找办法，使自己做出一个承诺，并以此约束自己（以及以后的政府）不要再源源不断地印制新的许可证，防止旧的大奖章大大贬值。当时，出租车与轿车委员会正左右为难，但谁也不会单单听信一个政客的话。你有什么建议？

案例讨论

诀窍在于出租而非出售大奖章。这么一来，没人要为以后的价值付钱。市长就会有一种限制大奖章出租数量的激励，因为假如他出租太多，总租金就会下降，并且很有可能随着大奖章变得一文不值而一直降到零。

注意，这实际上就是一步一步做出承诺的应用实例。这里的步 364 骤不是大奖章的数目，而是大奖章的有效期。人们愿意在一周或一年之内相信这个市长，而新规定的通过是需要一段时间的。最具风险的是大奖章一年的价值。对市长而言与其将今年的大奖章、明年的大奖章以及未来的大奖章合并为一枚永久性的大奖章，然后再出售，还不如一次只出售一枚大奖章，从而恢复自己的可信度。要做到这一点，一个简单的方法就是出租，而不是出售。

大洋两岸的武装

在美国，许多私有房主都拥有自卫用的枪，而在英国，几乎没人有枪。文化差异无疑提供了一个解释。策略行动的可能性则提供了另外一个解释。

在这两个国家，大多数私有房主都喜欢住在一个非武装社区。但如果他们确实有理由害怕会遇到武装歹徒，他们都愿意买一支枪。许多歹徒喜欢带上一支枪，作为他们这个行业的一个作业工具。

图 13-8 显示了各种结果在房主和歹徒心目中的一个可能的排名情况。与其为每一种可能性设置一个具体的货币得失值，不如用 1、2、3、4 表示双方心目中的排名。

图 13-8 结果的偏好次序 [私有房主，歹徒]

365　　假如不存在任何策略行动，我们应该把这个案例当做一个同时行动的博弈，运用第 3 章学习的技巧进行分析。首先我们应寻找优势策略。由于歹徒在第二列的排名永远高于第一列的对应数字，我们可以说歹徒有一个优势策略：不管私有房主有没有枪，他们都愿意带上一支枪。

私有房主却没有优势策略；他们愿意区别对待。如果歹徒没带枪，那他们也就没必要配枪自卫。

假如我们把这个博弈当做同时行动的博弈，预计会出现什么结果？根据法则 2，我们预计，拥有优势策略的一方会采用其优势策略，另一方则会根据对手的优势策略，采取自己的最佳回应策略。由于持枪是歹徒的优势策略，我们应该预计到这就是他们的行动方针。私有房主针对歹徒持枪选择自己的最佳回应策略；他们也应该持枪。这就得出了一个均衡，即两个数字均为 3 的情况（[3，3]），它表示双方都认为这是彼此可能得到的第三好的结果。

尽管双方利益彼此冲突，但仍然可以就一件事达成一致：他们都倾向于谁也不持枪的结果（[1,2]），而不是双方都持枪的结果（[3，3]）。怎样的策略行动才能使这个结果出现，并且怎样做才能使这个结果变得可信呢？

案例讨论

我们暂时假设歹徒有本事在同时行动的博弈里先发制人，首先采取一个策略行动。他们将承诺不带枪。而在这个相继行动的博弈里，私有房主并不一定非要预测歹徒可能怎么做。他们将会发现，歹徒已经采取行动，而且没有带枪。于是，私有房主可以选择回应歹徒这一承诺的最佳策略；他们也不打算带枪。这一结果以偏好次序表示就是 [1，2]，它对双方而言都是一种改善。

歹徒通过做出一个承诺可以得到更好的结果，这并不出奇。[①]而 366
私有房主的结果也有了改善。双方共同得益的原因在于他们对对方行动的重视胜过对自己行动的重视。私有房主可以允许歹徒实施一

---

① 歹徒们能不能取得更好的结果？不能。他们的最好结果等于私有房主的最坏结果。既然私有房主可以保证歹徒取得第三好的结果，甚至可以使他们通过持有枪支取得更好的结果，就不存在任何策略行动能使歹徒迫使私有房主落到最差的结果。因此，做出不带枪的承诺是歹徒的最佳策略行动。歹徒做出带枪的承诺又会怎样？带枪是他们的优势策略，但由于私有房主无论如何总能料到，因此，做出带枪的承诺并不具备任何策略价值。按警告与保证的方法类推，采取优势策略的承诺可以称为一种"宣言"：它是告知性的，不是策略性的。

个无条件行动，从而扭转其行动。[1]

在现实当中，私有房主们并不会结成一个联合的博弈参与者，歹徒们也不会。即便歹徒作为一个阶级，可以通过采取主动、解除武装得益，这个集团的任何一个成员也还能通过作弊获得额外的优势。这一囚徒困境会破坏歹徒们率先解除武装之举的可信度。他们需要某种其他方法，使他们可以在一个联合承诺里结为一体。

如果该国历来就有严格管制枪支的法律，枪支也就无处可寻。私有房主可以自信地认为歹徒应该没带枪。英国严格的枪支管制迫使歹徒不得不"承诺"不带枪"干活"。这一承诺是可信的，因为他们别无选择。而在美国，枪支广为流行，这等于剥夺了歹徒承诺不带枪"干活"的选择。结果，许多私有房主不得不为自卫而配备枪支。双方的结果同时恶化。

很显然，这一论证过度简化了现实情况；该论证隐含的一个条件是歹徒支持立法管制枪支。但即便在英国，这一承诺也难以为继。蔓延北爱尔兰的持续不断的政治冲突已经产生了一种间接作用，使歹徒弄到枪支的可能性大大提高。结果，歹徒不带枪的承诺开始失去可信度。

回头再看这个案例时，注意一点：这个博弈从同时行动转向相继行动之际，某种不同寻常的东西产生了。歹徒们选择按他们的优势策略先行。在同时行动的博弈里，他们的优势策略是带枪。而在相继行动的博弈里，他们却没有这么做。理由是在相继行动的博弈

---

[1] 如果私有房主先行一步，而由歹徒做出回应，又会怎样？私有房主可以预计到，对于自己的任何一种无条件的行动选择，歹徒都会报以带枪的选择。因此，私有房主希望持枪，但结果却并不会好于同时行动的博弈的情况。

里，他们的行动路线会影响私有房主的选择。由于存在这么一种互动关系，他们再也不能认为私有房主的回应不受他们影响。他们先行，所以他们的行动会影响私有房主的选择。在这个相继行动的博弈里，带枪不再是一种优势策略。

慈善捐助的局限性

许多公共产品，比如教育电视，主要是由私人捐赠资助的。由于人人都能从这一产品的供应中得益，这就存在一种隐含的讨价还价，即决定谁要掏钱，而谁又可以免费享用。对募集资金和讨价还价两个过程的相似性的探讨，有助于设计一个更有效的募捐活动。

在讨价还价的问题上，工人与管理层面临妥协的压力，因为一旦发生罢工，就意味着利润的损失。这一妥协的激励与捐赠的激励相似。公立电视的募捐活动竭力使观众意识到，如果没有捐赠，大家都要付出代价。募捐者威胁说一些节目可能被裁减。更为直接的是，电视台可能中断按照节目表播出的节目，直至募集到一个特定数目的资金为止。大家喜欢的节目就这样成为人质；而赎金则是更高的资金数目。

与工人们希望得到尽可能好的合同相仿，公立电视台也想募集 368 尽可能多的资金。不过，假如它们的胃口超出了现实许可的范围，它们就要冒失去观众的风险。扣留节目作为人质，应该在观众彻底放弃该节目之前终止。

当然，可能募集到的捐赠的最大数目，取决于观众的数目以及他们认为节目的编排有多大的价值。如果有 N 个潜在的捐助人，每人的得益为 B，那么，你可能预计，只要募集目标 T 低于所有潜在捐助人的得益 NB，募捐活动就能取得成功。真是这样吗？要回答这个问题，我们先看一个简单的案例，其中总共只有两名潜在的捐助人。这次募捐活动的目标是 1 万美元，而每一个潜在的捐助人认为，一个成功的募捐活动对于他自己来说价值为 7 500 美元。那么，募捐目标一定可以达到，对不对？问题在于，双方谁也不肯自己捐7 500 美元，而让另一方只捐 2 500 美元就能得到余下的全部价值。我们遇到了一个讨价还价的问题：二人估计的价值合计 15 000 美元，实际成本却只有 10 000 美元。双方怎样划分余下的 5 000 美元好处呢？

我们再次使用轮流出价的方法，简化这个问题。在目前的情况下，我们请两位捐助人轮流做出一个捐助承诺，直至达到募捐目标为止。我们预计双方都会做出不止一个承诺。他们应该运用小步行动的策略。这可以确保双方都不会抛开对方太远，避免了不得不捐出一个不公平份额的结果。不过，若是前进速度太慢，也要付出代价，这一点必须和可能获得的收益综合考虑。

前进速度缓慢的代价在于捐助人缺乏耐心，可能更愿意看到早些达到募捐目标，而不是迟迟达不到。假如我们不得不等到明天才能收到今天承诺的捐款，那么，今天的收益 B 的价值等于 δB，而 $\delta < 1$。这就好比金钱方面的利息损失；今天和明天的价值的差别等于 $B(1-\delta)$，假如你将这部分失去的收益看做放弃的利息，你就可以认为 $1 - \delta$ 等于利率。最后，记住一点：捐款是以承诺的方式进行的；只在达到募捐目标之后才需要兑现。现在我们已经摆出了全部事实。问题是，这次募捐活动能够筹集多少资金？

369

案例讨论

这个问题最近由经济学家阿纳特·阿德马蒂（Anat Admati）和莫蒂·佩里（Motty Perry）解决了。他们的答案的一个引人注目的特征，是捐款总数并不取决于利率变量 δ。更令人感到意外的是，有可能募集到与所有捐助人认定的得益总和相等的资金。因此，只要募捐活动物有所值，就应该有可能募集到资金。

和前面一样，我们从结尾开始讨论，然后倒后推理。虽然没有一个自然形成的时间可以表示募捐活动结束，但存在一个募捐目标，可以结束隐含的讨价还价；如果募捐目标为 T 美元，那么一旦捐出 T 美元，问题就解决了。假如承诺的数目接近 T 美元，那么接下来轮到的这位捐助人就应该补足差额，而不应再拖一轮。但是，怎样接近才算足够接近呢？等待所能得到的最好结果，在于看到别人补足这个差额。因此，除非你将捐款数字推进到 T 美元，否则你能做的最大贡献莫过于 δV，即整个募捐活动在一段时间后的价值。假如今天你捐出 x，你能得到的价值等于 $V-x$，即今天的价值减去你的捐款。假如需要补足的差额

$$x \leqslant (1-\delta)V$$

即捐款必须低于损失的利率，那么，补足差额凑够 T 美元就是值得的。

现在，双方都可以向前展望，推理得知一旦捐款数目达到 $T-(1-\delta)V$，募捐目标就会在下一轮达到。如果总的承诺金额足够接近这一数目，那么补足差额、结束这一募捐活动就是值得的。注意，并不存在捐出一个数目而使总捐款超过目标的激励，因为那样做只会减少对方的捐款，却不会为你自己省下一分一毫。你也不愿意独力将承诺的捐款数目一下子推进到 T 美元，因为若是那样做，你要付出的数目会大于再拖一轮的代价。因此，如果你捐出 y，使总数

达到 $T-(1-\delta)V$，那么你的所得等于 $\delta(V-y)$；再拖一轮你得到的好处为 V，捐款数目为 y。另一个选择是你拖过一轮，与另一位捐助人交换位置。接下来对方捐出一笔钱，将总数推进到 $T-(1-\delta)V$，若是这样，你捐出 $x=(1-\delta)V$ 就是值得的。你得到的好处是

$$\delta^2\,[V-(1-\delta)V]=\delta^3V$$

这是两轮结束时募捐活动的价值减去你的捐款得出的数目。将捐款与拖延的价值相比，我们看到，假如

$$y\leqslant(1-\delta^2)V$$

对你而言，捐款就比再拖一轮更值得。

　　注意，我们的计算没有把每人已经捐出的数目考虑在内。理由是，捐助人一直想着的是他们接下来还要捐出多少；他们以前的承诺成为与计算无关的东西，因为这些承诺总会以这样或那样的方式兑现，从而可以从任何成本—效益计算里剔除出去。

　　到目前为止，我们已经知道最后两轮可以募集多少钱。运用同样的推理，我们可以进一步往回推，计算这次募捐活动要花多长时间才能达到目标，而在每一个阶段又有多少人愿意捐款，目的是不要拖延整个进度。可能达到的捐款总额等于这些数字之和，即

371

$$(1-\delta)V+(1-\delta^2)V+\delta(1-\delta^2)V+\delta^2(1-\delta^2)V+\cdots=2V$$

注意，头两个数字是前面计算得出的最后两轮的捐款数目。引人注目的是，可能达到的捐款总数并不取决于利率。这一最大值等于两位捐助人的估价。因此，确实有可能让每个捐助人捐出他们对整个活动的估价。这表明，募捐活动的结果是捐助人对整个活动的估价的一个很好的体现。

再分配的局限性

许多国家的政治体制都将经济平等定为各自政策的中心原则。几乎所有政府都采用了某种形式的再分配税制。比如，20 世纪 60 年代和 70 年代，美国所得税的最高税率超过 70%，而瑞典的边际税率则突破 100%。不过，到了 20 世纪 80 年代，高税率损害工作的激励的想法深入人心。因此，在 80 年代，许多国家将最高税率大幅度下调，这些国家包括美国乃至更具平等主义色彩的瑞典。

降低税率的主要动机源于税收对工作的激励的损害作用。现在，一方面存在更大的积累财富的激励，另一方面出现了更大的收入不平等。当然，不平等的背后有很多原因，所得税只是消除这种症状的一个生硬的工具，而不是原因。考虑一下，导致不平等的原因是什么？而这些原因对设计一个理想的税制又有什么影响？实施这一理想体系会有什么问题？这一体系与现有体系相比有什么区别？

案例讨论

我们从研究导致经济不平等的一些原因着手。首先是运气。有 372 两种运气。有些人生来就比别人多了某种天才或优势。即便在这些方面起步平等的人，运气也会青睐某些人，而不是所有人。许多人以为，运气产生了某种不平等，这是不公平的，用于平衡这类优势的税制得到了广泛支持。

其次是努力；有些人就是比其他人工作更努力。当人们对税制损害工作的激励的说法表示同意的时候，他们通常是指提供努力的激励。假如政府决心抽取相当大一部分的劳动成果，谁还愿意努力工作呢？许多人还认为，人们应该有能力保留自己的劳动果实的说法在道义上也是正确的，虽然死硬的平均主义者争辩说，人们应该愿意与他人分享劳动果实。

我们现在假设政府希望做到既能从每一名公民的劳动果实中至少抽取一部分，又不会损害工作的激励。如果收税者分辨得出每一个人付出了多大努力，做到这一点当然毫无问题。每个人应该上缴的税款数目可以直接与他付出的努力挂钩，变成一个真正意义上的惩罚性的税制，目标针对那些努力程度未能达到理想水平的人。

不过，实际上我们很难对成千上万工人的努力进行监控。他们可能每天按时上下班，但他们可能漫不经心，从而降低了他们的工作质量。哪怕是在苏联模式的经济中，制定了非常严厉的惩罚措施，人们还是发现，要在毫无物质激励的前提下提高工作质量，简直难于登天。这使他们陷入一个恶性循环，工人这样描述自己的政府："我们假装工作；他们假装支付我们的工资。"

在实践当中，努力的程度必须借助一个间接指标进行判断，该
373 指标通常是由努力换取的收入。但这一指标并不完美；高收入可能源于大量的努力或高质量的努力，但也可能就是由于运气比较好的缘故。因此，税制不再能精确量度每一个人的努力程度。税制不能向逃税者施加严厉的惩罚，相反，却能对实现低收入者施加严厉的惩罚，这么一来，就会将倒霉蛋连同逃税者一起惩罚了。在平均主义与税制的激励作用之间存在一个根本的冲突，税制必须在两者之间取得平衡。

接着，我们考察天赋才能的差别。平均主义者可能认为，立法抽取由天赋才能获得的收益是天经地义的。但能不能做到这一点，取决于能不能找出才华卓著者，并且促使他们在知道政府要通过税收方式抽取他们凭借天赋才能获得的收入的前提下，发挥自己的天

赋才能。然而，即便最了不起的天才，也仍然需要努力工作才能使自己的才华充分发挥出来，因此，整个问题变得难上加难。我们再次看到，平均主义的追求是有限的，因为这么做是以社会不能充分利用人才为前提。

最后，即便制定了一个竭力在平均和激励之间取得合理平衡的税制，政府还要思考其执行策略。来自努力或运气的最终经济成果，即一个人的收入或财富，并不容易被政府鉴别出来。按工资、利息和分红等项目交税的人，必须向税收当局报告交税情况。但在一个合理的程度上，政府必须要求个人申报自己的收入。这些报告可能受到审计，但这是一个代价高昂的做法，实际上只有一小部分申报单可能受到审计。那么，我们应该怎样进行选择呢？

在我们讨论混合策略的优势的时候，我们指出，固定不变的众所周知的审计规则，有一个严重的缺陷。那些打算瞒报收入或虚报税收减免额的人，会想方设法不让自己符合接受审计的条件，而那些无法逃脱审计的人就会如实申报。这意味着我们的审计对象完全错了。因此，审计策略应该具备一些随机性。受到审计的可能性取决于纳税申报单的不同项目。不过，怎样才能做到这一点呢？

如果大家在其他方面完全一样，那么，低收入者应该算是运气较差的群体。但谁都可以填报一个低收入，并希望被列为可怜的倒霉蛋。这似乎暗示，申报较低收入者受到审计的可能性应该更高。

不过，哪怕在"其他方面"人们也不可能完全一样，这些差别通常比运气带来的差别还要大得多。一张标明收入 20 000 美元的申报单，很可能来自一个诚实的工厂工人，而不是一个有意瞒报的律师。幸运的是，税收当局确实掌握了有关一个人的职业的独立信息。因此，一个更好的规则是，如果申报单申报的收入低于申报者所在职业的合理收入，那么这份申报单接受审计的可能性应该更高。与此相仿，如果申报者为某一方面的收益申报一个较高的税收减免额且超出了合理范畴，那么这项申报也应该成为审计的目标。实际的做法正是这样。

有时骗倒所有人：拉斯韦加斯的老虎机

375 任何一本赌博指南都应该告诉你，吃角子老虎机是你最糟糕的选择。取胜概率对你大为不利。为了扭转这一印象，刺激人们玩吃角子老虎机，赌城拉斯韦加斯的一些赌场开始大做广告，将它们机器的回报率（即每一美元赌注以奖金形式返还的比例）公之于众。有些赌场更进一步，保证它们那里有些机器的回报率设在高于1的水平！这些机器实际上使概率变得对你有利了。如果你能找出这些机器，只在这些机器上投注，你就能赚大钱。当然了，诀窍在于赌场不会告诉你哪台机器属于这种特别设定的机器。当它们在广告上宣称平均回报率是90%，且一些机器早已设在120%的水平时，这也意味着其他机器一定低于90%。为了增加你的难度，它们不会保证每天都以同样的方式设定它们的机器，今天的幸运机明天可能让你输个精光。你怎样才能猜出一台机器是怎样的机器？

案例讨论

既然这是我们的最后一个案例，我们不妨承认我们不知道答案，而且，如果我们真的知道，我们大概也不愿和别人分享。不过，策略思维有助于做出一个更加合理的猜测。关键是设身处地从赌场主人的角度观察问题。他们赚钱的唯一机会，是游客玩倒霉机的概率至少等于玩幸运机的概率。

　　赌场是不是真有可能"藏"起概率对游客比较有利的机器？或者换句话说，如果游客只玩回报最多的机器，他们有没有可能找出最有利的机器？答案当然是不一定，要及时发现就更不一定了。机器的回报，在很大程度上是由出现一份累积奖金的概率决定的。我们来看一台每投币 25 美分即可拉一次杆的吃角子老虎机。一份 10 000 美元累积大奖的概率若为 1 : 40 000，那么这台机器的回报率就为 1。如果赌场将这个概率提高为 1 : 30 000，回报率就会变为 1.33。不过，旁观者几乎总是看着一个人一次又一次投入 25 美分硬币，却一无所获。一个非常自然的结论可能是，这就是那台最不利的机器。最后，当这台机器终于吐出一份累积大奖时，它可能会被重新调整，回报率将被设定在一个较低的水平。

　　相反，最不利的机器其实也有可能调整到很容易就吐出一大部分钱的水平，但基本上消除了获得一份累积大奖的希望。我们来看一台回报率为 80% 的机器。如果它平均大约每拉 50 次就吐出一个 1 美元奖金，这台机器就可能引发很多议论，吸引人们的注意力，从而可能吸引更多赌徒的钱。

　　一个有经验的吃角子老虎机玩家可能早就意识到了这些问题。不过，若是这样，你可以打赌说赌场做的恰恰相反。不管发生什么事情，赌场总是可以在当天结束之前，发现哪台机器引来了最多的赌徒。它们可以设法确保最多人玩的机器其实回报率较低。因为，虽然回报率 1.20 和 0.80 的差别看起来很大，也决定了你是赢钱还是输钱，但光凭一个赌徒玩的次数（或试验次数）就想将两台机器区别开来，显然难于登天。赌场可以重新设计使你更难做出任何推

376

论的回报方式，甚至使你在大多数时候不知不觉就走错了方向。

　　策略上的领悟在于，拉斯韦加斯的赌场不是慈善机构，它们开门营业的目的不是分发钱财。大多数赌徒在寻找有利的机器的时候，都得出了错误的结论。这是因为，如果大多数赌徒都可以找出有利的机器，赌场就会停止供应有利的机器，而不会坐等亏损。所以，别再排队等候了。你可以打赌说最多人玩的机器，一定不是具有最高回报率的机器。

注 释

第 1 章　10 个策略故事

[1] 他们的研究结果参见 "The Hot Hand in Basketball: On the Misperception of 377 Random Sequences," *Cognitive Psychology* 17（1985): 295-314。

[2] *New York Times*, Sept. 22, 1983, p. B19.

[3] 上述引言选自 Martin Luther 于 1521 年 4 月 18 日在 Diet of Worms 的讲话，参见 Roland Bainton, *Here I Stand:A Life of Martin Luther*（New York: Abingdon-Cokesbury）。

[4] Don Cook, *Charles de Gaulle*: *A Biography*（New York: Putnam, 1982).

[5] David Schoenbrun, *The Three Lives of Charles de Gaulle*（New York:Athenaeum, 1966).

[6] Gary Hufbauer, Diane Berliner, and Kimberley Ann Elliott, *Trade Protection in the United States*: 31 *Case Studies*（Washington, D.C.: Institute for International Economics, 1985).

第 2 章　准备接招

[1] *Robert Frost's Poems*, ed. Louis Untermeyer（New York: Washington Square Press, 1971).

[2] 他可以将 8 个兵当中的一个向前推进一格或两格，要么也可以将两个马当中的一个按照两种允许的走法推进（至车 3 或象 3 的位置）。

第 3 章　看穿对手的策略

[1] Alfred, Lord Tennyson, *In Memoriam*（New York: W.W. Norton, 1973），pp. 19-20.

更好的版本是 Samuel Butler 对 Tennyson 开的玩笑：“Tis better to have loved and lost than never to have lost at all,” 参见 *The Way of All Flesh* (New York: E. P. Dutton, 1952)，p. 385。

378   [2] 引自 “Game Theory: Reagan's Move,” *New York Times*, April 15, 1981, p.D2。

[3] 站在博弈论前沿的研究者担心纳什均衡概念的局限性。他们已经建立起一些博弈，其中直观明显的结果并非纳什均衡，反之亦然。但这些问题并不会影响博弈论的大多数应用。对纳什均衡的局限性感到好奇的读者，可以在 Ken Binmore 即将出版的著作 *Fun and Games* (Lexington, Mass.: D.C. Heath) 和 David Kreps 的 *Game Theory and Economic Modelling* (Oxford: Oxford University Press, 1990) 中找到精彩的讨论。

第 4 章　走出囚徒困境

[1] 载于 *Wall Street Journal,* December 4, 1986。

[2] Robert Axelrod, *The Evolution of Cooperation* (New York: Basic Books, 1984).

[3] 这一案例分析概括了他刊登在 *Monetary Issues in the* 1980's (Kansas City: Federal Reserve Bank of Kansas City, 1983) 上的题为 “Issues in the Coordination of Monetary and Fiscal Policy” 的论文。

第 5 章　策略行动

[1] *Institutional Investor* (June 1979).

[2] 这一术语以及这一分析的大部分内容最早是由 Thomas Schelling 在 *The Strategy of Conflict* (Cambridge, Mass.: Harvard University Press, 1960) 中提出的。

[3] Oscar Wilde, *Lady Windermere's Fan* (London: Methuen, 1909).

[4] “Economic Scene,” *New York Times*, April 10, 1981, p.D2 and April 15, 1981, p.D2.

[5] 孙子引言译文选自 Lionel Giles 翻译的 *Sun Tzu on the Art of War*。

[6] John Newhouse, *The Sporty Games* (New York: Alfred A. Knopf, 1983)。

[7] 我们选取特殊的数字作为成本和收益，目的是以最简单的方式阐述这一观点；

379 使用其他数字可能得出不同的结果。如欲深入了解，参见 Avinash Dixit 与 Albert Kyle 合写的 “The Use of Protection and Subsidies for Entry Promotion and Deterrence,” *American Economic Review* (March 1985): 139-152。

第 6 章　可信的承诺

[1] *Bartlett's Familiar Quotations* (Boston, Mass.: Little, Brown & Co., 1968), p.967.

[2] Dashiell Hammett, *The Maltese Falcon* (San Francisco: Pan Books, Ario Press, 1983), p.15.

[3] Hobbes, *Leviathan* (London: J.M.Dent & Sons, 1973), p.71.

[4]　见 John F. Kennedy 在 1961 年 7 月 25 日的讲话。引言选自 Fred Ikle 的著作 *How Nations Negotiate* (New York: Harper and Row, 1964), p.67。

[5]　*Wall Street Journal*, August 7, 1986.

[6]　*Wall Street Journal*, January 2, 1990, p.B1.

[7]　即便如此，拉索先生仍然可能发现，同时和一大群人进行再谈判很不容易。哪怕只有一个人反对，再谈判也得搁置。

[8]　这一例子选自他在兰德研究生院毕业典礼上的讲话，后来以 "Strategy and Self-Command" 为题刊载在 *Negotiation Journal* (October 1989) 上。

[9]　Prescott, *The History of the Conquest of Mexico*, vol. 1 (London: Gibbings and Co., 1896), Chapter 8.

[10]　同上。

[11]　关于策略承诺的这一阐述及进一步的数学分析，参见 Jeremy Bulow, John Geanakoplos 和 Paul Klemperer 的论文 "Multimarket Oligopoly: Strategic Substitutes and Complements," *Journal of Political Economy* 93 (1985): 488-511。

[12]　这段描述与引言选自 Michael Porter, *Cases in Competitive Strategy* (New York: Free Press, 1983)。

[13]　*Pudd'nhead Wilson's Calendar* (New York: W.W. Norton, 1980), Chapter 15, p.73.

[14]　Thomas Schelling, *The Strategy of Conflict* (Cambridge, Mass.: Harvard University Press, 1960), p.200.

[15]　一篇引人入胜的用于激励士兵奋勇向前的报道参见 John Keegan 的著作 *The Face of Battle* (New York: Viking Press, 1976)。

[16]　参见 Fisher, McGowan, and Greenwood's account in *Folded, Spindled, and Mutilated* (Cambridge, Mass.: MIT Press, 1983)。

[17]　Ronald Coase, "Durability and Monopoly," *Journal of Law and Economics* 15 (April 1972).

第 7 章　不可预测性

[1]　*New York Times*, October 12, 1986, pp. 5.1-2.

[2]　David Halberstam, *The Summer of '49* (New York: Morrow, 1989).

[3]　*The Compleat Strategyst*, rev. ed. (New York: McGrawHill, 1966).

[4]　这个故事的一个更详细的版本参见 Christopher Andrew 的著作 *Her Majesty's Secret Service* (New York: Penguin, 1986)。

[5]　摘自 Sigmund Freud, *Jokes and Their Relationship to the Unconscience* (New York: W.W.

380

Norton, 1963)。

[6] John McDonald, *Strategy in Poker, Business, and War* (New York: W.W. Norton, 1950), p.30.

第8章　边缘政策

[1] 这一危机的一个更详细的版本参见 Elie Abel, *The Missile Crisis* (New York: J. B. Lippincott, 1966)。Graham Allison 提供了一个极好的博弈论分析，参见 *Essence of Decision: Explaining the Cuban Missile Crisis* (Boston: Little, Brown & Co., 1971)；我们将在本章多次提到。

[2] 证据参见 Graham Allison, *Essence of Decision*，pp.129-130。

[3] Allison, *Essence of Decision*, p. 131. 他将此归功于 Elie Abel 对此次会议的记录。

[4] 参见 Schelling, *Arms and Influence* (New Haven, Conn.: Yale University Press, 1966), p. 70。

[5] 这些节选的文字摘自 Dashiell Hammett, *The Maltese Falcon* (San Francisco: Pan Books, Ario Press, 1983), p. 169，电影就是根据这本书改编的。

381

[6] 参见 Graham Allison, *Essence of Decision*。

[7] 这一假设情景选自英国电视喜剧系列片 "Yes, Prime Minister"。

[8] "Inadvertent Nuclear War?" *International Security* 7 (1982): 28-54。

[9] 两处引文皆选自 *New York Times Magazine* (December 15, 1985, pp. 31-69) 有关当时海军部长莱曼的一篇文章。

第9章　合作与协调

[1] DSK 胜于 QWERTY 的估计基于斯坦福大学心理学教授 David Rumelhart 的工作。

[2] 这个故事里的不幸的事实参见斯坦福经济学家 W. Brian Arthur, "Competing Technologies and Economic Prediction," *Options*, International Institute for Applied Systems Analysis, Laxenburg, Austria, April 1984。补充资料选自斯坦福经济史学家 Paul David, "Clio and the Economics of QWERTY," *American Economic Review*, Papers and Proceedings, May 1985。

[3] 参见 W. Brian Arthur, Yuri Ermoliev, and Yuri Kaniovski,"On Generalized Urn Schemes of the Polya Kind"。原载苏联杂志 *Kibernetika*，译文参见 *Cybernetics* 19 (1983): 61-71。通过不同的数学技巧得出相似结果的过程参见 Bruce Hill, David Lane,and William Sudderth,"A Strong Law for Some Generalized Urn Processes," *Annals of Probability* 8 (1980): 214-226。

[4] W. Brian Arthur,"Competing Technologies and Economic Predictions," *Options*,

International Institute for Applied Systems Analysis, Laxenburg, Austria (April，1984): 10-13.

[5] 参见 R. Burton 1976 年的论文 "Recent Advances in Vehicular Steam Efficiency," *Society of Automotive Engineers* Preprint 760340, and W.Strack, "Condensers and Boilers for Steam-powered Cars," NASA Technical Note, TN D-5813 (Washington, D.C., 1970)。尽管工程师之间对于哪种方案具有总体优势仍有争论，但蒸汽或电力驱动汽车的一个强大优势在于减少污染排放。

[6] 这些对比参见 1988 年纽约大学的 Robin Cowen 的论文 "Nuclear Power Reactors: A Study in Technological Lock In"。与结论相关的专业工程师意见来源包括：Hugh McIntyre, "Natural-Uranium Heavy-Water Reactors," *Scientific American* (1975); Harold Agnew, "Gas-Cooled Nuclear Power Reactors," *Scientific American* (1981); Eliot Marshall, "The Gas-Cooled Reactor Makes a Comeback," Science(1984)。

[7] M. Hertsgaard, *The Men and Money Behind Nuclear Energy* (New York: Pantheon, 1983)。虽然 Murray 用的字眼是 "power-hungry"，而非 "energy-poor"，但他指的当然是电力，而非影响方面的权力。

[8] 加州大学尔湾分校的 Lester Lave 找到了有力的统计学证据支持这一说法，参见其文章 "Speeding, Coordination and the 55 m.p.h Speed Limit," *American Economic Review* (December 1985)。

[9] 台湾大学经济学家 Cyrus Chu 将这个概念发展为松懈管制导致的周期性的惩罚的数学证明，参见他的论文 "Justifying Short-lived Enthusiasm in Law Enforcement"。

[10] 参见他的著作 *Micromotives and Macrobehavior* (New York: W. W. Norton, 1978), Chapter 4。

[11] 参见他的论文 "Stability in Competition," *Economic Journal* (March 1929)。

[12] *The General Theory*, vol. 7 (of Keynes' collected works) (New York: St. Martin's Press, 1973), p. 156.

[13] 关于郁金香狂热的一些有趣故事，参见 Burt Malkiel 的 *Random Walk down Wall Street* (New York: W.W. Norton, 1975), pp. 27-29。Charles Kindleberger 的 *Manias, Panics and Crashes* (New York: Basic Books, 1978) 则是一部讨论市场兴衰史的具有高度指导意义和娱乐价值的著作。

第 10 章　投票的策略

[1] 首次从策略角度对小普利尼故事的讨论参见 Robin Farquharson 的 1957 年牛津大学博士论文，后以 "*Theory of Voting*" (New Haven, Conn.:Yale University Press, 1969) 为题出版。William Riker 的 *The Art of Political Manipulation* (New Haven, Conn.: Yale University

Press, 1986) 为这一现代复述版本提供了更多细节和形式。本书有大量关于绝妙的投票策略的引人注目的历史事例，时间跨度从制宪会议一直到近代通过平等权利修正案。

[2] 有关证明参见他们的著作 *Approval of Voting* (Boston, Mass.: Birkhauser, 1983)。

[3] 这一问题参见普林斯顿大学教授 Douglas Bernheim 和密歇根大学教授 Hal Varian 近期的经济学研究论文。

[4] 逐项否决权的历史及其结果参见 Douglas Holtz-Eakin, "The Line Item Veto and Public Sector Budgets," *Journal of Public Economics* (1988): 269-292。

第 11 章　讨价还价

[1] 无程序讨价还价的推广以经济学家 Motty Perry 和 Philip Reny 近期的研究为基础。

[2] Larry DeBrock and Alvin Roth, "Strike Two: Labor-Management Negotiations in Major League Baseball," *The Bell Journal of Economics* (Autumn 1981).

[3] Howard Raiffa 的著作 *The Art and Science of Negotiation* (Cambridge, Mass.: Harvard University Press, 1982) 是多问题讨价还价策略的一个绝好来源。

第 13 章　案例分析

[1] 若要进一步了解这个问题，包括从历史角度重温这个问题，参见 Paul Hoffman 的内容丰富且引人入胜的著作 *Archimedes' Revenge* (New York: W. W. Norton, 1988)。

384

[2] 哥伦比亚商学院教授 Kathryn Harrigan 在她的格言 "The last iceman always makes money" 中表达了这一原则（参见 *Forbes*, "Endgame Strategy," July 13, 1987, pp. 81-204）。

[3] 沙特阿拉伯合作的激励还取决于市场的规模。随着市场扩张，作弊就会变得越来越有利可图，而沙特阿拉伯人可能由于这么做未必出事而不再保持清高，开始偷偷摸摸作弊。在相反的市场上，带头维护卡特尔者可以得到更大的回报。这一结论符合欧佩克的情况。正是在 20 世纪 80 年代初市场疲软之际，沙特阿拉伯人显然承担了扭转局势的重任，许诺减少自己的产量，从而使较小的成员国可以分享更大的份额。

[4] Garrett Harding, "The Tragedy of the Commons," *Science* 162 (December 13, 1968): 1243-1248.

[5] Martin Shubik, "The Dollar Auction Game: A Paradox in Noncooperative Behavior and Escalation," *Journal of Conflict Resolution* 15 (1971): 109-111.

[6] 这个运用固定预算以及向后推理的想法是以政治经济学家 Barry O'Neill 的研究为基础，论文参见 *Journal of Conflict Resolution*。

[7] 这些证明的一个总结参见 F.M.Scherer, *Industrial Market Structure and Economic Performance* (Chicago: Rand McNally, 1980)。

[8] Bruce Ackerman 在他的著作 *Social Justice in the Liberal State* (New Haven, Conn.: Yale University Press, 1980) 中，为证明这一原则提供了自由主义的另外几种定义。

[9] 从 RR 开始，然后与 GR 比较。两者的唯一区别在于罗森克兰茨家的墙壁的颜色，而罗森克兰茨不肯随大流，更倾向于 GR。因此我们接受 GR。现在轮到 GG。它与 GR 的唯一区别在于吉尔登斯顿家的墙壁的颜色；而吉尔登斯顿作为随大流者，更加倾向于 GG。反过来将这一结果与 RG 对比；这时，罗森克兰茨对 RG 的偏好应该得到尊重。最后回到 RR，既然这是吉尔登斯顿的私事，RR 胜出。这一循环可以无限地进行下去。

[10] Alan Gibbard, "A Pareto-consistent Libertarian Claim," *Journal of Economic Theory* 7 (1974): 388-410.

索　引

404

约翰·纳什：现代博弈论奠基人 *

假如经济学家是按照他们撰写的论文平均每篇的贡献大小排定座次的话，那么约翰·纳什就有极好的理由争夺头把交椅，能与之竞争的大约就只有弗兰克·拉姆齐（Frank Ramsey）。在纳什短暂而辉煌的学术生涯里，他只写了 6 篇论文，却将非合作博弈论从冯·诺依曼和摩根斯坦确定的二人零和的局限中解放出来，大大改进了他们对合作博弈的一个重要门类的解答，为如今在经济学、政治学、商业研究和其他学科的思维和模式中占据支配地位的这种方法奠定了基础。

1950 年，约翰·纳什凭借两篇论文引起经济学界的关注，这两篇论文确定了日后博弈论的合作与非合作模式在经济学中的应用方向。后者是从他证明 n 人博弈存在一个非合作均衡开始的，这个普

---

　　*　本文是迪克西特教授在 2000 年 6 月希腊雅典大学授予约翰·纳什荣誉学位典礼上的讲话，原载希腊语版《博弈论：小约翰·福布斯·纳什纪念文集》，经授权在此翻译发表。——译者注

遍性的证明简单而精巧。在纳什的框架里，每一个参与者按照别人的策略选择自己的策略，当所有这些选择相互一致的时候就达到均衡。在标准的马歇尔竞争市场或瓦尔拉斯竞争市场，每个独立的消费者或企业正是按照市场价格来决定自己应该购入还是卖出的；在所有这些决定相互一致的时候就会出现均衡价格。因此，纳什的方法是这种"选择与均衡"的经济学框架在策略情形中的一个自然延伸。而且，纳什的定理适用于任意数目的参与者，适用于任意混合的共同利益和利益冲突的情形：这在许多人相互影响的经济学中是不可或缺的，而在贸易当中既存在互利互惠，也有利益冲突。这一切使纳什均衡成为反映理性个体之间相互影响的一个绝佳模型，而这样的相互影响早已覆盖整个经济学领域，还扩张到许多其他领域。需要用到这个定理的作者觉得再也没有必要明确引用纳什的论文，而简单地称为"纳什均衡"就可以了。假如别人每次写到或说到"纳什均衡"，纳什就能得到 1 美元，那么他早就变成大富翁了。

科学领域一些最出色的想法，一旦有人想到之后，我们会发现其实很简单，有时甚至是显而易见。这就是那些会让你猛敲自己脑壳，叹息一声"我怎么就想不到呢"的论文。对于纳什的论文，我自己是不会有那样的懊恼的，因为那时候我只有 5 岁，不过，包括传奇人物冯·诺依曼在内的其他人居然没有想到这一点，倒是让我感到很惊讶。

纳什对于讨价还价理论的贡献具有同样的开创性。在他之前，经济学家们认为双边讨价还价的结果不可确定，取决于某种定义模糊的参与者的"讨价还价力量"，但关于这个东西，经济学也说不出所以然。冯·诺依曼和摩根斯坦创立的更加正规的合作博弈方法也同样不可确定；它将整套帕累托效用分布作为答案。纳什采取合作方法，确定了一系列特征，从而使得在一个广泛的讨价还价问题范畴里，每一个问题只存在一个独一无二的解可以满足其全部特征。这个解具有从达成的交易分摊参与者所得的公平裁决的一些特征，但这不是纳什的中心目标。他将结果看做是从每一个独立的讨价还价者从自己的利益出发进行的一些并不确定的谈判或策略过程中引出的；非合作解的本意是作为一种装置，用于参透这一过程的复杂细节，帮助人们进行预计，详尽阐述这一关系，使"谈判步骤成为一个更大规模的非合作博弈的步骤"的想法，现在称为"纳什计划"(Nash program)。这一研究方向上最广为人知、影响最深远的成果是阿里尔·鲁宾斯坦关于讨价还价问题的论文。不过，早在这篇论文之前，劳动力经济学和国际贸易的许多领域就已经用到纳什的公理性的合作解，并按照他的本意在预计方面取得了很大的成功。

在实验室里做实验已经成为测试行为和相互影响的理论的一个重要方法，而纳什在这个方面也是先驱者。20 世纪 50 年代早期，在兰德公司，他与卡利希(Kalisch)、米尔诺(Milnor)和聂灵(Nering)合作，进行了涉及讨价还价和协同编队(coalition formation)博弈的实验。同样显示他深谋远虑的另一个例子是，他对其他学者所做的有关囚徒困境的实验作了一针见血的批评，这些实验安排一对参与者多次参加博弈，结果发现他们经常合作。他说："作为一个测试均衡点理论的实验，其缺陷在于它实际上变成让参与者进行一个大型的多步博弈。我们不可能像在零和博弈那样，把整个事情看做独立的博弈的一个结果。"这可能是第一次有人提到重复进行的博弈可能存在心照不宣的勾结，而这种可能性很快成为经济学和政治学应用领域的一个重要内容。

　　我一直将自己限制在讨论纳什的经济学工作的范畴，因为我缺乏讨论他的数学贡献——黎曼流型的嵌入问题（embedding of Riemanian manifolds）以及抛物型和椭圆型偏微分方程的解法——的专业知识，而这些贡献在许多数学家看来甚至比为他赢得诺贝尔奖的经济学工作更加重要，也曾使他成为菲尔兹奖章的一个有力争夺者。

　　纳什在数量那么少的论文里做出了那么大的成就，我们不由地设想，假如他的学术生涯在 1960 年之后可以正常延续，还会发生什么事情。他会不会按照同样的速度完成同样令人瞠目结舌的论文？只可惜，我们永远不会知道答案了。天神宠爱者英年早逝。*这是曾发生在弗兰克·拉姆齐身上的事情。而对于约翰·纳什，天神一定也是爱极了他的头脑，以至于要将他的头脑从我们这里夺走几乎 30 年之久。但是，天神也并非冷酷无情；他们一定听到了约翰的许多富有献身精神的忠实朋友以及数目更加庞大的崇拜者的祈祷，最后还是决定将他的头脑原封不动地还给我们。现在，他正积极致力于他在几乎半个世纪以前丢下的"纳什计划"的后续研究，同时尝试建立一个解决多人讨价还价问题的方法，以取代通过一个非合作过程选举指定谈判代理人的方式达成的合作协同编队。我们热切期待看到这些研究的成果。

---

* 此句原文是希腊语。——译者注

译后记

《策略思维》是一部关于博弈论应用的普及性著作，用更加简单的话说，它要告诉读者，生活本身就是一场一环扣一环的漫长博弈，我们时时刻刻需要做出这样或那样的决策，所以，建议大家都来学一点博弈论的基本知识。

而我之所以选择翻译这部著作，可以说是一个策略博弈的结果：我的父亲王则柯作为这个翻译项目的主持者，以一种非常自然的方式，让我非常"偶然"地看到本书第1章的《花生》漫画，我当即就被迷住了。

现在，我用"倒后推理"的方法，估计他的策略过程是这样的。他知道我最爱史努比，所以恰好翻到那一页，我看完漫画，很自然地看了相关的那一节，同样很自然地看完第1章，然后叹了一口气，说："哦，也许这就是比较适合我翻译的书吧，因为文章里面引用了许多欧美文化的细节，而我最喜欢的读物恰好来自这个地区。"他原本正在埋头写文章，似乎没有留意我在他身边做什么，这时却接口说："那就你来翻译吧。"

我愣了一下，再看一眼史努比，点了点头。

这就是我接下这个工作的起源。当然，第 1 章的翻译尚未结束，我就知道，这部著作没有我原来设想的那么简单。可惜，这时候反悔已经来不及了。

但是——世事奇妙，几乎总有一个"但是"的转折跟在后面——我有了另外一个收获。

2001 年 9 月，我应邀访问美国。行前给第一作者阿维纳什·迪克西特教授发了一封电子邮件，简单介绍自己是《策略思维》中文版的译者，即将访问美国，希望届时可以前往普林斯顿大学拜访他，不知是否方便。

回信马上就到了，并且很快确定为 9 月 15 日，星期六。按照原定计划，那时我应该离开华盛顿，前往纽约，而普林斯顿就在这两大城市之间。

然而，"9·11"那个黑色星期二改变了一切。可以说，我在华盛顿经历了我这一生当中最沉重的打击，不过，那是后话，发生在 9 月 16 日，与本文无关。9 月 15 日，星期六，清晨时分，当我独自一人冒着混乱局势之下未必可以及时赶回代表团驻地的风险握住往返车票，踏上开往特伦顿的列车时，我的心里只有憧憬。我满怀激动之情，期待第一次进入早已从翻译《美丽心灵——纳什传》的过程当中熟悉了的"宇宙的中心"——普林斯顿大学。

前来车站迎接的是著名华裔经济学家邹至庄教授的夫人邹陈国端女士，英文名是 Paula，我学着他们一个学生的样子，称呼她 Paula 阿姨。她是普林斯顿大学国际中心主任，当天下午还要主持一个关于"9·11"事件的学生论坛，但她在此前的电话里完全没有提起，只是非常热情地表示欢迎，并且提出要到车站接我。

因为迪克西特教授和我约好上午在他的办公室见面，Paula 阿姨决定先把我送到那里，下午请我过去参观他们的论坛，晚上一起吃饭。当汽车停在经济学系的门口，我有点紧张地问 Paula 阿姨，迪克西特教授是一个怎样的人；会不会很严肃、很严厉。

Paula 阿姨说："不会啊，他其实是一个非常和气善良的人，只不过有点内向，不太喜欢社交罢了。"

我说："是吗？不过，他在电话里倒是很主动地对我说，他很愿意请我一起吃饭。"

Paula 阿姨显得有点惊讶，说："是吗？这可真有那么一点不寻常呢。"

怀着忐忑不安的心情，我跟随 Paula 阿姨来到经济学系大楼门口，因为是周末，大门关上了，还得劳烦迪克西特教授下来开门。我正在胡思乱想，不晓得将会碰到怎样的局面，一个戴着厚厚眼镜的先生已经从玻璃门后面远远走了过来。

Paula 阿姨说，那就是迪克西特教授。

两人热情打过招呼，Paula 阿姨把我介绍给迪克西特教授，说了一句"你们慢慢聊吧"就走了。

说实话，假如不是迪克西特教授有一个非常亲切的笑容，当时我真的很有可能抓住 Paula 阿姨说不要丢下我一个人——就像小狗史努比在主人查理·布朗离家旅行之际做的那样。

而我在迪克西特教授的办公室里第一眼看见的正是《花生》漫画，A4 纸复印的一则星期天刊登的故事，用磁铁贴在正对门口的墙壁的白板上。只不过，故事说的不是小狗史努比，而是查理·布朗的妹妹、拿起书本就头痛的莎莉，她因为手工课的作品得了一个不好的分数而讲了很长一篇道理，每一幅漫画都是她坐在座位上，抛出一个比一个大的理由，绝对是上纲上线的典型，最后她如愿以偿，换来了一个高一点的分数。

我问："您也喜欢《花生》漫画吗？"

迪克西特教授顺着我手指的方向抬头看了看那幅漫画，说："哦，也算不上特别喜欢，这是用来警告学生们少来这一套把戏的。"

他那直截了当的语气把我逗乐了，办公室里的气氛马上变得轻松起来。

之后我们谈了很多，包括《美丽心灵——纳什传》。他听说我翻译了这部著作，马上说，假如你连《美丽心灵——纳什传》都能应付的话，《策略思维》那点数学绝对不成问题。

我赶紧澄清，解释说其中的数学部分完全是由我的父亲负责，实际上，出版社是把翻译工作交给他，而他希望由我来试一下；出版社的人对他有信心，我在他们看来不过是无名小卒罢了。

"但你的父亲对你有信心，这就可以啦！"他说。

突然之间有点感动，直到现在，写到这里，我仍然可以清晰体会到当时那种温暖的感觉。

"见过纳什博士了吗？"他问。

"没有。"我说。

"为什么？"他问。

"因为，"我努力寻求合适的字眼，"因为，在我看来，他是一个传奇，传奇人物总是高高在上，我没想过可以见到他。"

"噢？"迪克西特教授睁大了眼睛，几乎不假思索地说："他和我们其实是一样的啊，我们经常见面，一起出席经济学系的研讨会。"

我只是拘谨地笑了笑，没敢告诉他，我在一个推崇学术的家庭长大，最最佩服的就是学者，能到这儿拜访他已经需要很大的勇气了。

中午时分，迪克西特教授带我去普林斯顿校园里他最喜欢的一个餐厅吃饭。在我看来，他就像一个细致体贴的叔叔。他告诉我说，这里最好吃的是一种比萨饼，如果分量太大，吃不了留下来也没关系，但这不等于说你就不能要甜品，比如冰激凌，因为这里的甜品也很好，"不能错过喔"。

我忍不住笑起来。

在这个令人愉快的美好日子，让我开心的绝对不只是冰激凌，还有迪克西特教授说的笑话，后来我才发现，其中有些笑话就引自《策略思维》。

我们也谈到一些严肃的话题，比如经济具有难以预测性，根源在于互动关系。举个例子：今天你基于某种理由，预测某种商品在以后某个时期涨价，大家听了马上采取措施，结果可能导致你所依赖的理由不复存在，到了你预测的那个时期，这种商品也就不一定会涨价了。

回国以后，在翻译过程中，我又向迪克西特教授提过几个小的问题，他都非常迅速地作了回答。其中之一其实与学术无关：某个例子提到怎样前往纽约世界贸易中心，可是"9·11"事件使这个地方成为一个悲剧性名词，我向迪克西特教授指出这一点，他表示自己也有同感，决定改为"邻近的华尔街"。

话说回来，如果你要问我，作为一个普通读者，本书最令人难忘的章节是什么，我一定会说是优势策略一节。作者引用英国桂冠诗人丁尼生的诗句"爱过之后失去总比从来没有爱过好"，证明爱是我们的优势策略。《美丽心灵——纳什传》的动人故事证明了这一点，迪克西特作为纳什的忠实朋友和支持者之一，也是亲身证明这一理论的参与者。

最后应该是表达谢意的环节。首先，我想再次感谢我的父亲，假如不是他非常策略地引导我看上本书，同时没有事先告诉我，迪克西特教授是当今美国一流经济学家，名气大得很，我大约无论如何也拿不出独自跑去拜访的勇气，也就不会有普林斯顿大学校园这次如此令人愉快的会面。

还要感谢两位作者特意为这个中文版撰写前言，感谢迪克西特教授慨然应允，并且征得希腊文化部同意，在译文后面收录2000年6月他在希腊雅典大学授予约翰·纳什荣誉学位典礼上的讲话。

同样感谢邹至庄教授和 Paula 阿姨，正是他们安排我访问普林斯顿大学，并且抽空带我游览校园，指点《美丽心灵——纳什传》里面提到的一些场景，使我的首次普林斯顿大学之行变得如此圆满、如此美好。感谢邹恒甫博士把这本书介绍给我们。还要感谢仇丽娜同学，是她帮助整理索引。同时感谢所有关心本书翻译的朋友和前辈。我的电子邮箱是 wanges@21cbh.com，希望读者不吝指教，惠予批评，以便重印的时候能够有所改进。

——真的，生活本身就是一场一环扣一环的漫长博弈，我选择翻译本书是一个策略决定，我没有选择中途放弃也是一个策略决定，结果怎样，相信各位已经看到了：我的收获比付出大得多。

王尔山

图书在版编目（CIP）数据

策略思维:商界、政界及日常生活中的策略竞争 /
(美)阿维纳什·K.迪克西特,(美)巴里·J.奈尔伯夫著;
王尔山译. –– 北京 : 中国人民大学出版社, 2023.1

ISBN 978-7-300-29692-0

Ⅰ.①策… Ⅱ.①阿… ②巴… ③王… Ⅲ.①决策学
Ⅳ.①C934

中国版本图书馆CIP数据核字（2021）第230292号

策略思维——商界、政界及日常生活中的策略竞争

阿维纳什·K.迪克西特
巴里·J.奈尔伯夫　　　　著
王尔山　译
王则柯　校
Celüe Siwei

出版发行	中国人民大学出版社			
社　　址	北京中关村大街31号		邮政编码　100080	
电　　话	010-62511242（总编室）		010-62511770（质管部）	
	010-82501766（邮购部）		010-62514148（门市部）	
	010-62515195（发行公司）		010-62515275（盗版举报）	
网　　址	http://www.crup.com.cn			
经　　销	新华书店			
印　　刷	涿州市星河印刷有限公司			
开　　本	890 mm × 1240 mm　1/32		版　　次	2023 年 1 月第 1 版
印　　张	14 插页 1		印　　次	2024 年 12 月第 5 次印刷
字　　数	323 000		定　　价	78.00 元